国家级一流本科专业（会计学）建设点配套教材
普通高等教育"十三五"规划教材
应用型本科院校财会专业教改系列
普通高等教育省级精品教材

银行会计

（第三版）

岳 龙 主编

万静芳 许崴 文芳 副主编

立信会计出版社

图书在版编目(CIP)数据

银行会计 / 岳龙主编. -- 3版. -- 上海：立信会计出版社，2025.1. --(应用型本科院校财会专业教改系列). -- ISBN 978-7-5429-7819-6

Ⅰ．F830.42

中国国家版本馆CIP数据核字第2025HN7136号

策划编辑　　蔡伟莉
责任编辑　　孙　勇
美术编辑　　北京任燕飞工作室

银行会计(第三版)
YINHANG KUAIJI

出版发行	立信会计出版社			
地　　址	上海市中山西路2230号	邮政编码	200235	
电　　话	(021)64411389	传　真	(021)64411325	
网　　址	www.lixinph.com	电子邮箱	lixinaph2019@126.com	
网上书店	http://lixin.jd.com	http://lxkjcbs.tmall.com		
经　　销	各地新华书店			
印　　刷	上海华业装潢印刷有限公司			
开　　本	787毫米×1092毫米　1/16			
印　　张	17			
字　　数	435千字			
版　　次	2025年1月第3版			
印　　次	2025年1月第1次			
书　　号	ISBN 978-7-5429-7819-6/F			
定　　价	45.00元			

如有印订差错，请与本社联系调换

总　序

自20世纪末期开始,我国高等教育步入大众化教育发展阶段。当前,我国已建成了世界上最大规模的高等教育体系。随着经济发展进入新常态,经济结构深刻调整、产业升级步伐加快、社会文化建设不断进步,党中央、国务院适时作出了引导本科院校向应用型高校转变、推动高等院校转型发展的重大战略部署,以便为生产服务一线培养出大量的高层次应用型人才。

广东金融学院创建于1950年,是一所省属公办普通本科院校。近年来,我校以"建成国内知名的应用型金融品牌大学"为发展目标,坚持"面向金融、面向地方、面向需求"的办学思路,秉承"金融为根、育人为本、应用为先、创新为范"的办学理念,不断提高办学质量,在人才培养、科学研究、社会服务等方面履行大学职能和社会责任,赢得了良好的社会声誉。

广东金融学院会计系创立于1993年,现已升格为广东金融学院会计学院。伴随着我国会计市场化、国际化改革进程,以及我国会计规则体系的不断完善,广东金融学院会计学院获得了"跨越式、可持续"的高速发展。几十年来,广东金融学院会计学院始终立足于"培养高层次应用型会计人才",在会计学科建设、专业建设、人才培养模式、师资队伍建设、课程建设等方面进行了积极探索,取得了可喜的成就。

教材是体现教学内容和教学方法的知识载体,是组织教学的基本工具,也是深入教学改革、提高教学质量的重要保证。教材建设是专业建设、课程建设的基本要素,也是教师教学、科研水平及其成果的重要反映。我们推出的"应用型本科院校财会专业教改系列"教材,是我校会计学院近年来教材建设成果及应用型人才培养教改成果的集中体现。

"应用型本科院校财会专业教改系列"教材建设的指导思想及目标定位是:

(1) 坚持和服务于应用型本科会计人才的培养定位。应用型本科会计人才,是能够将会计学专业知识和技能应用于会计工作实践的高级专门人才。应用型本科院校教材建设,始终要坚持以社会人才需求为导向,坚持以本科层次的学科教育为依托,以应用型专业教育为基础,服务于高层次应用型会计人才的培养目标。

(2) 坚持"突出基础、突出应用、突出技能、突出特色"来构造教材体系和教材内容。在理论知识上,以保证系统性为前提,突出基础知识,以"应知应会"为度;在体例结构上,强化业务举例、知识链接、习题练习、实训案例等应用技能要素,以期打造出"在基础理论上弱于研究型本科、在知识体系上强于高职高专",符合应用型本科层次会计人才培养定位的专业教材。

（3）坚持"系统性""可行性"和"开放性"。坚持"系统性"，我们全面推出了财会专业的系列核心课教材、选修课教材及部分实验课教材；坚持"可行性"，此次组织编写的教材均具备一定的历史积累，主编均具有本门学科的编写经验或具有本门课程长期的执教经历；坚持"开放性"，对暂时不成熟的课程，将进行持续积累建设，陆续推出。

（4）坚持、发挥金融行业特色和优势。我校有几十年金融行业办学的历史积累和优势，在金融企业会计教学和课程建设中，已形成自己的特色和优势。在本系列教材中，我们组织推出了《银行会计》《非银行金融企业会计》《银行财务管理》三部金融行业特色专业教材。

本系列教材的推出，首先得益于我们拥有的一支"双师型、双强型"专业师资团队，我校会计学院现有12名教授、19名副教授、49名博士（含在读），教授和博士的全面参与，构成了系列教材建设的中坚力量；其次也得益于会计学院在"十一五""十二五""十三五""十四五"期间积累和取得的一系列教学成果，会计学院会计学专业、财务管理专业取得省级质量工程立项建设，"会计学基础""会计信息系统""银行会计"等课程获得省精品课程立项建设，会计学专业获批2021年度国家级一流本科专业建设点，会计学院在国家级教学实验中心建设、国家级教学实习基地建设、人才培养模式创新、校企协同培养班等方面取得的教学成果，均为推出本系列教材提供了基本的支撑和保证。

本系列教材凝结着全体参编人员的辛勤付出和智慧，也得到立信会计出版社同仁的大力协作和支持。同时我们深知，随着财会体制变革的不断深化，加之编写人员的水平所限，教材的不足和错误之处在所难免，恳请读者不吝赐教，多提宝贵意见，以便我们继续修订完善，不断提升本系列教材建设的质量和水平。

第三版前言

本书是按照高等院校教学改革的要求,为满足应用型本科院校会计学、金融学等专业人才培养目标要求而编写的教材。全书是以现行的会计准则、制度为依据,在充分借鉴和吸收相关银行业务实践成果的基础上,按高等本科院校的教学规律和管理类教材体例特征编撰而成的。

本书是广东省本科高校教学质量与教学改革工程立项建设的广东省精品教材(粤教高函〔2014〕97号),也是广东省省级精品课程——"银行会计"建设使用的主教材。在编写过程中,编写团队立足精品教材建设的出发点,力求遵循应用型高等院校的教学规律和管理类教材的体例特征,集中展现编写团队30多年长期从事"银行会计"课程教材建设及教研教改的业绩和成果。

本书系统地阐述了银行会计的基本理论、基本方法和基本技能。全书共分11章。其中:第一章、第二章主要介绍银行会计的基本理论和核算方法;第三章至第八章主要介绍商业银行基本经营业务的核算;第九章主要介绍商业银行财务损益的核算;第十章、第十一章主要介绍会计组织及管理。

本书在内容体系上以"应知应会"为度,力求行文简练,大量压减章节数量,突出了商业银行基本经营业务的核算内容和银行业务技能的培养;在各章节安排上加入了业务举例及相关知识链接、关键术语、问题思考等内容,增强教材的可读性,以便在教学中节约学时,保证取得良好的教学效果。

本书由岳龙(广州城市理工学院教授、广东金融学院返聘教授)任主编,万静芳(广东金融学院副教授)、许崴(广东金融学院教授)、文芳(广东金融学院教授)任副主编。各章编写的具体分工为:第一章、第二章、第七章、第十一章由岳龙编写;第三章、第四章、第八章、第十章由万静芳编写;第五章、第六章由许崴编写;第九章由文芳编写。全书最后由岳龙进行修改、总纂后定稿。

本书具备一定的历史积淀,编者对银行会计这门课程均具有长期的执教经历。本书第一版于2016年出版,第二版于2019年出版,深受广大教师和同学的欢迎,我们也收到了许多宝贵的修改建议。在充分考虑读者的反馈意见,依据全新的会计法规和准则制度,借鉴和吸收最新理论成果的基础上,我们对本书进行了改版。

本次改版新增了课程思政内容,根据最新财税法规调整了相关税率和报表格式。

由于银行财会体制改革正日益深化,加之我们编写人员的水平有限,本书难免存在不足和错误之处,恳请读者不吝赐教,批评指正。

另外,教材配有两套模拟试卷,读者朋友可扫描本页下方二维码获得。

编　者

2024 年 12 月

模拟试卷一

模拟试卷二

目 录

第一章　总论 … 1
- 第一节　银行会计的定义、作用和特点 … 1
- 第二节　会计基本假设、核算基础和会计信息质量要求 … 4
- 第三节　银行会计要素及其计量 … 7
- 练习题 … 11

第二章　银行会计核算方法 … 13
- 第一节　会计科目和账户 … 13
- 第二节　记账方法 … 17
- 第三节　会计凭证 … 20
- 第四节　会计账簿 … 24
- 练习题 … 31

第三章　存款业务的核算 … 33
- 第一节　存款账户的开立与管理 … 33
- 第二节　存款业务的核算 … 42
- 第三节　存款利息的计算与核算 … 48
- 练习题 … 55

第四章　贷款业务的核算 … 57
- 第一节　贷款发放与收回的核算 … 57
- 第二节　贷款利息的计算与核算 … 67
- 第三节　贷款减值与转销的核算 … 71
- 练习题 … 77

第五章　现金业务的核算 … 79
- 第一节　现金收付业务的核算 … 79
- 第二节　现金整点、兑换与识别 … 84
- 第三节　外币兑换的核算 … 88

第四节　金库管理 ……………………………………………………………… 92
　　练习题 …………………………………………………………………………… 97

第六章　银行机构往来的核算 ………………………………………………………… 99
　　第一节　商业银行与中国人民银行往来的核算 ………………………………… 99
　　第二节　同业行系统行存放拆借的核算 ……………………………………… 102
　　第三节　系统行电子汇划业务的核算 ………………………………………… 106
　　第四节　同城票据交换 ………………………………………………………… 110
　　第五节　跨系统转划款的核算 ………………………………………………… 117
　　第六节　中国现代支付系统 …………………………………………………… 120
　　第七节　电子银行 ……………………………………………………………… 123
　　练习题 …………………………………………………………………………… 129

第七章　支付结算业务的核算 ……………………………………………………… 133
　　第一节　汇兑结算的核算 ……………………………………………………… 133
　　第二节　委托收款与托收承付结算的核算 …………………………………… 137
　　第三节　支票结算的核算 ……………………………………………………… 141
　　第四节　银行汇票结算的核算 ………………………………………………… 146
　　第五节　商业汇票结算的核算 ………………………………………………… 152
　　第六节　银行本票结算的核算 ………………………………………………… 158
　　第七节　银行卡结算的核算 …………………………………………………… 161
　　练习题 …………………………………………………………………………… 169

第八章　中间业务的核算 …………………………………………………………… 173
　　第一节　代理收付款业务的核算 ……………………………………………… 173
　　第二节　受托贷款业务的核算 ………………………………………………… 182
　　第三节　代理证券转账业务的核算 …………………………………………… 184
　　第四节　理财业务的核算 ……………………………………………………… 187
　　第五节　代保管业务的核算 …………………………………………………… 195
　　练习题 …………………………………………………………………………… 199

第九章　财务损益的核算 …………………………………………………………… 201
　　第一节　收入的核算 …………………………………………………………… 201
　　第二节　费用的核算 …………………………………………………………… 204
　　第三节　利润的核算 …………………………………………………………… 207
　　练习题 …………………………………………………………………………… 215

第十章　财务会计报告 ·· 217
第一节　资产负债表 ·· 217
第二节　利润表 ·· 224
第三节　现金流量表 ·· 229
第四节　所有者权益变动表 ·· 232
第五节　会计报表附注及相关信息 ·· 234
练习题 ·· 239

第十一章　会计组织及管理 ··· 241
第一节　银行会计的任务及组织 ·· 241
第二节　会计岗位设置与职责 ··· 243
第三节　内部控制与人员管理 ··· 248
第四节　会计日常重要事项管理 ·· 252
练习题 ·· 259

第一章 总 论

章前导引

教学目标

本章主要概述了银行会计的定义、作用、特点,会计基本假设、会计核算基础、会计信息质量要求,银行会计要素及其计量等基本理论知识。

通过学习,学生应掌握银行会计的定义和特点;理解会计的基本假设和核算基础、会计信息的质量要求;掌握银行会计要素的构成内容及计量属性。

第一节 银行会计的定义、作用和特点

一、商业银行

商业银行是依照《中华人民共和国商业银行法》和《中华人民共和国公司法》设立的办理吸收公众存款、发放贷款、办理结算等业务的企业法人。商业银行以"效益性、安全性、流动性"为经营原则,实行"自主经营,自担风险,自负盈亏,自我约束"。

我国商业银行包括国有控股的国有商业银行、股份制商业银行、地方性的城市商业银行和农村商业银行及信用社等。在我国的金融体系中,商业银行处在核心的主体地位。

商业银行可以经营下列部分或者全部业务:吸收公众存款;发放短期、中期和长期贷款;办理国内外结算;办理票据承兑与贴现;发行金融债券;代理发行、代理兑付、承销政府债券;买卖政府债券、金融债券;从事同业拆借;买卖、代理买卖外汇;从事银行卡业务;提供信用证服务及担保;代理收付款项及代理保险业务;提供保管箱服务;经国务院银行业监督管理机构批准的其他业务。

二、银行会计的定义和作用

(一)银行会计的定义

银行会计是以货币为主要计量单位,运用专门的会计方法,对商业银行的业务经营活动,进行全面、连续、系统的核算和监督,并进行分析预测,为商业银行经营者及有关方面提供财务会计信息的一种经济管理活动。

银行会计运用确认、计量、记录和报告程序,向财务会计报告使用者提供与银行财务状况、经营成果和现金流量等有关的会计信息,反映管理层受托责任履行情况,有助于财务会计报告使用者作出经济决策。银行财务会计报告使用者主要包括投资者、债权人、政府及其有关部门、社会公众、企业内部员工和经营管理者等。

（二）银行会计的作用

会计的作用是指会计作为专门的管理活动在经济主体经营管理中所能发挥的客观功能。银行会计在银行及相关经济主体的经营管理中能够发挥如下作用。

1. 基础作用

银行会计是具体办理银行经营业务和实现其职能的手段,也是银行整个经营活动的基础工作。银行无论是具体从事各种对外经营业务,还是办理内部财务收支,都需要借助于会计这种管理工具和手段,如果没有会计的记录和核算,银行就无法办理任何货币资金收付业务。

2. 反映作用

银行会计是反映整个银行的经营活动及社会经济活动的"神经中枢"。会计所拥有的一个重要功能,就在于它能以科学而完整的会计体系,通过具体的记账、算账、对账、报账和用账等核算活动,来为企业决策部门和社会不同的经济主体和相关的管理部门,提供完整、及时、准确的会计信息和资料。

3. 监督作用

银行会计是对银行的业务经营活动及社会经济活动进行有效监督和控制的重要工具。银行会计在进行日常核算、办理各项经济业务过程中,可能通过对会计凭证的审查、核对和账务登记等,实施具体的财政、信贷监督和财务监督,制止不合理使用资金行为,对银行及企业单位经营活动进行监控。

4. 促进作用

银行会计对于促进商业银行经营管理、提高经营管理水平也具有重要作用。会计作为银行业务经营活动的一项基础性的管理工作,对商业银行的经营具有直接的促进作用。就经营管理而言,会计人员可以在日常核算工作的基础上,通过编报、分析会计报表等形式,在数量方面综合反映商业银行各项业务活动的经营情况和财务收支情况,检验各项业务工作效率和质量,分析资金利用效益,预测业务变化趋势,参与经营决策,以改进和加强经营管理。

三、银行会计的特点

银行会计是具体应用于银行的金融企业会计。商业银行业务经营活动的特点和自身的性质,决定了银行会计与其他行业企业会计相比,具有许多独特性。

（一）核算内容的社会性

从核算的内容上看,银行会计既核算对内业务,又核算对外业务,并以对外业务为核算主体,使其具有广泛的社会性。

银行会计一方面核算自身的内部财务活动,对于自身的财产物资、经营收支和经营成果进行综合的反映和监督;另一方面还更多地通过面向社会客户开展经营业务,需要核算大量的对外业务活动,这就决定了其会计的核算对象具有社会性的特征,并且要以对外业务活动为核算的主体,以发挥银行会计对整个社会经济活动进行综合反映的特殊功能。

(二) 核算过程的及时性

从核算的过程上看,银行会计与银行的经营业务手续紧密相连,表现出会计核算的及时性。

一般企业的会计核算,基本都是在经济业务完成后进行的事后反映和监督。而银行的日常会计核算活动是与其业务经营活动结合在一起同时进行的。例如,商业银行的每笔存款、贷款业务从发生到完成,既是各项业务处理和审批的过程,同时又是会计核算业务的处理过程,待业务处理完毕,会计的核算工作也已基本完成。

(三) 核算形式的严密性

从核算的形式上看,银行会计具有严格的内部审核检查制度,具有一定的严密性和正确性。

银行会计在每日对外营业过程中,对每笔业务资金的收付活动,都必须进行严格的审查,以保证业务处理的合法性。在各项业务核算中,会计人员从取得和编制凭证,到凭证的具体传递、登记账簿,直至有关会计核算资料的整理和保管,都必须依据科学的程序办理,并进行复核,明确责任。同时,每日对外营业终了后,银行会计都要按日结账,做到账账相符、账实相符,每天的会计工作,必须保证当天全部会计记录完全相符才算结束。

(四) 核算方法的独特性

从核算的方法上看,银行会计为适应服务客户的具体业务的需要,也具有很大的独特性。

受会计核算对象的社会性所制约,银行会计为社会各个经济单位的经济活动进行分门别类而又综合全面地核算和反映,就要求对其核算的各项资金,按照不同的要素性质和单位类别,设置比一般企业会计要多几倍甚至几十倍的会计科目和账户。同时,会计核算对象的社会性决定了会计工作在进行账务处理、财产清查、财务分析和会计年度决策等环节上所受的内外制约因素颇多,都需内外结合进行。

(五) 核算机制的网络化

从会计信息的生成机制上看,银行会计数据处理、传输具有及时性、先进性和网络化特征。

随着电子计算机在会计核算中的普遍应用,为了适应业务开拓和核算及时的需要,各银行均已实现了在其所属的营业机构网点的网络化联机核算。当前,各银行内部,不仅在每个基层经营机构对业务的处理均实现了电算化,而且在整个系统内分支机构之间均采用了计算机联网方式处理,实现会计数据处理、传输的网络化。

【知识链接】

金融企业

金融企业是指需要取得金融监管部门授予的金融业务许可证,专门经营资金融通业务及相关信用活动的行业企业。我国金融企业是由商业银行、保险公司、证券公司、租赁公司、信托投资公司、基金管理公司、期货公司、财务公司等组成的行业群体。

第二节 会计基本假设、核算基础和会计信息质量要求

一、会计基本假设

会计基本假设是企业会计确认、计量和报告的前提,是对会计核算所处时间、空间环境等所作的合理设定。《企业会计准则——基本准则》规定,我国企业会计基本假设包括会计主体、持续经营、会计分期和货币计量4项。

(一)会计主体

会计主体是指企业会计核算应当对其本身发生的交易或者事项进行会计确认、计量和报告,应当以本身发生的各项交易或事项为对象,记录和反映企业本身的各项生产经营活动。明确会计主体,才能划定会计所要处理的各项交易或事项的范围,把握会计处理的立场。

商业银行作为一个独立核算的集团化法人,其会计核算从组织层次上看,目前一般采取二、三级会计主体制度。例如,在全国性的商业银行一般采取总行、省级一级分行和地市二级分行三级核算的会计主体制度;在区域性的地方商业银行一般采取总行、分支行二级核算的会计主体制度。

(二)持续经营

持续经营是指会计确认、计量和报告应当以企业持续、正常的生产经营活动为前提。企业是否持续经营,在会计原则、会计方法的选择上有很大差别。在一般情况下,会计人员应当假定企业将会按当前的规模和状态继续经营下去,不会停业,也不会大规模削减业务。明确这个基本前提,会计人员就可以在此基础上选择会计原则和会计方法。

(三)会计分期

会计分期是指会计核算应当划分会计期间,分期结算账目和编制财务会计报告。会计期间分为年度和中期。会计中期是指短于一个完整的会计年度的报告期间,会计中期又分为半年度、季度和月度。年度、半年度、季度和月度均按公历起讫日期确定。

(四)货币计量

货币计量是指会计主体在财务会计确认、计量和报告时以货币计量,反映会计主体的各项生产经营活动。我国企业的会计核算以人民币为记账本位币。业务收支以人民币以外的货币为主的银行,可以选定一种货币作为记账本位币,但在编报财务会计报告时应当折算成人民币。

二、会计核算基础

《企业会计准则——基本准则》规定,企业应当以权责发生制为基础进行会计确认、计量和报告。

权责发生制是指属于当期已经实现的收入和已经发生或应当负担的费用,不论款项是否收付,都应当作为本期的收入和费用处理;凡是不属于当期的收入和费用,即使款项已经在当期收付,都不应当作为当期的收入和费用。

会计需要在持续经营的假定下进行分期核算,有时企业发生的货币收支业务与交易或事项本身在期间上并不完全一致,于是便涉及发生的交易或事项应确认为哪一个会计期间的问题。权责发生制的核心是按交易或者事项是否影响各个会计期间的经营成果和受益情况,确定其归属期。由于确定本期收入和费用是以应收、应付作为标准,而不考虑款项是否已实际收付,权责发生制又称应收应付制。

以权责发生制为基础,会计信息可以正确反映特定会计期间所实现的收入和为实现收入所应负担的费用,从而可以把各期的收入与其相关的费用、成本相配比,加以比较,以便正确确定财务状况和经营成果。

与权责发生制相对应的是收付实现制。在收付实现制下,收入和费用的归属期完全按照款项实际收到或支付的日期为基础来确定。

三、会计信息质量要求

会计信息质量要求是对企业提供的会计信息质量提出的基本标准和基本要求,是使会计信息对其使用者决策有用所应具备的基本特征,同时也是对会计核算一般规律的概括和总结,是会计核算工作的基本指导思想。《企业会计准则——基本准则》中提出了如下 8 个方面的会计信息质量要求。

(一) 可靠性

可靠性要求企业应当以实际发生的交易或者事项为依据进行确认、计量和报告,如实反映符合确认和计量要求的各项会计要素及其他相关信息,保证会计信息真实可靠、内容完整。

企业提供会计信息的目的是为了满足会计信息使用者的决策需要,因此,就应做到内容真实、数字准确、资料可靠。在会计核算工作中坚持这一质量标准,就应当保证会计信息的真实性,在会计核算时如实反映企业的财务状况、经营成果和现金流量;应当正确运用会计原则和方法,准确反映企业的实际情况;会计信息应当能够经受验证,以核实其是否真实。

(二) 相关性

相关性要求企业提供的会计信息应当与财务会计报告使用者的经济决策需要相关,有助于财务会计报告使用者对企业过去、现在或者未来的情况作出评价或者预测。

会计信息的价值在于其与决策相关,能满足会计信息使用者的需要,有助于决策。在会计核算工作中坚持这一质量标准,就要求在收集、加工、处理和提供会计信息过程中,充分考虑会计信息使用者的信息需求。

(三) 明晰性

明晰性要求企业提供的会计信息应当清晰明了,便于财务会计报告使用者理解和使用。

提供会计信息的目的在于使用,要使用会计信息,必须先了解会计信息的内涵,弄懂会计信息的内容,这就要求会计核算和财务会计报告必须清晰明了。在会计核算工作中坚持明晰性标准,就要求会计记录应当准确、清晰,填制会计凭证、登记会计账簿必须做到依据合法、账户对应关系清楚、文字摘要完整;在编制会计报表时,确保项目钩稽关系清楚、项目完整、数字准确。

(四) 可比性

可比性要求企业提供的会计信息应当相互可比。

对于同一会计主体不同时期发生的相同或者相似的交易或者事项,应当采用一致的会计政策,会计核算方法前后各期应当保持一致,不得随意变更;如果企业在不同的会计期间采用不同的会计核算方法,将不利于会计信息使用者对会计信息的理解,不利于会计信息作用的发挥。

对于不同会计主体发生的相同的交易或者事项,也应当采用统一的会计政策,确保会计信息口径一致,以使不同会计主体按照一致的确认、计量和报告要求提供会计信息,便于比较考核不同会计主体的会计信息。

(五) 实质重于形式

实质重于形式要求企业应当按照交易或者事项的经济实质进行会计确认、计量和报告,不应仅以交易或者事项的法律形式为依据。

在实际工作中,交易或者事项的外在法律形式或者人为形式并不总能完全真实地反映其实质内容。所以,会计信息要想反映其所要反映的交易或者事项,就必须根据交易或者事项的经济实质和现实,而不能仅仅根据它们的法律形式进行核算和反映。

(六) 重要性

重要性要求企业提供的会计信息应当反映与企业财务状况、经营成果和现金流量有关的所有重要交易或者事项。在会计核算过程中对交易或者事项应当区别其重要程度,采用不同的核算方式。如果会计信息的省略或者错报会影响使用者据此作出经济决策的,该信息就具有重要性。对资产、负债、损益等有较大影响,并进而影响财务会计报告使用者据以作出合理判断的重要会计事项,必须按照规定的会计方法和程序进行处理,并在财务会计报告中予以充分、准确地披露;对于次要的会计事项,在不影响会计信息真实性和不误导财务会计报告使用者作出正确判断的前提下,可适当简化处理。

(七) 谨慎性

谨慎性要求企业对交易或者事项进行会计确认、计量和报告应当保持应有的谨慎,不应高估多计资产或者收益、低估少计负债或者费用。

在会计核算工作中坚持谨慎性的会计信息质量要求,即企业在面临不确定因素的情况下作出职业判断时,应当保持必要的谨慎,既不高估资产或收益,也不低估负债或费用,但不得设置秘密准备。

(八) 及时性

及时性要求企业对于已经发生的交易或者事项,应当及时进行确认、计量和报告,不得提前或者延后,从而可以把相关信息及时传递给财务会计报告使用者,便于其及时使用和决策。

会计核算的意义在于及时为会计信息使用者提供可靠的决策信息。在会计核算过程中坚持这一质量要求,一是要及时收集会计信息;二是要及时处理会计信息;三是要及时传递会计信息。

第三节 银行会计要素及其计量

一、银行会计要素

会计要素是根据交易或者事项的经济特征所确定的财务会计对象的基本分类。它科学地概括了会计对象的基本内容,是确定会计报表结构和内容的基础。

我国《企业会计准则——基本准则》规定,会计要素分为资产、负债、所有者权益、收入、费用和利润6项。

(一) 资产

资产是指企业过去的交易或者事项形成的、由企业拥有或者控制的、预期会给企业带来经济利益的资源。资产具有以下基本特征:其一,资产是由过去的交易或事项所形成的,是现实资源;其二,资产是企业拥有或者控制的资源,企业享有某项资源的所有权,或者虽然不享有某项资源的所有权,但该资源能被企业所控制;其三,资产预期会给企业带来未来经济利益,预期不能带来经济利益的,就不能确认为企业的资产。

资产按流动性分为流动资产和非流动资产。

流动资产是指在1年(含1年)变现或耗用的资产。商业银行的流动资产主要包括库存现金、存放中央银行款项、存放和拆放同业款项、各种短期贷款、应收款项、库存物资等。

非流动资产是指在1年以上变现或耗用的资产。商业银行的非流动资产主要包括各种中长期贷款、长期投资、固定资产、无形资产等。

(二) 负债

负债是指企业过去的交易或者事项形成的、预期会导致经济利益流出企业的现时义务。负债具有以下基本特征:其一,负债是基于过去的交易或者事项而产生的,由企业承担的现时义务;其二,负债这一现时义务的履行通常关系到企业放弃含有经济利益的资产,以满足对方的要求;其三,负债通常是在未来某一时日通过交付资产或者提供劳务来清偿。

负债按其流动性,分为流动负债和长期负债。

商业银行的负债主要包括商业银行吸收的各项存款、向中央银行借款、同业存放款项、借入拆入资金、应解汇款、汇出汇款、各种应付款项等。

(三) 所有者权益

所有者权益是指企业资产扣除负债后由所有者享有的剩余权益。所有者权益的来源包括所有者投入的资本、直接计入所有者权益的利得和损失、留存收益等。商业银行的所有者权益包括实收资本(或股本)、资本公积、盈余公积、一般风险准备和未分配利润等。

(四) 收入

收入是指企业在日常活动中形成的、会导致所有者权益增加的、与所有者投入资本无关的经济利益的总流入。

商业银行的收入主要包括利息收入、金融机构往来利息收入、手续费及佣金收入、其他营业收入、投资收益和营业外收入等。

（五）费用

费用是指企业在日常活动中发生的、会导致所有者权益减少的、与向所有者分配利润无关的经济利益的总流出。

商业银行的费用主要包括利息支出、银行往来利息支出、手续费及佣金支出、业务及管理费、税金及附加等。

（六）利润

利润是指企业在一定会计期间的经营成果，利润包括收入减去费用后的净额、直接计入当期利润的利得和损失等。其中，"利得"为由企业非日常活动所形成的、会导致所有者权益增加的、与所有者投入资本无关的经济利益的流入；"损失"为企业非日常活动所发生的、会导致所有者权益减少的、与向所有者分配利润无关的经济利益的流出。

二、银行会计要素的确认

《企业会计准则——基本准则》规定会计要素在确认时，均应满足相应条件：符合会计要素的定义；相关的经济利益很可能流入或者流出企业；该经济利益流入或者流出的金额能够可靠地计量。

商业银行会计要素的具体确认原则如下：

（1）符合资产定义的资源，在同时满足以下条件时，确认为资产：①与该资源有关的经济利益很可能流入企业。②该资源的成本或者价值能够可靠地计量。符合资产定义和资产确认条件的项目，应当列入银行资产负债表；符合资产定义、但不符合资产确认条件的项目，不应当列入银行资产负债表。

（2）符合负债定义的义务，在同时满足以下条件时，确认为负债：①与该义务有关的经济利益很可能流出银行。②未来流出的经济利益的金额能够可靠地计量。符合负债定义和负债确认条件的项目，应当列入银行资产负债表；符合负债定义，但不符合负债确认条件的项目，不应当列入银行资产负债表。

（3）所有者权益金额取决于资产和负债的计量。所有者权益项目应当列入银行资产负债表。

（4）收入只有在经济利益很可能流入从而导致银行资产增加或者负债减少、且经济利益的流入额能够可靠地计量时才能予以确认。符合收入定义和收入确认条件的项目，应当列入银行利润表。

（5）费用只有在经济利益很可能流出从而导致银行资产减少或者负债增加、且经济利益的流出额能够可靠地计量时才能予以确认。符合费用定义和费用确认条件的项目，应当列入银行利润表。

（6）利润金额取决于收入和费用、直接计入当期利润的利得和损失金额的计量。利润项目应当列入银行利润表。

三、银行会计要素的计量属性

银行在将符合确认条件的会计要素登记入账并列报于会计报表及其附注时,应当按照规定的会计计量属性进行计量,确定其金额。《企业会计准则——基本准则》规定会计要素在计量时可供选择的有如下5种计量属性。

(一)历史成本

在历史成本计量下,资产按照购置时支付的现金或者现金等价物的金额,或者按照购置资产时所付出的对价的公允价值计量;负债按照因承担现时义务而实际收到的款项或者资产的金额,或者承担现时义务的合同金额,或者按照日常活动中为偿还负债预期需要支付的现金或者现金等价物的金额计量。

(二)重置成本

在重置成本计量下,资产按照现在购买相同或者相似资产所需支付的现金或者现金等价物的金额计量;负债按照现在偿付该项债务所需支付的现金或者现金等价物的金额计量。

(三)可变现净值

在可变现净值计量下,资产按照其正常对外销售所能收到现金或者现金等价物的金额扣减该资产至完工时估计将要发生的成本、估计的销售费用和相关税费后的金额计量。

(四)现值

在现值计量下,资产按照预计从其持续使用和最终处置中所产生的未来净现金流入量的折现金额计量;负债按照预计期限内需要偿还的未来净现金流出量的折现金额计量。

(五)公允价值

公允价值是指市场参与者在计量日发生的有序交易中,出售一项资产所能收到或者转移一项负债所需支付的价格。

应用公允价值应充分考虑三个级次:首先,资产或者负债存在活跃市场的,活跃市场中的报价应当用于确定其公允价值;其次,不存在活跃市场的,参考熟悉情况并自愿交易的各方最近进行的市场交易中使用的价格或者参照实质上相同的其他资产或者负债的当前公允价值;再次,不存在活跃市场,且不满足上述两个条件的,应当采用估值技术等确定其公允价值。

银行在对会计要素进行计量时,一般应当采用历史成本,采用重置成本、可变现净值、现值、公允价值计量的,应当保证所确定的会计要素金额能够取得并可靠地计量。

【知识链接】

《企业会计准则——基本准则》

《企业会计准则——基本准则》由财政部于2006年2月15日颁布,并于2007年1月1日起施行,于2014年7月23日修改。该准则共11章50条,其规范的主要内容包括财务会计报告目标、会计基本假设、会计信息质量要求、会计要素的定义及其确认、计量原则、财务会计报告等会计核算的基本问题等。

【关键术语】

银行会计　银行会计的特点　会计基本假设　会计信息质量要求　会计要素　计量属性

【问题思考】

1. 银行会计的特点有哪些?
2. 如何界定银行会计主体?
3. 权责发生制对银行会计核算的基本要求是什么?

【思政园地】

1. 或言禹会诸侯江南,计功而崩,因葬焉,命曰会稽。会稽者,会计也。

——司马迁《史记》

2. 应该使一切政府工作人员明白,贪污和浪费是极大的犯罪。　　　——毛泽东
3. 诚信为本,操守为重,遵守准则,不做假账。　　　　　　　　　——朱镕基

练 习 题

一、单项选择题

1. （　　）在我国的金融体系中处于核心的主体地位。
   A. 商业银行　　　B. 保险公司　　　C. 证券公司　　　D. 信托投资公司
2. 商业银行作为一个独立核算的集团化金融企业法人，其会计核算从组织层次上看，目前一般采取（　　）会计主体制度。
   A. 一级法人　　　B. 三级　　　C. 四级　　　D. 分散式
3. 会计期间分为（　　）。
   A. 年度
   B. 年度、半年度
   C. 年度、半年度、季度
   D. 年度、半年度、季度和月度
4. 《企业会计准则——基本准则》规定了（　　）个方面的会计信息质量的基本要求。
   A. 8　　　B. 10　　　C. 12　　　D. 13
5. 《企业会计准则——基本准则》规定了（　　）种会计要素的计量属性。
   A. 4　　　B. 5　　　C. 8　　　D. 10
6. 银行在对会计要素进行计量时，一般应当采用（　　）。
   A. 历史成本　　　B. 重置成本　　　C. 可变现净值　　　D. 公允价值

二、多项选择题

1. 银行财务会计报告使用者主要包括投资者、（　　）和经营管理者等。
   A. 债权人
   B. 政府及其有关部门
   C. 社会公众
   D. 企业内部员工
2. 银行会计与其他企业单位会计相比，具有许多独特性，主要表现在（　　）。
   A. 核算内容的社会性
   B. 核算过程的及时性
   C. 核算形式的严密性
   D. 核算机制的网络化
3. 会计中期分为（　　）。
   A. 半年度　　　B. 季度　　　C. 月度　　　D. 旬
4. 权责发生制所依据的基本会计假设为（　　）。
   A. 会计主体　　　B. 持续经营　　　C. 会计分期　　　D. 货币计量
5. 可比性要求企业提供的会计信息应当在（　　）间相互可比。
   A. 会计主体　　　B. 非会计主体　　　C. 会计期间　　　D. 会计年度
6. 谨慎性要求对交易或者事项进行会计确认、计量和报告应当保持应有的谨慎，不应（　　）。
   A. 高估资产　　　B. 低估收益　　　C. 低估负债　　　D. 高估费用

7. 反映商业银行经营状况的要素有(　　)。
   A. 资产　　　　　　B. 负债　　　　　　C. 所有者权益　　　D. 利润
8. 反映商业银行经营成果的要素有(　　)。
   A. 所有者权益　　　B. 收入　　　　　　C. 费用　　　　　　D. 利润
9. 资产是(　　)。
   A. 由过去的交易或事项所形成的现实资产
   B. 是企业拥有或者控制的经济资源
   C. 预期会给企业带来未来经济利益的资源
   D. 企业的经济资源
10. 银行的资产包括(　　)。
    A. 流动资产　　　　B. 中长期贷款　　　C. 长期投资　　　　D. 实收资本
11. 下列项目中,属于商业银行流动资产的有(　　)。
    A. 业务现金　　　　　　　　　　　　　B. 存放中央银行款项
    C. 固定资产　　　　　　　　　　　　　D. 无形资产
12. 银行的所有者权益包括(　　)。
    A. 实收资本　　　　B. 资本公积　　　　C. 一般风险准备　　D. 未分配利润
13. 会计要素在确认时,应满足的相应条件包括(　　)。
    A. 符合会计要素的定义　　　　　　　　B. 相关的经济利益很可能流入或者流出企业
    C. 金额能够可靠地计量　　　　　　　　D. 能够以公允价值计量

三、判断题

1. 从核算的内容上看,商业银行会计以对外业务为核算主体。（　）
2. 从核算的过程上看,商业银行会计处理过程与其经营业务经办过程具有同步性。（　）
3. 商业银行作为统一法人单位,实行统一的一级会计主体核算制度。（　）
4. 会计期间分为年度、半年度、季度和月度,均按公历起讫日期确定。（　）
5. 业务收支以人民币以外的货币为主的商业银行,可以选定一种货币作为记账本位币,但在编报财务会计报告时应当折算成人民币。（　）
6. 权责发生制的核心是按交易或者事项是否影响各个会计期间的经营成果和受益情况,确定其归属期。（　）
7. 会计信息要反映交易或者事项的真实情况,必须根据交易或者事项的经济实质和现实,而不能仅仅根据它们的法律形式进行核算和反映。（　）
8. 及时性要求企业对于已经发生的交易或者事项,应当及时进行确认、计量和报告,不得延后,但可以提前。（　）
9. 资产预期会给企业带来未来经济利益,预期不能带来经济利益的,就不能确认为企业的资产。（　）
10. 银行发放的各种贷款属于银行的流动资产。（　）
11. "利得"是由企业非日常活动所形成的、会导致所有者权益增加的、与所有者投入资本无关的经济利益的流入。（　）
12. 在对会计要素进行计量时一般应用公允价值计价。（　）

第二章
银行会计核算方法

章前导引

教学目标

本章主要结合银行会计的特点,简要介绍会计科目和账户、记账方法、会计凭证和会计账簿等基本的会计核算方法。

通过学习,学生应了解银行会计科目的分类方法,掌握银行账户的分类和设置原理;掌握借贷记账法在银行的应用原理;了解商业银行会计凭证的种类,凭证的填制、审核及传递要求;掌握银行会计账簿的种类及核算程序。

第一节 会计科目和账户

一、会计科目的作用和设置

(一)会计科目的作用

会计科目是对会计要素的具体内容,按其不同的要素特征和信息项目的披露要求进行系统分类的项目。即会计科目是对各项会计要素的具体核算内容,按会计核算的要求划分为若干类别,对每一类别定义的名称。

会计科目在会计核算中的作用在于:其一,它是进行会计核算的基础。它是设置账户、填制凭证、登记账簿和编制会计报表等一系列核算方法的前提和依据。其二,它是统一核算口径的工具。每一会计科目都规定了特定的名称和核算内容,使会计核算处理和会计报表反映都有统一的口径。其三,它是提供系统会计核算资料的工具和手段。以会计科目作为概括业务内容、资金性质的标志,起到组织和归类作用,从而把全部核算资料进入条理化、系统化,并取得系统的核算资料和信息。

(二)会计科目的设置

银行会计科目的设置,是组织会计核算的前提条件和基本的制度安排。按现行管理体制,银行会计科目的设置权在银行总行的会计职能部门。

银行总行在设置会计科目时,应遵循合法性、相关性和实用性的原则。合法性要求会计科目的设置符合《企业会计准则》的相关规定;相关性要求会计科目的设置,能够提供有关方面所需的会计信息服务,满足对外报告与内部管理的要求;实用性要求银行根据自身的业务范围和特点,设计符合自身需求的会计科目。

银行设置会计科目的直接依据是《企业会计准则》和《企业会计准则——应用指南》。为规范科目设置,《企业会计准则——应用指南》附录中统一推出161个会计科目的范本。银行依据《企业会计准则》中确认、计量和报告的规定,在不违反相关规定的前提下,可以根据本行业务经营的实际情况自行选用适合自己的会计科目,也可以增设、分拆、合并会计科目。银行不存在的交易或者事项,可以不设置相关的会计科目;对于本行特有的交易或者事项,可以根据业务核算需要设置专用的会计科目;对于明细科目,银行可以比照《企业会计准则——应用指南》中附录的规定自行设置。商业银行一般设置的会计科目见表2-1。

表2-1　　　　　　　　商业银行会计科目表(仅供教学参考)

代号(略)	会计科目	代号(略)	会计科目
	一、资产类		长期股权投资
	库存现金		投资性房地产
	银行存款		固定资产
	贵金属		累计折旧
	存放中央银行款项		固定资产减值准备
	存放同业款项		固定资产清理
	存放系统内款项		在建工程
	资金拆出		无形资产
	交易性金融资产		无形资产减值准备
	贷款		待处理财产损溢
	短期贷款		二、负债类
	中长期贷款		吸收存款
	抵押贷款		单位活期存款
	委托贷款		单位定期存款
	个人住房贷款		个人活期存款
	个人助学贷款		个人定期存款
	银行卡透支		财政性存款
	贴现		向中央银行借款
	逾期贷款		同业存放款项
	贷款损失准备		系统内存放款项
	抵债资产		拆入资金
	应收利息		汇出汇款
	其他应收款		应解汇款

(续表)

代号(略)	会计科目	代号(略)	会计科目
	保证金存款		利润分配
	开出本票		**五、损益类**
	应付利息		利息收入
	应付职工薪酬		金融企业往来收入
	应交税费		手续费及佣金收入
	其他应付款		其他营业收入
	三、资产负债共同类		汇兑损益
	清算资金往来		投资收益
	待处理结算款项		营业外收入
	货币兑换		利息支出
	衍生工具		金融企业往来支出
	套期工具		手续费及佣金支出
	四、所有者权益类		营业费用
	股本(实收资本)		其他营业支出
	资本公积		资产减值损失
	盈余公积		营业外支出
	一般风险准备		所得税费用
	本年利润		以前年度损益调整

二、会计科目的分类及编号

(一) 银行会计科目的分类

银行设置的会计科目是一个有机的整体。为便于熟悉掌握每个会计科目的性质,了解每个会计科目的核算内容和使用范围,正确使用会计科目,银行就要按照一定的标志和要求,对会计科目进行分类排列。

1. **按科目与会计报表的关系分**

按科目与会计报表的关系分,银行会计科目可分为表内科目和表外科目。

表内科目是反映银行会计要素实际增减变化的会计科目。

表外科目是不反映银行会计要素实际增减变化,用于反映各项登记备查事项的会计科目。

其中,表内科目按科目反映会计要素性质划分,可分为资产类、负债类、资产负债共同类、所有者权益类、损益类等科目。

资产类科目是反映各项资产要素项目的会计科目。商业银行可设置"库存现金""存放中央银行款项""存放同业款项""存放系统内款项""贷款""固定资产""无形资产"等资产类科目。

负债类科目是反映各项负债要素项目的会计科目。商业银行可设置"吸收存款""向中央银行借款""同业存放款项""系统内存放款项""汇出汇款""应解汇款""应付利息"等负债类科目。

资产负债共同类科目是反映各项资产和负债双重性的科目。商业银行可设置"清算资金往来""货币兑换"等资产负债共同类科目。

所有者权益类科目是反映所有者权益的科目。商业银行可设置"股本""资本公积""盈余公积""本年利润""利润分配"等所有者权益类科目。

损益类科目是反映各项收入和成本费用的科目。商业银行可设置的收入科目有"利息收入""金融企业往来收入""手续费及佣金收入""其他营业收入""投资收益""营业外收入"等；商业银行可设置的成本和费用的科目有："利息支出""金融企业往来支出""手续费及佣金支出""营业费用""营业外支出""所得税费用"等科目。

2. 按科目所提供信息指标的详细程度及其统驭关系不同分

按科目所提供信息指标的详细程度及其统驭关系不同分，银行会计科目可分为总分类科目和明细分类科目。

总分类科目是对会计要素内容进行总括反映的会计科目，又称一级总账科目。明细分类科目是根据核算及管理的需要对总分类科目所作的进一步分类，其按照详细程度可再分为二级科目、三级科目等。例如，商业银行设置的"吸收存款"科目属一级科目，为了详尽反映信息而设置的"单位活期存款"属于它的二级明细账科目，"××存款人活期存款户"属于它的三级明细账科目。

(二) 银行会计科目编号

银行在设置会计科目可结合实际情况自行确定科目通过编号。科目代号的长度如下：一级科目代号为四位数字，二级科目可以再加两位。科目代号的编排具有一定的规律。例如，一般一级科目代号的前两位为规则号，后两位为顺序号。科目代号的第一位代表科目所属的大类。如：1代表资产类科目；2代表负债类科目；3代表资产负债共同类科目；4代表所有者权益类科目；5代表损益类科目等。

科目通过编号，便于识别和使用，它为编制会计分录、汇总凭证、登记账簿、编制报表、查阅会计资料等日常会计事项的处理及对电子计算机在会计柜台的应用，提供了便利的条件。

三、账户的设置与作用

账户是指根据会计科目设置的，具有一定的结构和格式，用来连续、系统地记录和反映各会计要素内容的具体增减变化情况和结果的专门方法。

账户与会计科目有着密切的联系。两者均是对会计要素分类核算的手段。账户是根据科目设置的，会计科目是账户的名称；账户是会计科目的具体运用，会计科目对其所辖账户起统驭作用；账户是会计科目的基础，其性质随其所属的会计科目性质而定。

账户与会计科目在反映会计要素中也有不同的作用。会计科目只是对会计要素具体内容进行分类的项目，没有结构，不能直接记录会计要素的增减变化。而账户是有结构的，可以用来记录会计要素的增减变化和结果。在一个会计科目之下设置几个账户，要依该会计科目核算范围的大小和管理的要求来确定。每个账户都应当反映一定的经济内容，账户之间应有严格界限，不能互相混淆。

为了在账户中记录有关经济业务，账户不仅要有明确的核算内容，而且要有一定的结构。由于会计对经济所反映和监督的具体内容在数量上的一切变动，不外乎增加和减少这两种情况。因此作为反映会计对象增减变化的账户，就应相应地划分为两部分，即左方和右方，以便反映数额的增加或减少，这就是账户的基本结构。账户左右两方的具体名称，哪一方记增加数,哪一方记减少数,及账户余额的方向,取决于其所采用的记账方法和该账户记录的经济内容。例如,采用借贷记账法,左方为借方,对资产类和费用类账户反映增加,对负债类和收益类账户反映减少;右方为贷方,对负债类和收益账户反映增加,对资产类和费用类账户反映减少。由于会计上要求分期结账,账户中所记录的金额可分为期初余额、本期增加额、本期减少额和期末余额4项。

四、银行账户的分类与开立

银行的会计账户,按其开户的对象,可划分为对内账户和对外账户两大类。

(一) 对内账户

对内账户是根据银行本身业务经营管理上的需要而设置的内部专用账户。例如,在"固定资产"账户下,按固定资产的分类设立账户。

(二) 对外账户

对外账户是银行在业务经营中对经营客户设立的账户。商业银行一般要按业务需要对客户分别设置存款类账户、贷款类账户等。

银行对外账户是企业单位或个人办理转账结算、清偿债权债务的工具,也是银行办理现金收付、存贷款、支付结算业务,用来反映国民经济中资金运动的工具。

银行开立的各种对外账户,均应由经办机构为开户单位编列账号。账号一般是由经办机构代号、科目代号、账户的顺序号和计算机校验位等因素组成,各行可根据具体情况进行编排。在有关业务处理中,银行会计通过账号就可以初步判断出该单位的经济性质和隶属关系,防止串户,方便工作,有利于核算。

【知识链接】

《企业会计准则——应用指南》

《企业会计准则——应用指南》由财政部于2006年10月30日以文件印发,是关于具体会计准则操作和应用方面的指导性文件。其主要内容包括对各条具体会计准则难点、疑点的解释和会计科目、主要账务处理等。它是对具体会计准则相关条款的细化和对重点难点内容提供的操作性规定,并在附录中规定了156个会计科目及其主要账务处理,便于具体会计准则的操作和应用,有利于保证会计准则体系全面、准确地贯彻实施。2006年以后,为适应具体会计准则的调整,《企业会计准则——应用指南》也相应进行了调整。

第二节 记账方法

一、银行应用的记账方法

记账方法是按一定的记账原理和规则,采用特定的记账符号,来记录各项经济业务,登记账簿的一系列专门技术方法的总称。记账方法分单式记账法和复式记账法两种。

(一) 单式记账法

单式记账法是指每一项经济业务的发生只在一个账户中进行登记的一种方法。在银行会计中,单式记账方法应用于表外科目的核算。经济业务发生后,根据记账凭证,只在"收入"或"付出"作单方的记录反映。

(二) 复式记账法

复式记账法是指对每一项经济业务,都要以相等的金额同时在两个或两个以上相互联系的账户中进行登记的一种记账方法。在银行会计中,对于表内科目的会计核算采用复式记账法中的借贷记账法。

二、借贷记账法的基本要点

借贷记账法是以"借""贷"为记账符号,以"有借必有贷,借贷必相等"为记账规则,用来记录和反映会计要素项目增减变化过程及其结果的一种复式记账方法。

借贷记账法的基本要点有以下4个方面。

(一) 将会计科目按性质分为资产类、负债类、所有者权益类、损益类4个大类

借贷记账法将所有使用的会计科目按性质划分为资产类、负债类、所有者权益类和损益类4个大类。在具体应用时,资产类科目的余额反映在借方;负债类和所有者权益类科目的余额反映在贷方;资产负债共同类科目,以其最终余额在借方或贷方来判明其是归属到资产类,还是负债类;损益类中的收入类科目余额反映在贷方,费用类科目余额反映在借方。

(二) 以"借""贷"作记账符号,表示记账方向

借贷记账法将账户结构分为借方、贷方两个基本组成部分。以"借""贷"作为记账符号,表示记账方向;在账簿上设置了借方、贷方、余额等栏目,以反映会计要素项目的增减变化。借、贷两方,哪一方登记增加数,哪一方登记减少数,要根据账户的性质和经济业务的内容来确定;凡资产、费用的增加,负债、所有者权益和收入的减少记借方;凡负债、所有者权益和收入的增加,资产、费用的减少记贷方。

(三) 以"有借必有贷,借贷必相等"作为记账规则

借贷记账法是以"资产＝负债＋所有者权益"这一恒等式为理论基础来设计的复式记账法,它要求按每项经济业务涉及的资金增减变化的内在联系,确定其应记的科目和记账方向,即一笔经济业务的发生,必须以相等的金额记入一个账户的借方和另一个账户(或几个账户)的贷方;或记入一个账户的贷方和另一个账户(或几个账户)的借方。每笔业务的会计分录必须是借贷平衡,并且在任何情况下也不会破坏借贷相等的平衡关系。

(四) 根据复式记账原理,进行试算平衡

由于借贷记账法是以"资产＝负债＋所有者权益"的平衡原理设计,并以"有借必有贷,借贷必相等"为记账规则,从而保证了每项经济业务的借、贷方发生额必然相等;保证了一定时期全部经济业务的借、贷方发生额及余额之和必然相等。因此,可选用发生额平衡法和余额平衡法进行试算平衡,检验账务记录的正确性。

经过试算平衡,各科目的借、贷方的发生额及余额之和相等,表明会计分录和账务记载

是正确的;反之,则表明会计分录和账务记载有误。

三、借贷记账法在银行的应用举例

复式记账法要求每项经济业务都必须以相等的金额在两个或两个以上的账户进行平行登记。在记载经济业务时,只有正确确定账户的对应关系才能如实反映经济业务的内容。为了保证账户对应关系的正确性,在经济业务记入账户之前,应通过编制会计分录明确两个问题:其一,分析所发生的经济业务涉及的账户及其性质;其二,依据账户性质及结构分析确定记账方向和应记金额。现具体说明借贷记账法在银行会计核算中的应用如下。

假定中国工商银行广州市天河支行2024年3月15日各科目日末余额如表2-2中"上日余额"数。3月16日,该支行发生如下经济业务。

【例2-1】 中国工商银行广州市天河支行从开户单位A企业账户支付开户单位B企业购货款100 000元。

该项经济业务涉及"吸收存款"账户的两个明细账户,都是负债类账户。从"吸收存款——单位活期存款——A企业存款户"明细账户付出资金,是银行负债减少,应记该账户借方;为"吸收存款——单位活期存款——B企业存款户"明细账单收入资金,是银行负债增加,应记该账户贷方。其会计分录为:

  借:吸收存款——单位活期存款——A企业存款户   100 000
    贷:吸收存款——单位活期存款——B企业存款户   100 000

【例2-2】 中国工商银行广州市天河支行向其开户的中国人民银行广州市中心支行发行库领取现金2 000 000元。

该项经济业务涉及"库存现金"和"存放中央银行款项"两个账户,这两个账户都是资产类账户。向开户人民银行领取现金,银行资产"库存现金"增加,应记该账户借方;银行资产"存放中央银行款项"减少,应记该账户贷方。其会计分录为:

  借:库存现金——业务现金户   2 000 000
    贷:存放中央银行款项——市人行存款户   2 000 000

【例2-3】 中国工商银行广州市天河支行对开户单位A企业发放流动资金贷款300 000元,转存该企业存款户内。

该项经济业务涉及"贷款"和"吸收存款"两个账户,前者是资产类账户,后者是负债类账户。银行发放贷款是银行资产增加,应记入"贷款"账户的借方;把贷款转入存款户是银行负债增加,应记入"吸收存款"账户的贷方。其会计分录为:

  借:贷款——短期贷款——A企业贷款户   300 000
    贷:吸收存款——单位活期存款——A企业存款户   300 000

【例2-4】 中国工商银行广州市天河支行的开户单位A企业以存款户400 000元,归还流动资金贷款。

该项经济业务涉及"吸收存款"和"贷款"两个账户,前者是负债类账户,后者是资产类账户。A企业用存款归还贷款,从"吸收存款"账户付出资金,是银行负债的减少,应记该账户借方;"贷款"账户收回资金,是银行资产的减少,应记该账户贷方。其会计分录为:

  借:吸收存款——单位活期存款——A企业存款户   400 000
    贷:贷款——短期贷款——A企业贷款户   400 000

依据上述 4 项经济业务编制的发生额试算平衡表见表 2-2。试算平衡表中各会计科目的借方发生额合计与贷方发生额合计相等,说明上述所编制的会计分录是正确的。

银行每天均须按总账各科目的借方、贷方的发生额和余额,填制日结表,进行试算平衡。

表 2-2　　　　　　　　　　　　　发生额试算平衡表
2024 年 3 月 16 日　　　　　　　　　　　　　　　　　　　　　　　单位:元

科目代号	会计科目	上日余额		本日发生额		本日余额	
		借方	贷方	借方	贷方	借方	贷方
1001	库存现金	800 000		2 000 000		2 800 000	
1003	存放中央银行款项	4 600 000			2 000 000	2 600 000	
1303	贷款	3 250 000		300 000	400 000	3 150 000	
2011	吸收存款		8 650 000	500 000	400 000		8 550 000
—	合　计	8 650 000	8 650 000	2 800 000	2 800 000	8 550 000	8 550 000

第三节　会计凭证

一、会计凭证的作用

会计凭证是记录经济业务、明确经济责任的书面证明,是办理资金收付、登记账簿的凭据。

银行会计凭证的填制、审核和使用在其会计核算中具有的作用在于:其一,会计凭证的填制和审查,是明确经济责任,发挥监督、控制职能的手段。其二,会计凭证的取得和使用,是办理有关资金收、付业务,登记账簿的依据。其三,会计凭证的填制和传递,是进行有关业务活动的组织形式。

二、银行会计凭证的种类及编制

(一) 原始凭证

原始凭证是指在经济业务发生时直接取得或填制的凭证。它是用来证明经济业务实际发生或完成情况、明确经济责任、据以编制记账凭证的原始根据。

各种原始凭证记载的经济业务是多种多样的,所以每一张原始凭证的具体内容不尽相同,但各种原始凭证所应具备的一般要素包括:①凭证的名称。②填制凭证单位的名称和接受凭证单位的名称及开户行名称和行号。③填制凭证的日期。④经济业务的内容。⑤数量、单价和金额。⑥经办人员或单位的签名或盖章。

原始凭证按其来源不同,可分为外来原始凭证和自制原始凭证。外来原始凭证是在经济业务发生时从外部取得的凭证,如银行在会计核算中接收开户单位提交的现金交款单、进账单、支票等。自制原始凭证是办理各种业务中,根据业务需要而自行填制的凭证,如银行填制的利息计算清单等。

（二）记账凭证

记账凭证是根据原始凭证编制的或由原始凭证经过业务处理后产生的凭证，它是登记账簿的直接依据。

记账凭证除具备原始凭证的有关要素内容外，还必须具备转账日期、会计分录、附件张数、记账复核人员盖章等内容。

记账凭证按其填制方法不同，分为单式记账凭证和复式记账凭证。

记账凭证按其生成方式不同，分为人工填制凭证和计算机打印凭证。其中，人工填制凭证又分为人工制单且不需要计算机认证的凭证和人工制单需要计算机认证的凭证两类；计算机打印凭证分为由经办人员录入凭证要素并经复核后由计算机自动输出的凭证和计算机批处理后自动打印的凭证两类。

记账凭证按其记账的对象不同，可分为明细账记账凭证和总账记账凭证。

1. 明细账记账凭证

明细账记账凭证是记载明细账的依据。银行的明细账记账凭证，按其编制格式和用途可以分为基本凭证和特定凭证。

1) 基本凭证

基本凭证是根据有关原始凭证及业务事项，自行填制的通用记账凭证。商业银行的基本凭证主要有借方（贷方）记账凭证、特种转账借方（贷方）凭证等。

（1）借方记账凭证和贷方记账凭证。此两种凭证用于本行内部的现金收入、付出和转账借方、贷方事项。借方记账凭证的基本格式要素见表2-3。银行在办理有关业务中，对反映资产、费用增加和负债、所有者权益、收入减少的一方账户，编制借方记账凭证，记入有关明细账的借方；对反映负债、所有者权益、收入增加和资产、费用减少的账户，编制贷方记账凭证，记入有关明细账的贷方。

表2-3　　　　　　　　中国××银行　借方记账凭证

账别：　　　　　　　　　　　　　年　月　日　　　　　　　　　第　号

账　号	摘　要	金　额										
		亿	千	百	十	万	千	百	十	元	角	分
合　计												
	科目（借）											
	对方科目（贷）											

附件　张

会计主管：　　　　复核：　　　　记账：　　　　制单：

规　　格：连边 8.5×17.5 cm（白纸印黑字）

使用说明：①单联式。②用于本行内部的现金收入或转账借方事项。

（2）特种转账借方凭证和特种转账贷方凭证。特种转账借方凭证的基本格式要素见表2-4。此两种凭证主要用于代客户收、付有关款项的事项。

表 2-4　　　　　　　　　　　　中国××银行　特种转账借方凭证

账别：　　　　　　　　　　　　　年　　月　　日　　　　　　　　　　第　　号

付款人	全　称		收款人	全　称												附件
	账　号			账　号												
	开户行			开户行												
大写金额	(币种)					百	十亿	千	百	十万	千	百	十元	角	分	张
原凭证名称		原凭证号码														
原凭证金额		赔　偿　金			科目(借)											
转账原因		(银行盖章)			对方科目(贷)											

会计主管：　　　　　　复核：　　　　　　记账：　　　　　　制单：

规　　格：连边 8.5×17.5 cm(白纸印黑字)

使用说明：①单联式。②主要用于代客户收、付有关款项的事项。

2) 特定凭证

特定凭证是根据某项业务的特殊需要而制定具有特定格式和用途的专用凭证,如银行使用的各种结算凭证、借款凭证、系统内电子划款专用凭证等。

明细账记账凭证的编制,即是按规定的格式和手续填列记账凭证的各项要素内容。其中最主要的是确定每笔业务的发生所应记载相关账户的记账方向,然后按记账方向分别编制借、贷方记账凭证。对于表外科目则根据所发生的业务事项,明确其登记和相关销记事项即可。

2. 总账记账凭证

为登记总账,每日营业终了后,银行会计应将当日所发生的明细账记账凭证按科目归类,计算出每个科目的借、贷方发生额和余额,编制汇总记账凭证,据以登记总账。这种按科目、按日编制的汇总记账凭证,银行称为科目日结汇总表。

科目日结汇总表是在日终结账时,由核算主体行核算中心按当日发生的业务分会计科目汇总编制的复式总账凭证。其基本格式要素见表 2-5。

表 2-5　　　　　　　　　　　　中国××银行　科目日结汇总表

账别：　　　　　　　　　　　　　年　　月　　日　　　　　　　　第　号　共　页

科目号	昨日余额		今日发生额				今日余额	
	借方	贷方	借　方		贷　方		借　方	贷　方
			笔数	金额	笔数	金额		
合计								

签章(核算中心业务章)：　　　　　　打印：

使用说明：①适用于表内科目。②日终结账时,由核算主体行按当日发生的业务分会计科目汇总编制。

科目日结汇总表编制原理在于：①把当日全部明细账记账凭证按科目归类整理。②把同一科目的明细记账凭证按借、贷方顺序排列。③分别计算出同一科目借、贷方凭证张数和总发生额，并填入科目日结单的借、贷两方。④根据各科目昨日余额和发生额，计算今日余额并填入科目日结汇总表。

三、银行会计凭证的填制和审核要求

（一）填制要求

（1）银行会计业务与其他业务结合紧密，内外制约因素多。因此，会计凭证填制的总体要求需要做到：要素齐全、内容完整、反映真实、数字准确、字迹清晰、及时有效。

（2）凭证的种类要与业务内容相一致，对外业务要使用各种对外业务凭证，内部财务收支要使用内部凭证，不能串用和混淆。

（3）大小写数字金额数字要符合规范。中文大写金额数字一律用正楷或行书填写如"壹、贰、叁、肆、伍、陆、柒、捌、玖、拾、佰、仟、万、亿、元、角、分、零、整（正）"等字样；按规定需要填写大写金额的各种凭证，必须填写大写金额，大小写金额必须一致。

（4）单联式凭证应用蓝黑墨水钢笔书写，多联式套写凭证可用圆珠笔双面复写套写，不得分张单写。

（5）严格区分柜员填写与客户填写。应由客户填写的内容未经客户授权，柜员不得代填。

（二）电子记账信息

（1）符合规定的电子记账信息，与纸凭证信息具有同等效力，按业务规定事后需打印纸质凭证信息的，应由相关人员进行监督检查。

（2）电子凭证信息与纸质凭证信息相互转换时，不得改变凭证基本要素和内容；必须严格区分，防止两种信息重复记账。

（3）客户通过网上银行、自助设备等电子终端传输、生成的电子支付信息，其基本要素应符合柜面提交的相应会计凭证，必须使用约定的密码或电子签名，并在指定的账户中办理。经确认后，可根据电子信息直接记账。

（4）本机构通过内部业务系统发送、生成的电子信息，参加同城交换、现代支付系统等通过电子网络生成、传输的记账信息，必须依据合法合规的会计凭证处理，接收方读入的电子凭证信息，应符合规定的格式。

（三）凭证的审核要点

处理业务时，银行会计必须认真审核各类凭证，做到：符合法规、事实清楚、手续齐全。具体审核时要注意以下要点：①客户提交凭证属本岗受理范围。②凭证种类正确，内容、联数齐全。③未超过有效期。④账号、户名相符。⑤签字、密押、印章真实齐全。⑥支付款项符合规定，未超存款余额。⑦利息、收费、赔偿金、牌价、罚金计算正确。

四、银行会计凭证的传递

银行会计凭证的传递是指从受理外来凭证或编制凭证起，经过审核、记账，直到进行整理、装订、保管的全过程。

银行的凭证传递过程，必须做到：准确及时，手续严密，先外后内，先急后缓，既要方便客户，又要符合会计核算程序。

（一）凭证的内部传递

凭证的内部传递是指凭证在会计主体机构各岗位的内部传递，必须由机构内部人员自行传递。内部岗位之间的凭证传递，必须按照核算程序和收、付款程序办理，建立严格的交接和登记签收制度。

（二）凭证的外部传递

凭证的外部传递是指通过业务处理后应由机构发给客户、其他机构的各种凭证的传递。凡当日处理的，原则上必须当日交递邮电部门，其中属于机构之间邮寄的应使用专用信封，在封面填明凭证种类编号、件数，并设置登记簿进行登记。对于托收凭证和各种收、支款通知，由经办机构同开户单位商定，可以用邮寄方法，也可以用留存待取方法。

凭证以电子形式传递时，由接收方实时打印，发送方不再传递原纸质信息。

五、会计凭证的整理和保管

会计凭证的整理和保管应遵循如下规定：

（1）处理完毕的会计凭证应当按日装订或装袋。装订或装袋前，会计人员应检查日结单、凭证张数、附件张数和有关戳记是否完整、齐全。发现不符或不全的，必须由有关人员更正补齐。

（2）会计凭证应按如下顺序整理：先表内科目，后表外科目；表内科目凭证按科目编号顺序排列，科目内凭证先借方后贷方，先现金后转账顺序排列，表外科目按先收入后付出顺序排列。原始凭证附于记账凭证后面，并加盖"附件"戳记。

（3）已装订的凭证要编列凭证顺序号，并应与科目日结单的凭证总张数相符。

（4）已装订成册或装袋的凭证，应在凭证封面上按日期顺序编写号码，分册装订的编一总号，若干个分号，并及时登记"会计凭证、账簿、报表保管登记簿"入库妥善保管。

（5）会计凭证是重要的档案资料，银行要建立严格的保管制度进行妥善按期保管。已保管的凭证，需要调阅、销毁时，应严格按规定手续办理。

第四节 会 计 账 簿

一、账簿的作用

会计账簿是以一定格式账页组成的，用于连续、系统地记录和反映经济业务各种簿籍的总称。登记会计账簿的作用主要在于：其一，可以系统地归纳、积累和反映会计核算资料；可以把会计凭证反映的业务内容进行归类汇总，使分散的核算资料进一步系统化。其二，可以综合系统地反映各项经济指标的完成情况，为编制各种财务会计报告提供系统而全面的核算资料。

二、银行账簿的种类及账式

（一）银行账簿的种类

银行的账簿，一般分别设有明细账、总账、序时账和登记簿 4 种。

1. 明细账

明细账又称分户账，是在特定会计科目下，按开户单位或个人、物品名称和费用项目等设置的分户账。它依据记账凭证逐笔连续登记，用于详细记录反映各个账户会计要素增减变化的详尽情况。明细账按业务发生顺序分借、贷方逐笔登记，逐笔结计余额。

2. 总账

总账是以核算主体行为单位按会计科目设置，根据科目日结汇总表每日进行登记，分别记载借、贷方发生额和余额，用于综合记录和反映各会计科目总括情况的账簿。它是编制资产负债表、利润表的主要依据。总账分表内科目总账和表外科目总账。

明细账和总账是分类核算的基本账簿，是进行会计核算必不可少的两个核算系统，两者在核算中相互联系又相互制约。总账是明细账的综合，明细账是总账的细目，每个会计科目总账的余额必须与同会计科目明细账余额总和相等，总账各会计科目余额总和与各明细账余额的总和必须相等。

3. 序时账

序时账分为交易流水和流水账。交易流水是会计事项的交易要素和计算机自动生成的信息所组成的交易记录的集合，是柜员核对交易记录的依据，由柜员打印，核算中心也可根据需要选择打印；流水账则是根据交易流水生成的会计分录信息，是登记明细账、总账的依据。序时账分不同的账别设置并且根据前台、后台交易或单笔录入的流水顺序按柜员或营业机构分借、贷（收、付）方逐笔登记。

4. 登记簿

登记簿也叫备查账，它是对个别业务活动所进行的补充记录或监督记录的一种补充账簿。它的实质就是根据某项业务需要设置的备忘记录，由于其核算资料并不通过表内科目进行综合反映，它只是用来考查业务事项，所以又叫表外核算。

登记簿按登记方法可分为手工登记的登记簿和手工录入相关要素后计算机自动生成的登记簿两种。登记簿分为业务类登记簿和管理类登记簿，根据具体业务和管理信息的相关需要一般要设置几十种。

（二）银行的基本账式及用途

1. 总账

总账是以核算主体行为单位按会计科目设置的，每日登记，如当日总账未发生收付事项（包括节假日），则登记余额，总账每月打印一页。总账的格式见表 2-6。

2. 明细账

明细账又称分户账，银行明细账的基本账式主要有存款明细账、贷款明细账、内部资金明细账等。

（1）存款明细账用于各项吸收存款明细账。其格式见表 2-7。

表 2-6   中国××银行(　　)

_____科目总账

账别：　　　　　　　　　　　　年　月　　　　　　　　　　　第　页

日期	凭证张数		发生额		余额	
	借方	贷方	借方	贷方	借方	贷方

打印：

使用说明：①用于表内科目账。②以核算主体行为单位按账别设置，计算机打印账页，每日登记。如当日总账未发生收付事项(包括节假日)，则登记余额。③每月打印一页。

表 2-7   中国××银行 存 款 明 细 账

账别：　　　　　科目号：　　　　　户名：

账户性质：　　　账号/卡号：　　　利率：月　　‰　　　　　　　　第　页

日期	交易序号	凭证号码	摘要	借方	贷方	余额	天数	积数	记账	复核

开户机构：　　　　　　　　　　　　　打印：

使用说明：用于各类存款明细账。计算机打印账页，满页或选择按月/季/年打印。

(2) 贷款明细账用于记载各种贷款账。其格式见表 2-8。

(3) 内部资金明细账用于内部资金及损益类科目明细账。其格式见表 2-9。

表 2-8   中国××银行 贷 款 账

账别：　　科目号：　　户名：　　账号：　　贷款起止日期：

日期	交易序号	凭证号码	摘要	借方	贷方	余额	天数	积数	记账	复核

开户机构：　　　　　　　　　　　　　打印：

使用说明：用于各种贷款明细账。计算机打印账页，满页或选择按月/季/年打印。

表 2-9　　　　　　　　中国××银行　内部资金明细账

账别：　　　科目号：　　　户名：　　　账号：　　　　　　　　　　第　　页

日　期	交易序号	凭证号码	摘要	发 生 额 借　方	发 生 额 贷　方	借/贷	余　额	记账	复核

开户机构：　　　　　　　　　　　　　打印：

使用说明：用于内部资金明细账。计算机打印账页，满页或选择按月/季/年打印。

三、银行账务组织及记账程序

（一）银行的账务组织

账务组织是指账务的结构体系及各种账簿的设置及其相互关系、核算程序、核对方法等。账务组织包括明细核算和综合核算两大系统。

1. 明细核算

明细核算是按明细账户进行的详细记录。明细核算与柜台业务处理相结合，主要由基层营业机构和业务机构负责。明细核算由分户明细账、余额表、登记簿等组成。其中，余额表是反映各分户账当日最后余额的明细表。它是核对分户明细账与总账余额、计算利息的重要工具。余额表的格式见表 2-10。余额表的编制，是在每日营业终了，在营业机构由系统自动根据分户账的余额逐户列示余额，其同一总账科目各分户明细账余额合计数，应与当日该科目总账余额相等。

表 2-10　中国××银行 余额表

年　　月　　日　　　　　　　　　　第　页共　页

科目代号	户　名	摘　要	余　额	科目代号	户　名	摘　要	余　额

会计：　　　　　　　复核：　　　　　　　制表：

2. 综合核算

综合核算是按科目组织账务系统，综合核算在会计系统日终批处理时进行，由后台核算中心负责。综合核算可以直接明细核算为基础进行。综合核算由科目日结汇总表、总账、日计表等组成。其中，日计表是按日编制的试算平衡表，设有借、贷方发生额和借、贷方余额 4 栏。日计表的格式见表 2-11。每日营业终了，根据各科目当日发生额和余额计算填列日计表，借、贷方发生额合计数和借、贷余额的合计数必须各自平衡。

表 2-11　中国××银行 日计表

年　　月　　日　　　　　　　　　　　第　　页共　　页

科目代号	科目名称	本日发生额		余额	
		借　方	贷　方	借　方	贷　方

行长：　　　　　　会计：　　　　　　复核：　　　　　　制表：

（二）记账程序

记账程序又称会计核算程序，它是综合、系统地使用各种会计核算方法进行会计核算的基本规程。以商业银行为例，应用计算机进行会计核算的基本流程如下：

（1）发生会计事项，取得或填制会计凭证，审查会计凭证。

（2）判断业务种类，将记账凭证中记账要素输入计算机，产生流水账，登记记账凭证，登记明细账、登记簿。对需授权交易的必须通过授权；需进行换人复核的，应当换人复核。

（3）根据已经复核过的记账凭证，进行现金收、付款或转账处理，并在同城交换等凭证和业务回单上签章。

（4）营业终了，进行柜员轧账和网点轧账，进行试算平衡，打印柜员日结单。

（5）日终批处理，根据流水账，自动生成并打印科目日结单，自动登记总账，与分户账核对。根据明细账、总账生成及打印各种会计报表。

（6）按核算软件系统设置要求，做好各种数据备份。

（7）将经过处理的凭证和计算机打印的流水账复核单、账簿、报表整理装订，连同备份的磁盘一并归档保管。

四、银行的记账规则

会计账簿的各项内容必须根据会计凭证或规定的电子凭证信息的有关事项记载，做到依据合法、内容完整、摘要简明、数字正确。

（1）数据输入，可用键盘手工输入、软盘输入和网络传输等，必须由指定操作人员进行，严禁使用非本人代码操作。

（2）数据输入必须根据合法有效凭证。

（3）办理各类交易，必须按定制的交易系统录入数据，需授权的必须经过授权。

（4）输出的证、账、表上应打印操作人员的姓名或代号。

（5）网上银行、电话银行、自助设备等，应由客户自行输入数据，银行受理后，可根据电子信息直接记账或按规定由经办人确认后记账。

（6）会计系统自动生成的记账交易，按规定需核对的，必须事后打印凭证或清单，由有关人员核对或监督。

（7）所有计算机操作，包括记账、复核、授权，以及数据修改、冲正等必须在系统中登记交易日志,以备检查监督。

(8) 系统打印输出的书面证、账、表,应按统一制度和核算制度要求打印,作为会计档案保存。

【关键术语】

科目代号　对外账户　账号　科目日结汇总表　凭证传递

【问题思考】

1. 银行账户如何设置?
2. 银行会计凭证的整理顺序如何?
3. 银行记账规则有哪些?

【思政园地】

1. 对于浪费的人,金钱是圆的;可对于节俭的人,金钱是扁平的,是可以一块块堆积起来的。　　　　　　　　　　　　　　　　　　　　　　　　　——鲁迅
2. 拥有一个好的名声比拥有金钱更显得重要。　　　　　　　　——塞勒斯
3. 唯天下至诚,方能经纶天下之大经,立天下之大本。　　　　——《中庸》

练 习 题

姓名＿＿＿＿
学号＿＿＿＿
分数＿＿＿＿

扫二维码获得更多
本章习题及案例

一、单项选择题

1. 按现行管理体制,商业银行会计科目(　　)。
   A. 由财政部制定
   B. 由总行制定
   C. 一级科目由总行制定,二级科目由一级分行制定
   D. 分行可根据需要自行制定

2. 表内会计科目,按科目反映的(　　)分为资产类、负债类、资产负债共同类、所有者权益类和损益类。
   A. 要素的流动性　　　　　　　　　B. 经济业务内容
   C. 会计要素性质　　　　　　　　　D. 业务需要

3. 商业银行会计科目代号的长度,一级科目代号为(　　)位数字。
   A. 2　　　　B. 3　　　　C. 4　　　　D. 6

4. 商业银行的会计账户,按其(　　),可划分为对内账户和对外账户两大类。
   A. 开户对象　　B. 账户性质　　C. 账户结构　　D. 账户级次

5. 客户以现金存入某商业银行,表明某商业银行(　　)。
   A. 资产和负债同时增加　　　　　　B. 资产和负债同时减少
   C. 资产增加,负债减少　　　　　　D. 负债增加,资产减少

6. 某商业银行对客户发放一笔贷款,为客户转存到存款户内,表明某商业银行(　　)。
   A. 资产和负债同时增加　　　　　　B. 资产和负债同时减少
   C. 资产增加,负债减少　　　　　　D. 负债增加,资产减少

7. 记账凭证,按其(　　)的不同,可分为明细账记账凭证和总账记账凭证。
   A. 记账对象　　B. 编制形式　　C. 生成方式　　D. 要素内容

8. 总账记账凭证是在日终结账时,由(　　)按当日发生的业务分会计科目汇总编制的。
   A. 各经办机构　　B. 各管理机构　　C. 各营业网点　　D. 核算主体行

二、多项选择题

1. 会计核算的基本方法包括(　　)。
   A. 设置会计科目和账户　　　　　　B. 货币计量
   C. 复式记账　　　　　　　　　　　D. 填制和审核凭证

2. 银行的账户,按开户对象可分为(　　)。
   A. 对外账户　　B. 对内账户　　C. 基本账户　　D. 专用账户

3. 借贷记账法,是用借方反映(　　)。

A. 资产的增加　　B. 负债的增加　　C. 资产的减少　　D. 负债的减少
4. 某商业银行开户的甲单位以存款支付给乙单位款项,表明该商业银行(　　)。
   A. 一项资产增加　B. 一项资产减少　C. 一项负债增加　D. 一项负债减少
5. 记账凭证除具备原始凭证的有关要素内容外,还必须具备(　　)等内容。
   A. 转账日期　　　B. 会计分录　　　C. 附件张数　　　D. 记账复核人员盖章
6. 银行的科目日结汇总表属于(　　)记账凭证。
   A. 单式　　　　　B. 复式　　　　　C. 明细账　　　　D. 总账
7. 下列关于会计凭证整理顺序的表述中,正确的有(　　)。
   A. 先表内科目,后表外科目
   B. 表内科目凭证按科目编号顺序排列
   C. 科目内凭证先借方后贷方,先现金后转账顺序排列
   D. 原始凭证附于记账凭证后面,并加盖"附件"戳记

三、判断题

1. 商业银行会计科目是由财政部和人民银行联合设置的。　　　　　　　(　　)
2. 表外科目不反映会计要素实际增减变化。　　　　　　　　　　　　　(　　)
3. 账户左右两方的具体名称,哪一方记增加数,哪一方记减少数,及账户余额的方向,取决于其所采用的记账方法和该账户记录的经济内容。　　　　　　　　　　(　　)
4. 商业银行对于所有会计科目的会计核算均采用借贷记账法。　　　　　(　　)
5. 单式记账法应用于表外科目的核算,复式记账法应用于表内科目的核算。(　　)
6. 科目日结汇总表是由核算主体行日终结账时按会计科目汇总编制的总账记账凭证。
　　　　　　　　　　　　　　　　　　　　　　　　　　　　　　　　　(　　)
7. 按规定需要填写大写金额的各种凭证,必须填写大写金额,大小写金额必须一致。(　　)
8. 客户通过网上银行、自助设备等电子终端传输、生成的电子支付信息,其基本要素应符合柜面提交的相应会计凭证,必须使用约定的密码或电子签名,并在指定的账户中办理。经确认后,可根据电子信息直接记账。　　　　　　　　　　　　　(　　)
9. 明细账按业务发生顺序分借、贷方逐笔登记,逐笔结计余额;总账是以核算主体行为单位按会计科目设置,根据科目日结汇总表每日进行登记。　　　　　　(　　)
10. 数据输入,可用键盘手工输入、软盘输入和网络传输等。数据输入必须由特定操作人员进行,严禁使用非本人代码操作。　　　　　　　　　　　　　　　　(　　)
11. 网上银行、电话银行、自助设备等,应由客户自行输入数据,银行受理后,可根据电子信息直接记账或按规定由经办人确认后记账。　　　　　　　　　　(　　)

第三章
存款业务的核算

章前导引

教学目标

本章主要介绍存款账户的开立与管理的知识,单位、个人活期存款和定期存款的会计核算手续,存款利息的计算与核算。

通过学习,学生应了解商业银行的存款资金划分方法;掌握各类存款账户的界限、开立条件和使用管理要求;掌握各类存款日常核算手续及存款账的登记方法;熟悉结计各项利息的基本规定;掌握存款利息的计算方法和核算手续。

第一节 存款账户的开立与管理

一、单位存款账户的开立与管理

(一)单位活期存款及账户管理规定

1. 单位活期存款及账户的种类

单位存款是企事业单位、机关团体、部队等机构,将货币资金存入银行所形成的存款。

单位活期存款是指不约定存款期限,可以随时办理存取的,并依照人民银行公布的活期存款利率按季计取利息的存款。

单位客户有资金收付结算需要的,均可开立单位活期存款账户。单位客户开立的办理资金收付结算的人民币活期存款账户称为银行结算账户。单位银行结算账户是银行为存款人以单位名称开立的用于办理现金存取、转账结算等资金收付活动的账户,是存款人办理存、贷款和资金收付活动的基础。

根据《人民币银行结算账户管理办法》,单位银行结算账户按资金性质和管理要求,可分为基本存款账户、一般存款账户、专用存款账户和临时存款账户。

1)基本存款账户

基本存款账户是存款人因办理日常转账结算和现金收付需要,开立的银行结算账户。开立基本存款账户的单位必须是实行独立经济核算或独立预算管理的会计主体单位。

基本存款账户是存款人的主办账户,存款人日常经营活动发生的资金收付以及工资、奖金的支取,都应通过该账户办理。开立基本存款账户是开立其他银行结算账户的前提。存款人申请开立基本存款账户时,应按《人民币银行结算账户管理办法》的规定办理提供合法的证明材料,并取得中国人民银行核发的开户登记证。

2)一般存款账户

一般存款账户是存款人因借款和其他结算需要,在基本存款账户开户银行以外的银行营业机构开立的银行结算账户。一般存款账户没有数量限制,存款人可以通过该账户办理转账结算和现金缴存,但不得办理现金支取。

3)专用存款账户

专用存款账户是指存款人按法律、行政法规和规章,对有特定用途资金进行专项管理和使用而开立专用结算账户。该账户具有"专款专用、专项管理"的特点,主要用于办理各项专用资金的收付。其适用范围主要包括:基本建设资金,更新改造资金,财政预算外资金,粮、棉、油收购资金,证券交易结算资金,期货交易保证金,信托基金,金融机构存放同业资金,政策性房地产开发资金,单位银行卡备用金,住房基金,社会保障基金,收入汇缴资金和业务支出资金,党、团、工会设在单位的组织机构经费,其他需要专项管理和使用的资金。存款人可以通过该账户办理专项限制内的转账结算和根据现金管理规定办理现金收付。

4)临时存款账户

临时存款账户是存款人因临时需要并在规定期限内使用而开立的银行结算账户。存款人的临时需要包括:设立临时机构,异地临时经营活动,注册验资。存款人可以通过该账户办理临时性经营活动的转账结算和根据现金管理规定办理现金收付。该账户有效期限最长不得超过2年。

2. 单位银行结算账户的开户手续

1)申请

申请开立银行账户时,存款人应填制一式三联的"存款账户开户申请书""核发《开户许可证》申请书",携带营业执照正本、副本、公司章程、法定代表人身份证原件及复印件、合伙人或股东身份证复印件、经办人身份证原件及复印件、"五章"(公章、财务章、法人章、合同专用章、发票专用章)连同有关的证明文件一并送交经办行。

2)提供相关证明文件

存款人申请开立基本存款账户,须向开户行出具下列证明文件之一:当地工商行政管理机关核发的企业法人执照或营业执照正本;中央或地方编制委员会、人事、民政等部门的批文;军队军级以上、武警总队财务部门的开户证明等。

存款人申请开立一般存款账户,应向银行出具其开立基本存款账户现定的证明文件、基本存款账户开户登记证和下列证明文件:存款人因银行借款需要,应出具借款合同;存款人因其他结算需要,应出具有关证明。

存款人申请开立专用存款账户,应向银行出具其开立基本存款账户规定的证明文件,基本存款账户开户登记证和下列证明文件:基本建设资金、更新改造资金、政策性房地产开发资金、住房基金、社会保障基金,应出具主管部门批文;财政预算外资金,应出具财政部门的证明;粮、棉、油收购资金,应出具主管部门批文;单位银行卡备用金,应按照中国人民银行批准的银行卡章程的规定出具有关证明和资料;证券交易结算资金,应出具证券公司或证券管理部门的证明;期货交易保证金,应出具期货公司或期货管理部门的证明;金融机构存放同业资金,应出具其证明;收入汇缴资金和业务支出资金,应出具基本存款户存款人有关的证明;党、团、工会设在单位的组织机构经费,应出具该单位或有关部门的批文或证明;其他需要专项管理和使用的资金,应出具有关法规、规章或政府部门的有关文件。

存款人申请开立临时存款账户,应向银行出具下列证明文件:临时机构,应出具其驻在地主管部门同意设立临时机构的批文;异地建筑施工及安装单位,应出具其营业执照正本或其隶属单位的营业执照正本、施工及安装地建设主管部门核发的许可证或建筑施工及安装合同;异地从事临时经营活动的单位,应出具其营业执照正本以及临时经营地工商行政管理部门的批文;注册验资资金,应出具工商行政管理部门核发的企业名称预先核准通知书或有关部门的批文。

3) 银行审批开户

开户银行完成对资料的审核后,登录人民币银行结算账户管理系统录入相关信息,并报人民银行分支机构进行审核,央行审批所需的文件包括了企业营业执照复印件,税务登记证正本复印件,法人或负责人身份证复印件等,符合开户条件的,央行就会发放开户许可证。

经办行审核开户申请书是否填写正确、相关资料是否齐全、手续是否完备。审核无误后,存款人向开户行填制印签卡,预留银行印鉴。经办行根据存款人的账户性质,确定会计科目,编制账号,设置账簿,登记"开销户登记簿"。

3. 单位存款账户的管理

(1) 银行存款账户的开立,应实行"双向选择"原则。存款人可以自主选择银行,除国家法律、行政法规和国务院规定外,任何单位和个人不得强令存款人到指定银行开立银行结算账户;银行也可以自主选择存款人来开立银行账户,对存款人实行差别化服务。

(2) 单位银行结算账户的存款人只能在银行开立一个基本存款账户。存款人开立基本存款账户、临时存款账户和预算单位开立专用存款账户实行核准制度,经中国人民银行核准后由开户银行核发开户登记证(存款人因注册验资需要开立的临时存款账户除外)。

一般存款账户、临时存款账户和专用存款账户只能在规定的范围内使用,不得变相作为基本存款账户使用。存款人只能在银行开立一个基本存款账户,已开立基本存款账户的存款人,开立、变更或撤销其他三类账户,必须凭基本存款账户开户登记证办理相关的手续,并在基本存款账户开户登记证上进行相应登记,以便于全面反映和控制存款人的各类银行结算账户开、销户情况,加强银行结算账户管理。

(3) 银行结算账户的开立和使用应当遵守法律、行政法规的规定,开户单位不得出租、出借银行账户;应保证账户有足够支付资金,不得签发空头支付结算凭证;不得利用银行结算账户进行偷逃税款、逃废债务、套取现金及其他违法犯罪活动。

(4) 开户银行应依法为存款人的银行结算账户信息保密。对单位银行结算账户的存款和有关资料,除国家法律、行政法规另有规定外,银行有权拒绝任何单位或个人查询。

(5) 开户银行要切实加强银行结算账户的监督管理。这主要表现在以下几个方面:

其一,严格单位银行结算账户开立管理:严格核实法定代表人或被授权人的工作证件;对于新开立的单位银行结算账户,银行应严格执行3个工作日生效制度。对于注册验资的临时存款账户,在验资期间只收不付,注册验资资金的汇缴人与出资人名称应一致。银行得知存款人注销或被吊销营业执照的,如存款人超过规定期限未主动办理撤销手续的,银行有权停止其银行结算账户的对外支付,并要求存款人撤销银行结算账户。对于存款人未参加年检,存在工商营业执照、法定代表人或者单位负责人身份证件等重要开户证明文件超过有效期等不符合银行结算账户开立规定情形的,银行应撤销银行结算账户。

其二,严格按照法规制度办理人民币银行结算账户转账业务:加强转账、汇兑等业务管理,将大额和可疑交易按规定报告中国反洗钱监测分析中心,明显涉嫌犯罪活动的,应同时向中国人民银行当地分支机构报告;对于单位银行结算账户向个人银行结算账户转账单笔超过5万元的,存款人应在付款用途栏或备注栏注明事由;银行应根据存款人注册资金大小,结合企业正常经营需求,分别核定存款人单位银行结算账户网上银行转账限额。

其三,严格按照法规制度办理人民币现金支取业务:对于单笔或者当日累计人民币交易20万元以上的现金支取、现金票据解付及其他形式的现金支取,银行应按规定向中国反洗钱监测分析中心报告;有合理理由认为现金支取与洗钱、恐怖主义活动及其他违法犯罪活动有关的,银行应按规定报告中国反洗钱监测分析中心,同时向中国人民银行当地分支机构报告。

(二)单位定期存款及其管理规定

1. 单位定期存款

单位定期存款是指企事业、机关团体等单位将一定时间内闲置资金存入银行,并事先与银行约定存期、利率,到期支取本息的存款。财政拨款、预算内资金及银行贷款不得作为单位定期存款存入银行。

单位定期存款的存期分为3个月、半年、1年、2年、3年和5年等档次。起存金额1万元,多存不限。

2. 单位定期存款的管理规定

(1)银行对单位定期存款实行账户管理。存款时,单位须提交营业执照、基本存款账户开户许可证、法人身份证件、预留印鉴等,填写开户申请书。接受存款的银行给存款单位开出"单位定期存款开户证实书"。银行对单位定期存款实行"一本通"账户管理。即对某一单位客户在同一经办行办理的所有定期存款和通知存款共用一个主账户,共用一套印鉴。

(2)单位定期存款每笔开具"单位定期存款开户证实书",该证实书仅对存款单位开户证实,不得作为质押的权利凭证。单位如需办理质押贷款,可向银行申请开具"单位定期存单"。

(3)存款单位支取定期存款,只能以转账方式将存款转入其基本存款账户,不得将定期存款用于结算或从定期存款账户中提取现金。支取定期存款时,单位须出具证实书支取手续,银行收回证实书。

(4)单位定期存款可约定多次自动转存。办理自动转存,必须与客户事先签订"自动转存协议书"。

(5)单位定期存款可以全部或部分提前支取,但只能提前支取一次。全部提前支取的,按支取日挂牌公告的活期存款利率计息;部分提前支取的,提前支取的部分按支取日挂牌公告的活期存款利率计息,其余部分如不低于起存金额由银行按原存期开具新的证实书,按原存款开户日挂牌公告的同档次定期存款利率计息;不足起存金额则予以清户。

(6)单位定期存款到期不取,逾期部分按支取日挂牌公告的活期存款利率计付利息。

(7)银行办理大额可转让定期存单业务按照《大额可转让定期存单管理办法》执行。

(三) 单位通知存款及其管理规定

1. 单位通知存款

单位通知存款是指存款人在存入款项时不约定存期,支取时需提前通知金融机构,约定支取存款日期和金额方能支取的存款。单位通知存款是一种比单位活期存款收益高,而又比单位定期存款支取更为灵活的大额存款方式。

2. 单位通知存款的管理规定

(1) 单位通知存款,不管实际存期的长短,统一按存款人取款提前通知的期限长短划分为:1天通知存款和7天通知存款两个品种。1天通知存款必须至少提前1天通知预约支取;7天通知存款必须至少提前7天通知预约支取。存款单位选择后不得变更品种。

(2) 通知存款为记名式存款,人民币单位通知存款起存金额为50万元,需一次全额存入。

(3) 单位通知存款账户不得作结算账户使用,不得支取现金。

(4) 单位通知存款可全部或部分支取,每次部分支取金额不得小于10万元,留存部分不得小于起存金额。支取的存款利随本清,实际存期未满7天的,不予计息。

(5) 支取存款本息只能转入存款单位的其他存款户,不得支取现金。

(四) 单位协定存款及其管理规定

1. 单位协定存款的定义

单位协定存款是客户按照与金融机构约定的存款额度开立的结算账户,账户中超过存款额度的部分,金融机构自动将其转入协定账户,并以协定存款利率计息的一种企业存款。凡符合开立或已开立人民币企业存款账户(包括基本存款账户和一般存款账户)条件的企业、事业、机关、部队、社会团体和个体经济户等(以下简称"单位")均可申请开立人民币单位协定存款账户。

2. 单位协定存款的管理规定

(1) 办理存款的条件。凡申请开立人民币单位协定存款账户的单位,须在开户行开立基本存款账户或一般存款账户,单位的法人代表须与开户行签订《人民币单位协定存款合同》。

(2) 单位协定存款的规定。协定存款是在原来单位活期存款基础上延伸出来的,协定存款账户与其相对应的活期存款账户有着密切的联系,在活期存款账户的存款超过约定额度后,超过额度部分可享受协议存款利率,若活期账户销户,协定存款账户也须同时销户。

(3) 客户与银行约定具体的协定存款额度,并在合同中订明。但最低的约定存款额度不得低于人民币10万元。

(4) 协定存款的合同期限为1年。到期时,如双方没有提出终止或修改合同,即视为自动延期1年。

(5) 协定存款账户按季结息。其中,基本存款额度以内的存款按结息日中国人民银行公布的活期存款利率计息;超过基本存款额度的存款按结息日中国人民银行公布的协定存款利率计息。

(6) 协定存款账户分A户(结算户)与B户(协定户),A户按结算日中国人民银行公布的活期存款利率计息;B户按结算日中国人民银行公布的协定存款利率计息。协定存款账户不是一个独立存款账户,客户可以通过结算户办理日常结算业务,协定存款账户的操作和管理由银行负责。协定存款的A户视同基本存款账户或一般存款账户管理使用,A户、B户均不得透支。协定存款账户月均余额2年或2年以上低于最低约定额度的,将利息结清后,作为基本存款账户或一般存款账户处理,不再享受协定存款利率。客户在合同期内如需清户,必须提出书面声明,银行审核无误后,方可办理。

二、个人存款账户的开立与管理

(一) 个人存款账户的种类

1. 个人银行结算账户

个人银行结算账户指存款人为自然人时,因办理日常资金划转而需要开立的银行结算账户。

个人银行账户分为Ⅰ类银行账户、Ⅱ类银行账户和Ⅲ类银行账户(以下分别简称"Ⅰ类户""Ⅱ类户""Ⅲ类户")。

Ⅰ类户是全功能的银行结算账户,存款人可通过Ⅰ类户办理存款、购买投资理财产品等金融产品、支取现金、转账、消费和缴费支付等。

存款人可通过Ⅱ类户办理存款、购买投资理财产品等金融产品、办理限定金额的消费和缴费支付等。

存款人可通过Ⅲ类户办理存款、购买投资理财产品等金融产品、办理限定金额的消费和缴费支付等。

Ⅲ类户与Ⅱ类户的最大区别是仅能办理小额消费和缴费支付,不得办理其他业务。

银行不得通过Ⅱ类户和Ⅲ类户为存款人提供存取现金服务,不得为Ⅱ类户和Ⅲ类户发放实体介质。

2. 个人储蓄存款账户

个人储蓄是银行通过信用方式动员和吸收社会公众暂时闲置和节余货币资金的一种存款业务,是扩大银行资金来源的重要手段。储蓄存款账户只能存取现金,不能转账。我国《现金管理暂行条例》严格限定了现金的使用范围,强制规定所有社会集团必须把资金存入商业银行存款账户;而对个人储蓄存款,则采取宣传动员的政策,以自愿的原则存入商业银行。

按现行的《储蓄管理条例》规定,商业银行经办的储蓄主要有以下种类。

1) 活期储蓄存款

活期储蓄是储户可以随时存取,存款金额和期限不受限制的一种储蓄。它具有灵活方便、适应性强的特点。活期储蓄开户起点为1元,多存不限;储户凭银行发给的存折或储蓄卡存取,每季结息一次。

2) 定期储蓄存款

定期储蓄存款是储户在存款时约定存储时间,到期支取本金和利息的储蓄存款。它的特点是存款时间较长,存期固定,规定了存储起点和金额。定期储蓄存款根据存取本息形式不同,又分整存整取、零存整取、存本取息和整存零取4种。

3) 定活两便储蓄存款

定活两便储蓄存款是储户在存款时不约定期限，银行对实际存期在3个月以内的（不含3个月）按活期储蓄利率计付利息，对超过3个月的按定期存款利率打6折计息的储蓄存款形式。它的特点是具有较大的灵活性。定活两便储蓄存款一般以50元为存储起点，由储蓄机构发给存单，存单分记名式和不记名式两种，记名式存单可以挂失，不记名式存单不可挂失。

4) 个人通知存款

个人通知存款是指客户在存款时不约定存期，支取时需提前通知金融机构，约定取款日期和金额方能支取的储蓄存款。按客户提前通知的期限长短，个人通知存款可划分为1天通知存款和7天通知存款两个品种。前者必须提前1天通知约定支取存款；后者必须提前7天通知约定支取存款。

【知识链接】

衍生储蓄存款方式

银行为了适应不断发展、日趋多样的储户需求，衍生出了一些新的储蓄存款方式，如活期一本通、定期一本通、定活通等。活期一本通是集人民币和外币等不同币种活期储蓄存款于一个存折的存款方式，具有人民币和外币活期储蓄的全部基本功能；定期一本通是集人民币和外币等不同币种和不同档次的定期储蓄存款于一个存折的存款方式，储户通过开设的定期一本通账户，可以存取多笔本外币定期储蓄存款；定活通是银行每月自动将储户活期储蓄存款账户的闲置资金转为定期储蓄存款，当活期储蓄存款账户因刷卡消费或转账取现资金不足时，定期储蓄存款将自动转为活期储蓄存款的一种存款方式，它具有智能理财、高效管理现金的功能，可以满足储户定期储蓄存款收益和活期储蓄存款便利的双重需要。

(二) 个人存款账户的开立手续

1. 申请

境内、境外个人持有本人有效身份证件，均可申请开立储蓄存款账户。

2. 开户流程

1) 柜面开户

对于通过柜面提交银行账户开户申请的，存款人可开立Ⅰ类户、Ⅱ类户或Ⅲ类户。

2) 自助机具开户

对于通过远程视频柜员机和智能柜员机等自助机具提交银行账户开户申请，银行工作人员现场核验身份信息的，存款人可开立Ⅰ类户；银行工作人员未现场核验开户申请人身份信息的，存款人仅可开立Ⅱ类户或Ⅲ类户。

3) 电子渠道开户

通过网上银行和手机银行等电子渠道提交银行账户开户申请的，存款人仅可开立Ⅱ类户或Ⅲ类户。

各类账户的开户方式和功能等如表3-1所示。

表 3-1　个人银行账户的种类与相关规则

类别	Ⅰ类户	Ⅱ类户	Ⅲ类户
功能	存款、购买投资理财产品等金融产品、支取现金、转账、消费和缴费支付等	存款、购买投资理财产品等金融产品、办理限定金额的消费和缴费支付等	限额消费、缴费支付
开户方式	柜面、自助机(有人核查)	柜面、自助机(无人核查)、电子渠道	柜面、自助机(无人核查)、电子渠道
证明	身份证、面核	身份证、远程、Ⅰ类户	身份证、远程、Ⅰ类户
主要限制	无	无实体、支付限额 10 000 元、不可取现、绑定同名Ⅰ类户	无实体、账户余额不超 1 000 元、不可取现、需同名Ⅰ类户激活

(三)个人存款账户的管理

1. 开户人资格审查

开户申请人开立个人银行账户或者办理其他个人银行账户业务,原则上应当由开户申请人本人亲自办理;符合条件的,可以由他人代理办理。银行可根据自身风险管理水平、存款人身份信息核验方式及风险等级,审慎确定代理开立的个人银行账户功能。

(1)身份信息核验。他人代理开立个人银行账户的,银行应要求代理人出具代理人、被代理人的有效身份证件和合法的委托书等。银行认为有必要的,应要求代理人出具证明代理关系的公证书。

银行应严格审核代理人、被代理人的身份证件以及委托书等,对代理人身份信息的核验应比照本人申请开立银行账户进行,并联系被代理人进行核实。无法确认代理关系的,银行不得办理该代理业务。

(2)代理开户业务管理。如开户申请人确因行动不便等原因不能前往银行网点,银行可以采取上门办理等方式办理开户。银行应合理控制个人以委托代理方式代理他人或者被他人代理开立的个人银行账户数量。

(3)身份信息留存。他人代理开立个人银行账户的,银行应当登记代理人和被代理人的身份信息,留存代理人和被代理人有效身份证件的复印件或者影印件、以电子方式存储的身份信息和委托书原件等,有条件的可留存开户过程的音频或者视频等。

(4)特殊情形的处理。

其一,存款人开立代发工资、教育、社会保障(如社保、医保、军保)、公共管理(如公共事业、拆迁、捐助、助农扶农)等特殊用途个人银行账户时,可由所在单位代理办理。单位代理个人开立银行账户的,应提供单位证明材料、被代理人有效身份证件的复印件或影印件。

其二,单位代理开立的个人银行账户,在被代理人持本人有效身份证件到开户银行办理身份确认、密码设(重)置等激活手续前,该银行账户只收不付。

其三,无民事行为能力或限制民事行为能力的开户申请人,由法定代理人或者人民法院、有关部门依法指定的人员代理办理。

其四,因身患重病、行动不便、无自理能力等无法自行前往银行的存款人办理挂失、密码重置、销户等业务时,银行可采取上门服务方式办理,也可由配偶、父母或成年子女凭合法的委托书、代理人与被代理人的关系证明文件、被代理人所在社区居委会(村民委员会)及以上组织或县级以上医院出具的特殊情况证明代理办理。

2. 账户功能升级

对于Ⅱ类户,银行可按规定对存款人身份信息进行进一步核验后,将其转为Ⅰ类户。对于Ⅲ类户,银行可按规定对存款人身份信息进行进一步核验后,将其转为Ⅰ类户或者Ⅱ类户。

对于已在本银行开户的存款人再次提出开立同一种类银行账户申请的,银行在有效核验存款人身份信息的前提下,可自主确定简易开户流程。

3. 切实落实个人银行账户实名制

存款人申请开立个人银行结算账户的,银行应严格核对存款人身份证明文件的姓名、身份证件号码及照片,防止存款人以虚假身份证件或者借用、冒用他人身份证件开立个人银行结算账户。银行可利用政府部门数据库、本银行数据库、商业化数据库、其他银行账户信息等,采取多种手段对开户申请人身份信息进行多重交叉验证,全方位构建安全可靠的身份信息核验机制。

4. 细化个人银行账户开立处理流程

银行应针对不同的业务处理渠道制定业务操作规程和管理制度,细化个人银行账户开立处理流程;加强对临柜人员、自助机具客服人员的培训和指导,要求客服人员通过询问开户申请人个人基本信息等方式,对开户申请人提供身份证件的有效性、开户申请人与身份证件的一致性和开户申请人开户意愿进行核实,不得为身份不明的开户申请人开立银行账户并提供服务,不得开立匿名或假名的银行账户。

5. 对非柜面业务进行限额管理

银行应根据存款人风险等级、支付指令验证方式等因素,对存款人办理的非柜面业务进行限额管理:

(1) 按照与存款人的约定,设置存款人通过网上银行、手机银行等电子渠道办理的非同名银行账户转账、消费和缴费支付业务的限额。

(2) 对于存款人本人同名银行账户之间、存款人银行账户向本人同名支付账户的转账业务,存款人采用数字证书或电子签名等安全可靠的支付指令验证方式的,银行不得设置限额,存款人有设置限额意愿的除外;存款人采用不包括数字证书、电子签名在内的其他要素验证支付指令的,银行应按照与存款人的约定设置限额。

(3) 银行应根据存款人风险等级、日常交易行为、资产状况等因素,在存款人设定的交易限额内确定交易风险提示额度,并对交易风险提示额度进行动态管理。

对于超过交易风险提示额度的大额交易、短时高频和短时跨地区等疑似风险交易,银行应及时向存款人提示交易风险。交易风险提示方式由银行与存款人协商确定,具体包括交易前电话确认、账户余额实时提醒等。

6. 我国对储蓄一贯实行保护和鼓励的政策

储蓄机构办理储蓄业务,必须遵循"存款自愿,取款自由,存款有息,为储户保密"的原则。

第二节 存款业务的核算

一、存款业务设置的会计科目

1. "吸收存款"科目

"吸收存款"科目核算企业（银行）吸收的除同业存放款项以外的其他各种存款，包括单位（如企事业单位、机关、社会团体等）存款、个人存款、信用卡存款、特种存款、转贷款资金和财政性存款等。

"吸收存款"科目属于负债类科目。银行收到客户存入的款项时，应按实际收到的金额，借记"存放中央银行款项""库存现金"等科目，贷记该科目（本金）。支取款项时，银行应按归还的金额，借记该科目（本金），贷记"存放中央银行款项""库存现金"等科目。该科目余额在贷方，反映商业银行吸收的各项存款余额。该科目应当按照存款类别及存款单位，按"本金""利息调整"等进行明细核算。

2. "利息支出"科目

"利息支出"科目核算商业银行发生的利息支出，包括吸收存款（单位存款、个人存款、信用卡存款、特种存款、转贷款资金等）、与其他金融机构（中央银行、同业等）间发生的资金往来业务、卖出回购金融资产等产生的利息支出。

在银行定期计提应付利息时，应借记该科目，贷记"应付利息""吸收存款""存放中央银行款项"等科目。期末，应将该科目余额结转利润，即借记"本年利润"科目，贷记该科目；结转后，该科目应无余额。该科目应按利息支出项目进行明细核算。

3. "应付利息"科目

"应付利息"科目核算商业银行按照合同约定支付的利息，包括吸收存款、分期付息到期还本的长期借款、发行债券等应支付的利息。

"应付利息"科目属于负债类科目。银行计算应付利息时，应借记"利息支出"科目，贷记该科目；在银行实际支付利息时，应借记该科目，贷记"吸收存款"等科目；该科目余额在贷方。该科目应按存款的种类进行明细核算。

二、单位存款的核算

（一）单位活期存款的核算

1. 单位活期存款账户的开立

存款人开立活期存款账户时，应填写"存款账户开户申请书"，提交规定的证明文件和预留银行印鉴卡片。经办行审查无误后，办理相应开户手续。

2. 单位活期存款存取现金的核算

单位活期存款的存取主要有现金存取和转账存取两种方式，其中转账存取需采用一定的结算方式，运用一定的支付结算工具办理，其具体内容在第六章阐述，这里主要介绍现金存取方式下单位活期存款的核算。

1) 现金存入

存入现金时,柜员受理存款人提交的现金和两联"现金交款单",审查凭证和清点现金无误后,将实物券别录入系统现金箱,然后使用"单位活期存款续存"交易进行处理,将第一联现金交款单加盖"现金讫章"退交存款人;现金交款单第二联作贷方记账凭证,登记存款分户账。

【例3-1】 中国工商银行广州市天河支行收到开户单位天河公司交来现金和两联"现金交款单",系销货收入款15 500元。会计分录为:

借:库存现金——业务现金户　　　　　　　　　　　　　　　　　　15 500
　　贷:吸收存款——单位活期存款——天河公司存款户　　　　　　　　15 500

2) 现金支取

柜员受理存款人提交的现金支票,审核支票真伪、是否应由本行付款、支票上加盖的预留印鉴是否正确等,审核无误后使用"单位活期存款支取"交易录入相关要素(大额取款需主管授权),并以现金支票作借方记账凭证。柜员根据凭证金额配款,将实物券别录入系统现金箱,将现金交取款人。

【例3-2】 中国工商银行广州市天河支行受理开户单位天河公司签发的现金支票,从其活期存款账户中支取备用现金26 000元。会计分录为:

借:吸收存款——单位活期存款——天河公司存款户　　　　　　　　26 000
　　贷:库存现金——业务现金户　　　　　　　　　　　　　　　　　　26 000

2. 单位活期存款账户的销户

存款人申请销户时,应填写《商业银行撤销人民币单位银行结算账户申请书》,注明销户原因,开户行受理后,录入销户资料上报上级行审批,如需向中国人民银行报批的,按制度要求报批。通过审批后,开户行按以下程序处理:

(1) 单位客户填写"客户交回未用空白重要凭证清单"一式三联,柜员审查确认客户未用空白重要凭证均已退回,如有未退回的未用空白重要凭证,单位必须向开户银行提交正式公函,声明由此引起的一切损失由单位自行负责。

(2) 通过查询系统查询该客户是否有未还清贷款、垫款和应收未收利息,有无未结清的邮电费、手续费,有无应付未付托(委)收款项或其他应收未收款项等不能办理销户手续的事项。

(3) 确认该客户账户无问题后,填制两联"特殊业务凭证",交业务主管审批后,办理销户。

(二) 单位定期存款的核算

1. 存入定期存款的核算

单位向银行办理定期存款时,应签发转账支票交银行会计部门。会计部门审核无误后以转账支票代借方传票登记单位分户账,并填写一式三联单位定期存单:以第一联存单代定期存款转账贷方传票;第二联加盖业务公章和经办人员名章后,作定期存款单据交存款人;第三联代定期存款卡片账,据以登记开销户登记簿后,按顺序专夹保管。

【例3-3】 2024年8月25日,中国工商银行广州市天河支行收到天河公司签发的转账支票,将其中国工商银行某支行活期存款账户中的 60 000 元转为定期存款,存期半年,存入时中国人民银行挂牌公告的半年期定期存款利率为 3.3%。会计分录为:

借:吸收存款——单位活期存款——天河公司存款户　　　　　　　　60 000
　　贷:吸收存款——单位定期存款——天河公司存款户　　　　　　　　60 000

2. 定期存款支取的核算

单位持定期存单来行支取时,银行会计部门应抽出留存的存单卡片账与存单进行核对,相符后按规定计付存款本息。

【例 3-4】 承[例 3-3],2025 年 2 月 25 日,天河公司金额为 60 000 元的半年期定期存款到期,该公司来中国工商银行广州市天河支行办理支取手续。该银行编制会计分录为:

借:吸收存款——单位定期存款——天河公司存款户　　　　　　　　60 000
　　应付利息——应付定期存款利息户　　　　　　　　　　　　　　　　990
　　贷:吸收存款——单位活期存款——天河公司存款户　　　　　　　　60 990

(三) 单位通知存款的核算

1. 通知存款的规定

(1) 通知存款不论实际存期多长,按存款人提前通知的期限长短划分为 1 天通知存款和 7 天通知存款两个品种。1 天通知存款必须提前 1 天通知约定支取存款,7 天通知存款必须提前 7 天通知约定支取存款。

(2) 单位通知存款的最低起存金额为 50 万元,最低支取金额为 10 万元。存款人需一次性存入,可以一次或者分次支取。

(3) 单位通知存款采用记名存款凭证形式。存款凭证须注明"通知存款"字样。

2. 通知存款的核算

单位通知存款的存取款业务程序同定期存款,办理时注明"通知存款"字样。

(四) 单位协定存款的核算

单位协定存款可参照单位活期存款进行核算。

三、个人存款的核算

(一) 个人活期存款的核算

个人活期存款账户分为个人银行结算账户和活期储蓄存款账户。活期储蓄存款的存取只能采用现金方式,不能采用转账方式。

1. 开户与续存的核算

(1) 客户办理存款开户时,需持本人有效身份证件。开立个人银行结算账户的,客户需填写"开立个人银行结算账户申请书";开立活期储蓄存款账户的,客户需填写个人业务存款凭证,连同现金和有效身份证件一并交经办行,柜员审核无误后和清点现金后,将实物券别录入系统现金箱,然后使用"个人活期存款开户"交易办理开户手续,打印开立个人银行结算账户申请书和存折。客户凭密码支取的需按规定格式自行预留密码;客户凭印鉴支取的需预留印鉴卡片。柜员在存折、申请书上签章并加盖"业务用公章"后,将身份证件、存折(储蓄卡)、申请书客户留存联交客户,申请书银行留存联和身份证件复印件留存保管。

【例 3-5】 个人客户王红来中国工商银行广州市天河支行开户并存入现金 20 000 元。该银行的会计分录为:

  借:库存现金——业务现金户   20 000
    贷:吸收存款——个人活期存款——王红存款户   20 000

(2) 客户办理续存时,柜员收到客户提交的现金、存折(储蓄卡),审查存折和清点现金无误后,将实物券别录入系统现金箱,然后使用"个人活期存款续存"交易进行处理,打印个人业务存款凭证和存折内页。柜员将个人业务存款凭证交存款人签字确认后收回,将回单、存折交存款人。会计分录同上。

2. 支取与销户的核算

(1) 客户支取存款时,柜员收到客户提交的存折,审查存折真伪,凭印鉴支取的,客户还应在个人业务取款凭证上加盖预留印鉴。柜员审核无误后,使用"个人活期存款支取"交易进行处理,打印个人业务取款凭证和存折内页,柜员将个人业务取款凭证交存款人签字确认后收回,根据支取金额配款,将实物券别录入系统现金箱,将现金、回单、存折一并交客户。

【例 3-6】 个人客户王红来中国工商银行广州市天河支行支取现金 50 000 元。该银行的会计分录为:

  借:吸收存款——个人活期存款——王红存款户   50 000
    贷:库存现金——业务现金户   50 000

(2) 办理存款销户时,柜员收到客户提交的存折、有效身份证件、撤销银行结算账户申请书(个人银行结算账户销户的),审查无误后,使用"个人活期存款结清"交易进行结清处理,打印个人业务取款凭证、个人存款计息单和存折内页。

【例 3-7】 个人客户赵明来中国工商银行广州市天河支行要求结清其账户内存款余额 10 000 元,作销户处理,结付利息 15 元。该银行的会计分录为:

  借:吸收存款——个人活期存款——赵明存款户   10 000
    利息支出——活期存款利息支出户   15
    贷:库存现金——业务现金户   10 015

存款人存款账户内所有存款均已结清的,可进行销户处理,柜员使用"个人活期存款销户"交易进行销户处理,打印存折折底、个人存款销户凭证。柜员将个人业务取款凭证交存款人签字确认后收回,在"撤销银行结算账户申请书"上签章并加盖业务公章,根据取款金额配款,将实物券别录入系统现金箱,将申请书客户留存联、现金、回单交存款人,申请书银行留存联专夹保管;同时,将已销户存折磁条信息破坏后留存。

(二) 个人定期存款的核算

1. 整存整取定期存款的核算

整存整取定期存款是储户将本金一次存入,约定存期,到期一次支取本息的一种定期储蓄。该存款 50 元起存,多存不限,存期分为 3 个月、半年、1 年、2 年、3 年和 5 年 6 个档次。

1）开户存入

储户来开户时,应填制整存整取定期存款凭条连同现金一起交银行。柜员收妥现金,审核无误后,开立打印整存整取定期存单第一联代现金收入传票转账,第二联交储户保管,第三联作卡片账留存。

【例3-8】 2023年9月10日,个人客户李某来中国工商银行广州市天河支行存入1年期整存整取定期储蓄存款50 000元,年利率为3.25%。该银行的会计分录为:

借:库存现金——业务现金户　　　　　　　　　　　　　　　　50 000
　　贷:吸收存款——个人定期存款——李某整存整取户　　　　　　50 000

2）到期或过期支取

储户持到期存单取款时,柜员审核存单无误后,如储户凭密码支取,须由储户本人输入密码,审核确认无误后,按规定计算应付利息,将利息分别填写在存单和卡片账上,在开销户登记簿中注销并记入销户日期,将本金从定期存款户付出,利息从存款利息支出户付出,以存单代现金付出传票转账。相关例题及会计分录见本章第三节。

储户持存单过期支款时,其处理手续与到期支取相同,但利息计算则应包括到期利息和过期利息。

3）提前支取

储户因急需用款,可以凭身份证件办理提前支取。柜员验核存单、背书及身份证件,并将身份证件名称、号码、发证单位等抄写在存单上,并按提前支取的规定计付利息,其他过程与到期支取相同。

如果是部分提前支取,柜员对未支取的部分开立打印出新存单,并在新存单上注明原存入日期、利率和到期日和"由××号存单部分转存"字样。其他处理过程参照到期支取和开户存入手续办理。

2. 零存整取定期存款的核算

零存整取定期存款是存款时约定存期,每月固定存入一定金额本金,到期一次支取本息的一种定期存款。存期分1年、3年和5年3个档次。该存款每月存入一次,中途如有漏存,应在次月补齐,未补存者,到期支取时,按实存金额和实际存期计算利息。

1）开户和续存

储户来开户时,应填制零存整取定期存款凭条连同现金一起交银行。柜员经点收无误后,凭以开立零存整取存款存折,登记分户账、开销户登记簿,将分户账按所列账号排列保管,并以存款凭条代现金收入传票转账。

续存时,柜员应以存折与分户账核对相符后,再按开户手续办理。续存中如有漏存,可于次月补存,但不得于第三个月补存。

2）支取

储户持存折取款时,柜员审核无误后,按规定计算应付利息,将利息分别填写在存折和分户账上,在开销户登记簿中注销并记入销户日期,将本金从定期存款户付出,利息从存款利息支出户付出,以存单代现金付出传票转账。相关例题及会计分录见本章第三节。

储户持存折过期支款时,其处理手续与到期支取相同,但利息计算则应包括到期利息和过期利息。

零存整取提前支取只允许办理一次且必须全部提前支取。有关提前支取手续参照整存整取定期存款处理。除计息利率不同外,其他处理程序同"到期支取"。

3. 存本取息定期存款的核算

存本取息定期存款是一种一次存入本金,分次支取利息,到期支取本金的定期存款。这种存款存期分为1年、3年和5年3个档次,起存金额一般为5 000元。开户时储户将本金一次存入,支取利息的期次可与银行商定为1个月或几个月一次,银行按本金和约定存期计算好分次应付利息,储户凭存单分期取息,到期全部支取本金。如到取息日未取息,以后可随时支取。

1) 开户

储户申请开户时,应填写存本取息存款凭条和现金一并交银行。柜员检查凭条内容,初点现金;按照储户约定的支息期限,根据本金、存期、利率和支取利息次数,计算出每次应付利息金额,打印存折(单)、账卡。其余手续与整存整取相同。

2) 支取利息

储户在存期内按约定时间持存单来行支取利息时,应填写取息凭条。柜员审核无误后,将取息的日期和金额记入存单和账卡。若储户到取息日期未取息,以后可随时来取,但不计复息。

3) 支取本金

储户在存款到期来行支取本金的同时,支取最后一次利息,取息手续与上述相同,取本手续参照整存整取手续办理。

4. 整存零取定期存款的核算

整存零取定期存款是本金一次存入,约定存期分次支取本金,到期一次性支取利息的定期存款。这种存款存期分为1年、3年和5年3个档次,起存金额一般为1 000元。开户时储户可与银行约定存期和分期支取本金的期次,支取期次分为每1个月、每3个月或者每半年一次。

整存零取定期存款的核算手续与存本取息基本相同,在开户时应在存单内填写支取本金的次数和每次支取的金额。

储户在存期内如要求部分提前支取,可提前支取1~2次。如果提前支取全部余款,则根据实存金额及日期按规定的活期存款利率计息。

(三) 定活两便存款的核算

定活两便存款是一种本金一次存入,不约定存款期限,可随时一次支取本息,利率随存期长短而变动的存款。开户起存金额一般为50元,存单分记名、不记名两种,记名存单的可挂失,不记名存单不可挂失。它既具有活期存款随时可以提取的灵活性,又能享受到接近于定期存款利率的优惠。

目前银行开办的定活两便存款有两种:第一种为定额存款。这种存款面额固定,通常存单面额为50元、100元、500元、1 000元等,存单不记名,不挂失,但通常规定可在同城或某区域内通兑。第二种为不定额存款。这种存款由储户自己确定存入金额,存单可记名、可挂失。

(四) 个人通知存款的核算

按提前通知的期限,个人通知存款划分为1天通知存款和7天通知存款两个品种。其起存金额为人民币5万元,需一次性存入,可以一次或分次支取,最低支取金额为人民币5万元。部分支取后,留存金额不低于起存金额的,银行按留存金额、原起存日期、原约定通知存款种类,开具新存单,办理续存手续;留存金额低于起存金额的,则应全部支取,并对该项通知存款予以清户。

商业银行设置"吸收存款——个人通知存款"科目,对个人通知存款的存入、利息计提和支取等进行核算,具体手续及账务处理可参照单位通知存款办理。

第三节 存款利息的计算与核算

一、存款利息的计算方法

利息是由于转让货币资金使用权由受让者向出让者所支付的报酬。在商品货币经济条件下,为了使资金所有者和资金使用者都能从物质利益上关心资金的积累及其使用效果,就必须由资金使用者向资金所有者支付一定的报酬。商业银行在业务经营中,吸收单位和个人的存款,就必须付给存款单位和个人一定的报酬,即存款利息。对于银行而言,存款利息属于筹资业务发生的费用支出。

(一)单位活期存款利息的计算

1. 单位活期存款的计息规则

(1)单位活期存款按季结息,每季末了月20日结息,即3月20日、6月20日、9月20日、12月20日为结息日。

(2)单位活期存款按日计息,采用积数计息法计算利息。

(3)单位活期存款在结息日,按结息日挂牌公告的活期存款利率计算利息。结息期内,遇利率调整,分段计息。

(4)单位活期存款销户日,随时结计利息,按销户日挂牌公告的活期存款利率计算利息。

2. 积数计息法

单位活期存款利息是根据存款余额、日数和利率计算求得的。其中存款余额可直接依据有关存款账户每天的最后余额获得,利率是事先规定的,它们均为已知条件。而日数和积数则要按照一定的方法进行计算。

1)日数的计算

日数是指存款自存入之日起至支取前一日止的实际天数。在实际工作中,日数是采用"算头不算尾"方法计算求得的。如表3-2中,天河公司银行存款账户3月21日的余额为2 500 000元,存放银行存款账户的实际天数为5天,即从3月21日到3月25日;3月26日的存款余额为2 450 000元,存放银行存款账户的实际天数为10天,即从3月26日到4月4日。以此类推。

2)积数的计算

积数是存款账户特定余额与其存放日数相乘之积。根据"算头不算尾"的办法,在存款账页上,首先计算出变动前最后一笔余额在账面上的停留日数,记入"日数"栏内,再以天数乘以余额计算出积数,记入"积数"栏内。如表3-2中,3月21日记账前,账面上最后一笔余额为2 500 000元,其账面停留日数为5天,以日数乘以余额求出积数为12 500 000元,记入"积数"栏,以此类推。

结息日结息时,将结息期内若干日数和积数分别相加(包括结息日的日数和积数),计算出结息期的累计日数和累计积数。实际业务中,由计算机自动累加存款计息积数。

【例3-9】 中国工商银行广州市天河支行开户的天河公司的活期存款账的登记如表3-2所示,其结计日数和积数的方法和要点亦列示于该表中。

表3-2　　　　　　　　中国工商银行 **存 款 明 细 账**

账别：　　　　　　　　　　科目号：　　　　　　　　户名：天河公司
账户性质：　　　　　　　　账号/卡号：　　　　　　　利率：0.35%　　　　金额单位:元

2023年		摘要	借方	贷方	余额	日数(天)	积数	累计积数
月	日							
3	21				2 500 000	5	12 500 000	12 500 000
	26	提取现金	50 000		2 450 000	10	24 500 000	37 000 000
4	5	付购货款	150 000		2 300 000	15	34 500 000	71 500 000
	20	付材料款	120 000		2 180 000	22	47 960 000	119 460 000
5	12	收销货款		160 000	2 340 000	39	91 260 000	210 720 000
6	20	收工程款		180 000	2 520 000	1	2 520 000	213 240 000
	21	结计利息	2 073.17		2 522 073.17	92		

从表3-2中可以看出,银行应在6月20日营业终了后为该存款单位结计本季度活期存款的利息。计算公式如下:

$$应计利息 = 累计积数 \times (年利率 \div 360) = 213\,240\,000 \times 0.35\% \div 360 = 2\,073.17(元)$$

(二)个人活期存款利息的计算

1. 个人活期存款的计息规则

(1)个人活期存款按季结息,每季末了月20日结息,即3月20日,6月20日,9月20日,12月20日为结息日。

(2)个人活期存款按日计息,采用积数计息法计算利息。

(3)个人活期存款在结息日,按结息日挂牌公告的活期存款利率计算利息。结息期内,遇利率调整,不分段计息。

(4)个人活期存款销户日,随时结计利息,按销户日挂牌公告的活期存款利率计算利息。

2. 个人活期存款的计息方法

个人活期储蓄存款的利息计算采用积数计息法。其计算方法与单位活期存款基本相同。活期储蓄存款元位起息,元位以下不计息,计算的利息保留至分位,分位以下四舍五入。现实业务中,由计算机自动累加存款计息积数,计提、结息或清户时将存款的累计未计息积数乘以相应挂牌公告的活期储蓄利率,结出储户的利息。

3. 个人储蓄存款利息税的相关规定

(1) 代扣代缴存款利息所得税范围:本外币活期储蓄存款、整存整取定期储蓄存款、零存整取、整存零取、存本取息定期储蓄存款,定活两便、通知储蓄存款,银行卡储蓄存款,以及国家规定的其他应纳利息税的储蓄存款。

(2) 免征存款利息所得税的范围:各类国库券、住房公积金、各类社会保险基金,教育储蓄专项存款以及国家规定免交利息税的其他专项储蓄存款。

(3) 计税及代扣时间:应纳利息税的储蓄存款销户并向客户支付利息、年度结息或按约定为客户办理储蓄存款自动转存业务的同时,按"应纳税所得额×20%或5%或协定税率"计算利息税并向客户扣收。

(4) 计税币种:储蓄存款利息所得税采用原币计税,原币扣缴。

(三) 单位定期存款利息的计算方法

1. 单位定期存款的计息规则

(1) 单位定期存款采用逐笔计息法。

(2) 到期销户时,按存入日(开户日)所规定的相应档次整存整取定期存款挂牌公告的利率计付利息。

(3) 在约定存期内的计提日,按开户日所规定的相应档次整存整取定期存款挂牌公告的利率每月末日计提利息。

(4) 逾期销户时,逾期部分按销户日挂牌公告的活期存款利率计付利息。

(5) 逾期后计提日,按计提日挂牌公告的活期存款利率计提利息。

(6) 遇利率调整,不分段计息。

(7) 单位定期存款可以全部或者部分提前支取,但只能提前支取一次。①全部提前支取时,按支取日挂牌公告的活期存款利率计算利息,不分段计息。②部分提前支取时,若剩余定期存款不低于起存金额,提前支取部分按支取日挂牌公告的活期存款利率计算利息(不分段计息),未支取部分按原存期及到期日另开新存单,到期时按原存款开户日挂牌公告的利率计算利息;提前支取时,若剩余定期存款低于起存金额,则对该项定期存款予以清户,按支取日挂牌公告的活期存款利率计算利息(不分段计息)。

2. 单位定期存款利息计算的公式

单位定期存款利息的计算采用逐笔计息法,即在支取时,按预先确定的计息公式逐笔计算利息,利随本清。

计息期为整年或整月时,计息公式为:

$$利息 = 本金 \times 年(月)数 \times 年(月)利率 \qquad (3-1)$$

计息期有整年或者整月,又有零头天数时,计息公式为:

$$利息 = 本金 \times 年(月)数 \times 年(月)利率 + 本金 \times 零头天数 \times 日利率 \qquad (3-2)$$

将计息期全部化为实际天数计算利息时,计息公式为:

$$利息 = 本金 \times 实际天数 \times 日利率 \qquad (3-3)$$

上述计息公式中,式(3-1)和式(3-2)中的年(月)数,按对年对月对日计算;式(3-2)中的零头天数,按"算头不算尾"的方法计算实际天数;式(3-3)中的实际天数,即每年为365天(闰年为366天),每月为当月公历实际天数。年利率、月利率、日利率之间的换算同前述。

(四)个人定期存款利息的计算

1. 整存整取定期存款利息的计算

整存整取定期存款在原定存期内,按开户日利率计付利息;提前支取,其提前支取部分按支取日挂牌公告的活期存款利率计付活期利息,未提前支取部分,仍按原存单开户利率计息;逾期支取,其逾期支取部分按支取日挂牌公告的活期存款利率计付活期利息。其利息的计算公式为:

$$应计利息=存款额×存期×利率$$

【例3-10】 2023年9月10日,个人客户王某来中国工商银行广州市天河支行存入1年期整存整取定期存款100 000元,年利率为3.25%,当日的活期存款利率为0.44%。王某于2024年9月20日来该行支取本息,当日的活期存款利率为0.35%。则利息计算应为:

计息方法之一(理论天数法):

$$应付利息=100\,000×1×3.25\%+100\,000×10×0.35\%÷360=3\,259.72(元)$$

支取时的会计分录为:

借:吸收存款——个人定期存款——王某整存整取户　　　　　　　　　100 000.00
　　应付利息　　　　　　　　　　　　　　　　　　　　　　　　　　　3 259.72
　　贷:库存现金　　　　　　　　　　　　　　　　　　　　　　　　　103 259.72

计息方法之二(实际天数法):

$$应付利息=100\,000×365×3.25\%÷360+100\,000×10×0.35\%÷360=3\,304.86(元)$$

2. 零存整取定期存款利息的计算

零存整取储蓄的存期,一般按第一次存入日为起息日,对年、对月计算。由于此种储蓄每月的任何一天都可存入,因此,存满1个月的才计息,不足整月的零头天数不计息。零存整取储蓄的计息通常采用固定基数法和月积数法。

1) 固定基数法

该方法先计算出每1元存款存满约定的期限,按规定利率计算出应支付的利息作为基数。到期支取时,以每1元存款利息基数乘以最后的存款余额即得出应付利息。该方法手续简便,但只能适用于储户逐期存入、中间无漏存,且储户每期存入的金额固定不变的情况。其计算公式为:

$$应计利息=每1元存款利息基数×最后余额$$
$$每1元存款利息基数=[1×(1+存期月数)]÷2×月利率$$

2) 月积数法

该方法将储蓄分户账的每月存款余额,乘以所存月数,就是月积数。到期支取时,按月积数之和乘以同档次月利率,即为应付利息。该方法适用于储户中间有漏存情况的计息方法。其应计利息计算公式为:

$$应计利息=(首次余额+末次余额)×存款次数÷2×月利率$$

3. 存本取息定期存款利息的计算

存本取息存款的利息,先根据整存整取定期存款利息的计算方法,算出利息总额后,再按约定的支取利息次数算出每次应支付的利息数。

若储户提前支取,应按支取日挂牌公告的活期存款利率计算利息,并扣回多支付的利息;若储户逾期支取,还要按逾期天数和支取日挂牌公告的活期存款利率计付逾期利息。

4. 整存零取定期存款利息的计算

由于整存零取定期的本金逐次递减,因此,在计算利息时,本金应按平均值计算。其应计利息计算公式为:

$$应计利息=(全部本金+每次支取本金金额)\div 2\times 存期\times 利率$$

(五)定活两便存款利息的计算

定活两便存款的利息,根据实际存期同档次的整存整取定期存款利率按一定的折扣比例计算,不满规定固定存期的按活期利率计算。具体规定为:存期不满3个月的,按支取日的活期存款利率计算;存期满3个月(含3个月)不满半年的,整个存期按支取日的3个月期的整存整取定期存款利率的6折计算;存期在半年以上(含半年)不满1年的,整个存期按支取日的半年期的整存整取存款利率6折计算;存期在1年以上(含1年)无论存期多长,一律按支取日的1年期的整存整取存款利率6折计算。

(六)通知存款的计息

通知存款存入时由存款人选择1天或7天通知存款,银行按支取日挂牌公告的相应利率和实际存期计算利息,利随本清。

实际存期不足通知期限的,按活期存款利率计算利息。最短通知期限为2天或8天。未提前通知而支取的和已办理通知手续而提前支取或者逾期支取的,支取部分按活期存款利率计算利息。

二、存款利息的核算

(一)结计活期存款利息的核算

1. 单位活期存款利息的核算

单位活期存款在结息日结息时,经办行应逐户填制"活期存款利息清单"一式三联,第一联作借方记账凭证,第二联作贷方记账凭证,第三联加盖"业务用公章"交存款人。于结息日的次日将本次结计出的利息直接转入存款人账户。会计分录:

借:利息支出——××存款利息支出户
　　贷:吸收存款——单位活期存款——××存款人户

2. 个人活期储蓄存款利息的核算

个人活期储蓄存款结息日结息时,经办行应填制"储蓄存款利息清单"一式两联,第一联作记账凭证,第二联加盖"业务用公章"客户。会计分录:

借:利息支出——××存款利息支出户
　　贷:吸收存款——个人活期存款——××人储蓄存款户
　　　　应交税费——代扣个人利息所得税户

(二)定期存款利息的核算

1. 预提定期存款利息的核算

定期存款存期较长,本金金额较大,利率高于活期存款,所以到期还本付息时,一次支付的利息金额也较大,使银行在定期存款到期的年度内"利息支出"突增,各年的成本不均衡。

为了适应权责发生制原则和保证财务成果的均衡性及可比性,对定期存款利息,采取按季度预提办法进行核算。预提时应按定期存款利率分期限档次分别计算。其计算公式为:

$$预提定期存款利息 = 定期存款季平均余额 \times 各档次月平均利率 \times 3$$

预提定期存款利息时,根据预提金额填制借、贷方记账凭证办理转账。会计分录:

借:利息支出——××存款利息支出户
　　贷:应付利息——应付××存款利息户

【例3-11】 中国工商银行广州市天河支行2023年一季度定期存款余额200 000 000元,其中3个月期定期存款季平均余额30 000 000元,半年期定期存款季平均余额10 000 000元,1年期定期存款季平均余额80 000 000元,2年期定期存款季平均余额20 000 000元,3年期定期存款季平均余额20 000 000元,5年期定期存款季平均余额40 000 000元。当期各档次定期存款利率为:定期3个月利率为1.35%;定期半年利率为1.55%;定期1年利率为1.75%;定期2年利率为2.25%;定期3年利率为2.75%;定期5年利率为2.75%。

天河行季末预提时,应按定期存款利率分期限档次分别计算如下:

30 000 000×1.35%÷12×3+10 000 000×1.55%÷12×3+80 000 000×1.75%÷12×3+20 000 000×2.25%÷12×3+20 000 000×2.75%÷12×3+40 000 000×2.75%÷12×3=101 250+38 750+350 000+112 500+137 500+275 000=1 015 000(元)

会计分录:

借:利息支出——××存款利息支出户　　　　　　　　　　　　1 015 000
　　贷:应付利息——应付××存款利息户　　　　　　　　　　　　1 015 000

2. 定期存款到期支取本息的核算

定期存款到期支取本息时,经办行应填制"存款利息计算清单"一式三联,第一联作借方记账凭证,第二联作贷方记账凭证,第三联加盖"业务用公章"交存款人。会计分录:

借:吸收存款——××定期存款——××存款人户
借:应付利息——应付××存款利息户
　　贷:吸收存款——活期存款——××存款人户
　　或:库存现金——××存款人户
　　贷:应交税费——代扣个人利息所得税户

【关键术语】

基本存款户　一般存款户　活期存款　定期存款　累计积数

【问题思考】

1. 存款账户应如何划分?其相应的开立条件应如何?

2. 什么是存款利息？其计算公式如何？利息的结计有哪些基本规定？
3. 活期存款和定期存款的利息计算与核算有何不同？

【思政园地】

  坚持人与自然和谐共生，坚持绿水青山就是金山银山，坚持良好生态环境是最普惠的民生福祉。

——习近平

练 习 题

姓名_____
学号_____
分数_____

扫二维码获得更多
本章习题及案例

一、单项选择题

1. 存款人能够办理日常转账结算和现金收付的账户是( )。
   A. 基本存款账户　　　　　　　　B. 一般存款账户
   C. 临时存款账户　　　　　　　　D. 专用存款账户

2. 活期存款的金额起点为( )。
   A. 100元　　　B. 10元　　　C. 1元　　　D. 不限

3. 整存整取存款的存储起点为( )元。
   A. 5　　　B. 50　　　C. 5 000　　　D. 1 000

4. 整存整取存款的存期分为( )。
   A. 1年、3年、5年3个档次
   B. 3个月、半年、1年、2年、3年和5年6个档次
   C. 1年、2年、3年3个档次
   D. 半年、1年、2年3个档次

5. 活期存款的计息周期是( )。
   A. 上年7月1日至本年6月30日　　B. 上季末月21日至本季末月20日
   C. 上季末月20日至本季末月21日　D. 上年6月20日至本年6月21日

6. 活期存款的结息日为( )。
   A. 每月30日　　　　　　　　　　B. 每季末月的20日
   C. 6月30日　　　　　　　　　　D. 12月20日

7. 计算利息的本金基数以( )为起点。
   A. 元　　　B. 分　　　C. 10元　　　D. 角

8. 定期存款提前支取的部分,按( )利率计息。
   A. 开户日　　　B. 到期日　　　C. 活期存款　　　D. 原利率

9. 定活两便存款,按支取日整存整取同档次利率打( )折计算。
   A. 3　　　B. 4　　　C. 5　　　D. 6

10. 下列关于通知存款最低起存金额的说法中,正确的是( )。
    A. 单位20万元、个人5万元　　　B. 单位50万元、个人10万元
    C. 单位50万元、个人5万元　　　D. 单位30万元、个人3万元

11. 对利随本清的存款计算存款的存期时,( )。
    A. 存入日计息,支取日不计息　　　B. 存入日、支取日均计息
    C. 存入的第二日起息,算至支取日　D. 存入的第二日起息,算至支取的前一日

二、多项选择题

1. 下列情况中,存款人可以申请开立临时存款账户的有( )。
   A. 外地临时机构
   B. 临时经营活动需要
   C. 在基本存款账户以外的银行取得借款的
   D. 与基本存款账户的存款人不在同一地点的附属非独立核算单位

2. 个人定期存款,根据存取本息形式不同,可分为( )。
   A. 整存整取　　B. 零存整取　　C. 存本取息　　D. 整存零取

3. 存款人在银行开立的存款账户按资金性质和管理要求,可分为( )。
   A. 基本存款户　B. 一般存款户　C. 临时存款户　D. 专用存款户

4. 存款利息的计算公式为:利息＝( )。
   A. 本金×存期×利率
   B. 积数×利率
   C. 天数×利率
   D. 存款金额×利率

5. 预提定期存款利息,应符合( )会计原则。
   A. 客观性　　　B. 相关性　　　C. 权责发生制　D. 配比性

6. 企业开立一般存款账户,可以用于( )。
   A. 贷款转存　　B. 现金支取　　C. 转账结算　　D. 现金存入

三、判断题

1. 一个单位只能在银行开立一个基本存款账户,工资、奖金等现金的支取只能通过该账户办理。 ( )
2. 一般存款账户能够办理现金存取,非常方便。 ( )
3. 单位定期存款到期支取时,本息款既可以取现,也可以转存活期存款账户。 ( )
4. 存款计息,在存期内,如遇利率调高时,按高利率计息;如遇利率调低时,按低利率计息。 ( )
5. 银行在办理存款时,必须遵循"存款自愿、取款自由、存款有息,为存款人保密"的原则。 ( )
6. 单位活期存款按季结息,存期均按实际天数计算。 ( )
7. 个人活期存款每季结息一次,结息日为每季末月20日,如在存期内遇利率调整,应按结息日挂牌公告的活期存款利率计付利息;未到结息日销户的,一般不计付利息。 ( )
8. 存本取息定期储蓄存款是一次存入本金,约定存款期限及支取本金的期次和额度,期满支付利息的一种储蓄存款。 ( )
9. 个人活期存款是不固定存期、随时可存取的一种储蓄存款,按存取方式不同,分为存折户和支票户两种形式。 ( )
10. 银行吸收个人存款,属于商业银行资产业务。 ( )

第四章
贷款业务的核算

章前导引

教学目标

本章主要介绍各类贷款的发放、收回的核算手续,贷款利息结计及核算方法。

通过学习,学生应了解贷款业务的基本分类方法;掌握贷款户的开立条件和手续;掌握各项贷款的发放和收回、利息的计算和核算手续;了解贷款损失准备金的计提及呆账贷款核销的处理手续。

第一节 贷款发放与收回的核算

一、贷款业务概述及核算科目

(一) 贷款业务的性质

贷款是指商业银行对借款人提供的按约定的利率和期限还本付息的货币资金。贷款是商业银行最主要的盈利资产。贷款业务是商业银行作为贷款人,按照一定的贷款原则和政策,以还本付息为条件,将一定数量的货币资金提供给借款人使用的一种信用活动,是商业银行传统的核心业务。

商业银行随其经营机制的不断深化,经办的各种贷款业务,不论在其业务种类上,还是在其业务收入上,均有长足的发展。目前商业银行经营贷款的利息收入仍占据其全部经营收入的主体,贷款业务对实现其企业价值最大化的经营目标,具有十分重要的意义。从宏观的意义上看,商业银行发放各项贷款业务,对支持社会经济的发展,落实宏观经济的调控政策也具有重要的作用。

(二) 贷款的种类

从银行经营管理的需要出发,我们可以对银行贷款按照不同的标准进行分类。而不同的分类方法,对于我们正确理解和处理各项贷款业务的核算手续又都具有不同的意义。

1. 按贷款对象的主体性质分类

按贷款对象的主体性质分类,银行贷款可以分为单位贷款和个人贷款。

（1）单位贷款是银行向企、事业单位及机关、团体等经济组织发放的贷款。

（2）个人贷款是银行向消费者个人发放的贷款。

2. 按贷款期限分类

按贷款期限分类，银行贷款可以分为短期贷款、中长期贷款。

（1）短期贷款是指期限在1年以下（含1年）的各种贷款。

（2）中长期贷款是指期限在1年以上的各种贷款。

3. 按贷款的保障条件分类

按贷款的保障条件分类，银行贷款可以分为信用贷款、担保贷款和票据贴现。

（1）信用贷款是指银行完全凭借客户的信誉而无需提供抵押物或者第三者保证而发放的贷款。

（2）担保贷款是指具有一定的财产或者信用作还款保证的贷款。根据还款保证的不同，担保贷款具体分为抵押贷款、质押贷款和保证贷款。抵押贷款是指按规定的抵押方式以借款人或者第三者的财产作为抵押发放的贷款；质押贷款是指按规定的质押方式以借款人或者第三者的动产或者权利证明作为质物发放的贷款；保证贷款是指按规定的保证方式以第三人承诺在借款人不能偿还贷款时，按约定承担一般保证责任或者连带责任而发放的贷款。

（3）票据贴现是贷款的一种特殊方式。它是指持票人以贴付一定利息的方式将未到期的商业汇票转让给银行取得的贷款。票据贴现实行预扣利息，票据到期后，银行可向票据上载明的付款人收取票款。

4. 按贷款的质量和风险程度分类

按贷款的质量和风险程度分类，银行贷款可以分为正常贷款、关注贷款、次级贷款、可疑贷款和损失贷款。其中，次级贷款、可疑贷款和损失贷款又统称为不良贷款。

（1）正常贷款是指借款人能够履行借款合同，有充分把握按时足额偿还本息的贷款。

（2）关注贷款是指贷款的本息偿还仍然正常，但是发生了一些可能会影响贷款偿还的不利因素的贷款。如果这些因素继续存在下去，则有可能影响贷款的偿还，因此，银行要对其进行关注，或对其进行监控。

（3）次级贷款是指借款人依靠其正常的经营收入已经无法偿还贷款的本息，而不得不通过重新融资或拆东墙补西墙的办法来归还的贷款。这表明借款人的还款能力出现了明显的问题。

（4）可疑贷款是指借款人无法足额偿还贷款本息，即使执行抵押或担保，也肯定要造成一部分损失的贷款。

（5）损失贷款是指在采取了所有可能的措施和一切必要的法律程序之后，本息仍然无法回收，或只能收回极少部分的贷款。对于这类贷款，银行已没有意义将其继续保留在资产账面上，应当在履行必要的内部程序之后，立即冲销。

5. 按银行发放贷款的自主程度分类

按银行发放贷款的自主程度分类，银行贷款可以分为自营贷款和受托贷款。

（1）自营贷款是指商业银行以合法方式筹集的资金自主发放的贷款。其风险由商业银行承担，并由商业银行收取本金和利息。这是商业银行最主要的贷款。

（2）受托贷款是指委托人提供资金，由商业银行（受托人）根据委托人确定的贷款对象、用途、金额、期限、利率等而代理发放、监督使用并协助收回的贷款。其风险由委托人承担。

6. 按贷款资金的投入去向和用途分类

(1) 按贷款资金的投入去向分类,银行贷款可以分为工业贷款、商业贷款、农业贷款、科技贷款、房地产企业贷款、个人住房贷款、个人助学贷款等。

(2) 按贷款资金的用途分类,银行贷款可以分为流动资金贷款和固定资产投资项目贷款。

(三) 贷款的发放、偿还方式

1. 贷款的发放方式

(1) 单位贷款可以分为贷款转存和逐笔核实支付两种。贷款转存是指借款单位在核定的贷款指标额度内,按合同规定填制借款转存凭证,将贷款一次或者分次存入在本行开立的有关存款户;银行按实际转存的贷款和占用时间计收贷款利息。贷款转存是商业银行支付各项贷款的基本方式。逐笔核实支付是指借款单位在核定的贷款指标范围内,根据实际需要逐笔支取贷款;银行按实际支用额和时间计收贷款利息。逐笔核实支付只适用商业银行经办的长期投资贷款。

(2) 个人贷款的发放分为直接提款和专项提款两种方式。直接提款即依据借款合同将贷款划转到借款人在经办行开立的储蓄存款账户。专项提款即依据借款合同以转账方式将贷款直接划转到银行特约商户(或者学校)在贷款行开立的存款账户。

2. 贷款的偿还方式

贷款的偿还方式可以分为一次性偿还贷款和分期偿还贷款。

(1) 一次性偿还贷款是指借款人在贷款到期日一次性还清贷款本金的贷款。一般而言,短期的临时性、周转性贷款都是采取一次性偿还方式。

(2) 分期偿还贷款是指借款人按规定的期限分次偿还本金和支付利息的贷款。这类贷款的期限通常按月、季、年确定,中长期贷款大都采用这种方式。

(四) 贷款业务设置的会计科目

1. "贷款"科目

"贷款"科目为资产类科目,用于核算银行按规定发放的各种客户贷款,包括质押贷款、抵押贷款、保证贷款、信用贷款等。银行规定发放的具有贷款性质的银团贷款、贸易融资、协议透支、信用卡透支、转贷款和垫款等,在该科目核算;也可以单独设置"银团贷款""贸易融资""协议透支""信用卡透支""转贷款""垫款"等科目。该科目可按贷款类别、客户,分别"本金""利息调整""已减值"等进行明细核算。对逾期贷款,还应按贷款逾期情况设置"逾期贷款""非应计贷款"两个明细科目,进行明细核算。该科目期末借方余额反映商业银行按规定发放尚未收回贷款的摊余成本。

2. "应收利息"科目

"应收利息"科目为资产类科目,用于核算银行发放贷款、交易性金融资产、持有至到期投资、可供出售金融资产、存放中央银行款项、拆出资金、买入返售金融资产等应收取的利息。该科目可按借款人或被投资单位进行明细核算。

商业银行发放的贷款,应于资产负债表日按贷款的合同本金和合同利率计算确定的应收未收利息,借记"应收利息"科目;按贷款的摊余成本和实际利率计算确定的利息收入,贷记"利息收入"科目;按其差额,借记或贷记"贷款——利息调整"科目。应收利息实际收到时,借记"银行存款""存放中央银行款项"等科目,贷记"应收利息"科目。该科目期末借方余额反映商业银行尚未收回的利息。

3."利息收入"科目

"利息收入"科目为损益类科目,用于核算商业银行确认的利息收入,包括发放的各类贷款(银团贷款、贸易融资、贴现和转贴现融出资金、协议透支、信用卡透支、转贷款、垫款等)、与其他金融机构(中央银行、同业等)之间发生资金往来业务、买入返售金融资产等实现的利息收入等。该科目可按业务类别进行明细核算。

资产负债表日,按合同利率计算确定的应收未收利息,借记"应收利息"等科目;按摊余成本和实际利率计算确定的利息收入,贷记"利息收入"科目;按其差额,借记或贷记"贷款——利息调整"等科目。实际利率与合同利率差异较小的,也可以采用合同利率计算确定利息收入。期末,应将"利息收入"科目余额转入"本年利润"科目,结转后该科目无余额。

4."贷款损失准备"科目

"贷款损失准备"科目为资产类科目,也是"贷款"科目的备抵科目,用来核算商业银行贷款的减值准备。该科目可按计提贷款损失准备的资产类别进行明细核算。

资产负债表日,贷款发生减值的,按应减记的金额,借记"资产减值损失"科目,贷记"贷款损失准备"科目。

确实无法收回的各项贷款,按管理权限报经批准后转销各项贷款,借记"贷款损失准备"科目,贷记"贷款""贴现资产""拆出资金"等科目。

已计提贷款损失准备的贷款价值以后又得以恢复,应在原已计提的贷款损失准备金额内,按恢复增加的金额,借记"贷款损失准备"科目,贷记"资产减值损失"科目。

该科目期末贷方余额反映企业已计提但尚未转销的贷款损失准备。

5."资产减值损失"科目

"资产减值损失"科目为损益类科目,用来核算商业银行计提各项资产减值准备所形成的损失。该科目可按资产减值损失的项目进行明细核算。

商业银行的贷款等资产发生减值的,按应减记的金额,借记"资产减值损失"科目,贷记"贷款损失准备"等科目。

已计提贷款损失准备的贷款价值以后又得以恢复,应在原已计提的贷款损失准备金额内,按恢复增加的金额,借记"贷款损失准备"科目,贷记"资产减值损失"科目。

期末,应将该科目余额转入"本年利润"科目,结转后该科目无余额。

此外,贷款业务还涉及表外科目"应收未收利息"等科目。

6."抵债资产"科目

"抵债资产"科目为资产类科目,用来核算商业银行依法取得并准备按有关规定进行处置的实物抵债资产的成本。商业银行依法取得并准备按有关规定进行处置的非实物抵债资产(不含股权投资),也通过该科目核算。该科目可按抵债资产类别及借款人进行明细核算。抵债资产发生减值的,可以单独设置"抵债资产跌价准备"科目进行核算。

商业银行取得的抵债资产,按抵债资产的公允价值,借记"抵债资产"科目,按相关资产已计提的减值准备,借记"贷款损失准备""坏账准备"等科目,按相关资产的账面余额,贷记"贷款""应收手续费及佣金"等科目,按应支付的相关税费,贷记"应交税费"科目,按其差额,借记"营业外支出"科目(如为贷方差额,应贷记"资产减值损失"科目)。

抵债资产保管期间取得的收入,借记"库存现金""存放中央银行款项"等科目,贷记"其他业务收入"等科目。保管期间发生的直接费用,借记"其他业务成本"等科目,贷记"库存现金""存放中央银行款项"等科目。

处置抵债资产时,应按实际收到的金额,借记"库存现金""存放中央银行款项"等科目,按应支付的相关税费,贷记"应交税费"科目,按其账面余额,贷记"抵债资产"科目,按其差额,贷记"营业外收入"科目(或者借记"营业外支出"科目)。已计提抵债资产跌价准备的,还应同时结转跌价准备。

取得抵债资产后转为自用的,应在相关手续办妥时,按转换日抵债资产的账面余额,借记"固定资产"等科目,贷记"抵债资产"科目。已计提抵债资产跌价准备的,还应同时结转跌价准备。

该科目余额在借方,反映商业银行取得的尚未处置的实物抵债资产的成本。

(五) 贷款业务会计核算的有关规定

1. 贷款的确认与计量

商业银行向借款人发放贷款时,发放贷款的商业银行应在其成为金融工具合同的一方时(当商业银行向借款人发放贷款并获得收取本金和利息的权利时),将贷款确认为商业银行的金融资产,并应按发放贷款的公允价值和相关交易费用之和作为贷款的初始确认金额。

贷款的后续计量,应当采用实际利率法,按摊余成本进行计量,并在满足以下条件之一时终止确认:①收取该贷款现金流量的合同权利终止。②该贷款已转移,且符合《企业会计准则第 23 号——金融资产转移》规定的金融资产终止确认条件。

贷款的摊余成本是指该贷款的初始确认金额经下列调整后的结果:①扣除已偿还的本金。②加上或者减去采用实际利率法将初始确认金额与到期日金额之间的差额进行摊销形成的累计摊销额。③扣除已发生的减值损失。

实际利率法是指按照金融资产或者金融负债(含一组金融资产或者金融负债)的实际利率计算其摊余成本及各期利息收入或者利息费用的方法。

2. 贷款持有期间利息收入的确认

在贷款持有期间,商业银行应于资产负债表日,按贷款的摊余成本和实际利率计算的金额,确认为利息收入。实际利率与合同利率差别较小的,也可按合同利率计算利息收入。

实际利率是指将贷款在预期存续期间或者适用的更短期间内的未来现金流量,折现为该贷款当前账面价值所使用的利率。实际利率应在取得贷款时确定,在该贷款预期存续期间或者适用的更短期间内保持不变。

3. 贷款的减值与收回

商业银行应当在资产负债表日对贷款的账面价值进行检查,有客观证据表明其发生了减值的,应当根据其账面价值与预计未来现金流量现值之间的差额计算确认减值损失。

商业银行收回或处置贷款时,应将取得的价款与该贷款账面价值之间的差额计入当期损益。

二、贷款核算手续

(一) 信用贷款的核算

信用贷款是商业银行仅凭借款人的信用而发放的贷款。它是银行的高风险贷款,其风险权重被确认为100%。商业银行应当在保证资产安全的前提下,审慎地发放信用贷款。

贷款的审核、调查、审批等程序主要由商业银行信贷部门处理。借款人与商业银行建立了信贷关系后方可申请信用贷款。借款人需要贷款时,首先应提出贷款申请,经商业银行信贷部门的贷款调查、信用评估后,按照审贷分离、分级审批的原则进行贷款的审批;其次由借贷双方逐笔签订借款合同,约定贷款金额、期限、利率、用途、还款方式和违约责任等事项;最后逐笔发放贷款。贷款的具体发放和收回由会计部门进行核算。

1. 信用贷款发放的核算

(1) 贷款账户开立。贷款账户开立的依据是贷款合同和管理行核定的贷款指标。商业银行信贷部门对借款人的"借款申请书"审查同意并按规定办理完有关手续后,通知会计部门开户。由信贷部门填制一式两份的"开立贷款账户通知书",一份留存,另一份连同一份贷款合同副本送商业银行会计部门。会计部门收到贷款合同副本和"开立贷款账户通知书"后,认真审核无误后,发给借款单位预留印鉴卡,对交回的印鉴卡审核后,为借款人确定贷款科目名称,在计算机开户子系统内输入科目代号、账号、顺序号、借款单位名称、主管部门、计息标志、利率、贷款额度、期限、扣息户账号等内容,并把计算机生成的贷款账号填写在印鉴卡各联上。贷款合同应专夹保管,将"开立贷款账户通知书"作为借款凭证的附件。

(2) 发放贷款。借款合同签订后,借款人应填制一式五联的"借款凭证",借款单位如约定分期偿还的,应按期次分别填制借款凭证。由借款人在第一联借款凭证上加盖预留银行的印鉴,经信贷部门审查签章,经有权批准人审批,然后将申请书和借款凭证一并送交银行会计部门凭以办理贷款发放手续。

经办行会计部门收到借款合同副本及"借款凭证",经审查无误后,据以开立贷款明细账户。凭"借款凭证"第二、第三联分别作借、贷方记账凭证转账,将贷款转入借款单位存款账户。

转账后,经办行会计部门将借款凭证第一联按到期日顺序排列,与借款合同副本一起专夹保管,以监督按期收回贷款。借款凭证第四联加盖业务公章后作为回单退给借款单位。

商业银行按当前市场条件发放的贷款,应按发放贷款的本金和相关交易费用之和作为初始确认金额。其会计分录为:

借:贷款——信用贷款——××户(本金) （贷款的合同本金）
借或贷:贷款——信用贷款——××户(利息调整) （借、贷方差额）
　　贷:吸收存款——单位活期存款——××户 （实际支付的金额）

【例4-1】 中国工商银行广州市天河支行2023年5月10日接到开户单位中信公司借款申请,信贷部门经核定,同意贷给该客户期限为6个月、利率为7.5%的短期贷款200 000元,会计部门于5月20日根据借款凭证编制贷款发放的转账分录。

5月20日贷款发放的会计分录为:

借:贷款——短期贷款——中信公司户　　　　　　　　　　　　　　200 000
　　贷:吸收存款——单位活期存款——中信公司户　　　　　　　　　　　200 000

2. 信用贷款的后续计量与核算

在贷款持有期间,商业银行应于资产负债表日,按贷款的合同本金和合同利率计算确定的应收未收利息,借记"应收利息"科目,按贷款的摊余成本和实际利率计算确定的利息收入,贷记"利息收入"科目,按其差额,借记或贷记"贷款——利息调整"科目。其会计分录为:

借:应收利息——××户
借或贷:贷款——××贷款——××户(利息调整)
  贷:利息收入

合同利率与实际利率差异较小的,也可以采用合同利率计算确定利息收入。

采用实际利率法,按摊余成本对贷款进行后续计量,实际上是通过差异摊销对贷款的名义利息进行调整。

《企业会计准则》将交易费用计入贷款的初始确认金额,使资产更能体现直接的相关成本;将包括交易费用在内的溢、折价在存续期内按照实际利率进行摊销,使资产的期末价值更接近实际。

3. 信用贷款收回的核算

收回未减值贷款时,如借款单位主动归还贷款,应填制转账支票和还款凭证送交银行会计部门办理还款手续。会计部门收到凭证,与贷款分户账进行核对无误后,办理转账。其会计分录为:

借:吸收存款   (客户归还的金额)
  贷:应收利息——××户   (收回的应收利息金额)
    贷款——信用贷款——××户(本金) (客户归还的贷款本金)
    利息收入   (借、贷方差额)

如存在利息调整余额的,还应同时予以结转。

转账后,应在借据上注明收回日期并交信贷部门,予以注销。

如属分次归还贷款,则应分别在贷款分户账上登记分次归还日期、金额及结欠余额,待最后一次还清时,再将借据注销交信贷部门。

贷款到期,借款单位如因正当原因不能按期归还贷款本息,可以申请办理展期手续。贷款展期不办理转账手续,只需在原分户账批注展期的起止时间。每笔贷款展期只限一次;展期期限:短期贷款不得超过原贷款期限;中期贷款不得超过原贷款期限的一半;长期贷款不得超过3年。

(二)担保贷款的核算

担保贷款是指贷款人为确保贷款的按时收回,要求借款人或者第三人提供一定的财产或者资信而发放的贷款。按照担保方式的不同,担保贷款可分为保证贷款、抵押贷款和质押贷款。

1. 保证贷款的核算

保证贷款是指以第三人承诺在借款人不能按时偿还贷款时,按照约定承担一般保证责任或者连带责任而发放的贷款。信贷部门要认真审核保证人的资格和责任,保证人应与银行签订保证合同,作出明确的承担连带责任的书面承诺。

借款单位申请保证贷款的手续除提交申请信用贷款需要的资料外,还应该提供保证人的基本情况及保证人拟同意保证的证明文件。经商业银行信贷部门审批认可后,签订借款合同和保证合同。保证贷款是以保证人的信用作为担保,未涉及任何财产的抵押,从严格意义上说,保证贷款仍为信用贷款,其会计核算与信用贷款核算一致。

保证贷款在到期不能归还时,应按照有关规定和保证合同的条款,直接向保证人收取款项归还借款。

2. 抵押、质押贷款的核算

借款人申请抵押、质押贷款时,应填写"质押或抵押贷款申请书",注明质押物或抵押物的名称、数量、价格、质量等,同时向商业银行提供质押物或抵押物清单及有处分权人的同意质押或抵押的证明。其他资料与一般信用贷款基本相同。经银行审查贷款资料合格后,办理抵押、质押贷款的发放手续。抵押、质押贷款的发放金额一般应掌握在抵押、质押品现值的50%~70%。

1) 抵押、质押贷款的发放

签订了《抵押合同》或者《质押合同》的贷款,银行会计部门对该类贷款的核算手续可参照信用贷款发放手续办理。

同时,经办行会计部门收到业务部门出具的"担保物、待处理抵债资产收妥通知书",在对抵(质)押协议、抵押物权证和权利质押的权利凭证审核无误后,登记"质物、抵押物及权证登记簿",填制表外科目收入凭证,登记表外科目明细账。其会计分录为:

借:贷款——抵押贷款——××户(本金)　　　　　　　(贷款的合同本金)
借或贷:贷款——抵押贷款——××户(利息调整)　　　(借、贷方差额)
　　贷:吸收存款——单位活期存款——××户　　　　　(实际支付的金额)

同时,登记表外科目:

收入:待处理抵押品——××户

2) 抵押、质押贷款的后续计量与核算

抵押、质押贷款的后续计量,应当采用实际利率法,按摊余成本进行计量。其核算手续与信用贷款基本一致。

3) 抵押、质押贷款的收回

抵押、质押贷款到期,如能按期收回本息,其账务处理与信用贷款到期收回的手续基本一致。

办完还贷手续后,抵押物、质押物应随即交借款单位,同时填制表外科目付出凭证,销记表外科目登记簿。

同时,登记表外科目:

付出:待处理抵押品——××户

(三)票据贴现的核算

1. 票据贴现的概念

票据贴现是指商业汇票的持票人在汇票到期日前,为了取得资金而将票据转让给银行的票据行为。它是持票人在需要资金时,将未到期的商业汇票,以贴付自贴现日至票据到期日的利息为条件,经过背书后转让给银行,银行将票面金额扣除贴现利息后的余额付给持票人使用,汇票到期时,银行凭汇票直接向承兑人收取票款。

2. 商业汇票贴现的核算

1) 银行受理汇票贴现的处理手续

持票人持未到期的汇票向银行申请贴现时,应根据汇票填制一式五联的贴现凭证,在第一联上加盖预留银行签章,连同汇票一并送交银行信贷部门。信贷部门按照有关规定审查,符合条件的,在贴现凭证"银行审批"栏签注"同意"字样,有关人员签章后送交会计部门。

会计部门接到信贷部门审批的贴现凭证和汇票,应认真审核以下内容:汇票是否是统一规定印制的凭证;汇票上填明的持票人是否在本行开户;出票人、承兑人的签章是否符合规定;汇票必须记载的事项是否齐全,出票金额、出票日期、收款人名称是否更改;是否作成转让背书;贴现凭证填写的内容与汇票是否相符。审核无误后,按规定计算出贴现利息和实付贴现金额。其计算公式为:

$$贴现利息 = 汇票到期值 \times 贴现天数 \times (月贴现率 \div 30 天)$$

$$实付贴现金额 = 汇票到期值 - 贴现利息$$

$$汇票到期值 = 汇票票面金额 \times (1 + 汇票到期天数 \times 年利率 \div 360)$$

$$= 汇票票面金额 \times (1 + 汇票到期月数 \times 年利率 \div 12)$$

式中,"贴现天数"按实际天数计算,从贴现之日起算至汇票到期的前一日止。承兑人在异地的,贴现天数加 3 天划款期。对于无息汇票而言,汇票到期值即为其面值。

【例 4-2】 2023 年 3 月 10 日,中国工商银行广州市天河支行为其开户单位天河公司办理银行承兑汇票贴现,该汇票为无息汇票,于 2023 年 3 月 5 日签发并承兑,票面金额为 100 万元,期限为 4 个月。贴现利率为 4.5%,承兑银行在异地。则:

$$贴现利息 = 1\ 000\ 000 \times 120 \times (4.5\% \div 360) = 15\ 000(元)$$

$$实付贴现金额 = 1\ 000\ 000 - 15\ 000 = 985\ 000(元)$$

会计分录为:

```
借:贴现资产——票据贴现——天河公司(面值)              1 000 000
    贷:吸收存款——单位活期存款——天河公司                  985 000
        贴现资产——天河公司(利息调整)                      15 000
```

2) 贴现汇票到期收回票款的处理手续

同城承兑的汇票,在汇票到期日办理收款;异地承兑的汇票,应在汇票到期日前匡算邮程,提前将汇票寄交付款人。贴现银行作为持票人,在汇票背面背书栏加盖结算专用章,并由授权的经办人签章,注明"委托收款"字样,填制委托收款凭证,在"委托收款凭据名称"栏注明"商业承兑汇票"或"银行承兑汇票"字样及汇票号码,委托收款凭证第三、第四、第五联连同汇票寄交付款人办理收款。

(四) 个人贷款的核算

个人贷款业务种类较多,本书主要以个人按揭贷款为例进行介绍。

个人按揭贷款主要表现为个人住房按揭贷款。住房按揭贷款涉及购房者(债务人)、卖房者和银行(债权人)3 方。银行将按揭额以个人购房款的名义一次性记入售房单位账户,以后由个人购房者以协议商定的还款方式定期偿还借款本息给银行,直到期满还清。售房单位将房屋产权证转交给银行,待购房者还清贷款本息后,银行才将房屋产权证移交个人购房者。

1. 按揭贷款的发放

银行会计部门收到有关部门审核批准的《个人住房按揭合同》及贷款借据后,审查相关要素是否齐全,有权人签章是否一致,根据合同规定计算出按揭贷款后,一次性全额进行放款,划入售房单位的结算账户,按揭贷款不能分次发放。

【例 4-3】 2023 年 3 月 21 日,个人客户张林向中国建设银行广州市天河支行申请住房按揭贷款,手续齐备。信贷部门审查批准并开立了个人活期存款账户。购房价款为 30 万元,首付 20%,贷款额为 24 万元,合同贷款期限为 10 年,月利率为 5.1‰,采用本金等额偿还法,售房单位为创佳房地产公司(在天河支行开户)。会计分录为:

2023 年 3 月 21 日,发放贷款时:

借:贷款——个人住房贷款——张林借款户　　　　　　　　　　　240 000
　　贷:吸收存款——个人活期存款——张林存款户　　　　　　　　240 000
借:吸收存款——个人活期存款——张林存款户　　　　　　　　　240 000
　　贷:吸收存款——单位活期存款——创佳房地产公司户　　　　　240 000

2. 按揭贷款的归还

按揭贷款可以采用等额、等本金、按年递增(递减)、单利等额等形式偿还。贷款发放后,银行会计部门应定期打印个人住房贷款还款计划表,核对其每月还款额是否与借款合同上所填列的每月还款额一致。

1) 按时还款

为了按照合同要求定期偿还本息,个人购房者必须在按揭银行开立还款专用的购房储蓄存款户,从支用借款的次月开始,按月供款偿还借款本息,直至偿清为止方可销户。贷款期内如遇法定利率调整,贷款期限在 1 年以内(含 1 年)的,实行合同利率;贷款期限在 1 年以上的,于次年 1 月 1 日统一调整利率。

2) 提前还款

如果借款人要求提前还款,借款人可以向银行信贷部门递交提前还款申请书,经银行信贷部门审核批准后,借款人可以到银行柜台办理主动提前还款手续。银行柜员在收到客户交来的经信贷部门审核同意提前还款的书面通知、现金或转账支票,经审查无误后,办理还款。提前还款的方法如下:

(1) 还款期内不再扣款。即借款人提前归还一期或几期贷款。其应还本金必须是还款计划表中提前归还期数的本金和。此种方法在提前还款的期数内不再扣款,在提前还款期过后,除首期利息较大外,其余每期月还款额不变。

(2) 还款期内继续扣款。即按借款人的要求提前归还贷款本金,提前还款后,每月继续扣款。提前还款后的每月还款额按其剩余贷款本金、剩余贷款期数重新分摊。

(3) 缩短还款期。即借款人提前归还一期或几期贷款,其应还金额必须是还款计划表中提前归还期数的本金和。提前还款后月还款额不变,每月继续扣款,并按其提前还款的期数缩短贷款还款期,提前贷款到期日。

以上 3 种还款方法由借款人任意选择,一旦选定,不能更改。

3. 抵押房产竣工验收交付使用,接受保管产权证书

按照合同规定,银行在购房者未清偿全部借款之前,拥有《房地产预售契约》项下全部权益和抵押房产,将"房屋所有权证"交银行收执,以保证银行的利益。

当银行收到卖房者送交的"房屋所有权证"后,应填制表外收入凭证,进行表外科目的核算:

收入:待处理抵押品——房屋所有权证

4. 借款人清偿借款本息,银行移交房产所有权证书

借款人按期或提前还清全部借款本息及其他应付款项,则抵押关系终止,银行要在规定的期限内(一般为30天)将抵押房产所有权证书及有关文件交换借款人,办理书面移交手续。银行退还房产所有权证书时,编制表外付出凭证,进行表外科目的核算:

付出:待处理抵押品——房屋所有权证

按照合同规定,如果借款人不能按期偿还借款本息,银行即可通知买房单位承担连带保证责任或向房地产管理局申请对抵押房产进行处理。

第二节 贷款利息的计算与核算

一、贷款利息计算的有关规定

商业银行发放的贷款,应按照规定计收利息。其利息计算的有关规定为:

(1) 商业银行发放贷款的合同利率,应当根据中国人民银行规定的利率及浮动幅度加以确定。

(2) 商业银行发放的贷款,期限在1年以内的,贷款期内按合同利率计息,遇利率调整不分段计息。

(3) 商业银行发放的贷款,期限在1年以上的,若遇利率调整,应从新年度开始按调整后的利率计息。

(4) 商业银行发放的贷款,到期日为节假日的,若在节假日前一日归还,应扣除归还日至到期日的天数后,按前述规定的利率计算利息;节假日后第一个工作日归还,应加收到期日至归还日的天数,按前述规定的利率计算利息;节假日后第一个工作日不归还,应从节假日后第一个工作日开始按逾期贷款利率计算利息。逾期贷款利率一般是在合同利率基础上加收一定比例的罚息。

二、贷款利息的计提

资产负债表日,商业银行应按贷款的合同本金与合同利率计算确定的应收未收利息,借记"应收利息"科目;按贷款的摊余成本与实际利率计算确定的利息收入,贷记"利息收入"科目;按其差额,借记或贷记"贷款(利息调整)"科目。其会计分录为:

借:应收利息——××户
借或贷:贷款——××贷款——××户(利息调整)
　　贷:利息收入——贷款利息收入户

合同利率与实际利率差异较小的,也可以采用合同利率计算确定利息收入。

三、贷款利息的计算方法

(一)企业贷款利息的计算方法

企业贷款利息的计算一般分为定期计息和利随本清两种,通常采用定期计息的方式。

1. 定期结息的处理

定期结息时,每月或每季度末月 20 日结息日,营业终了时,计算各贷款账户的利息。计息方式分贷款科目余额表计息和乙种账页计息两种。其基本原理与单位活期存款计息方法相同。其计算公式为:

$$贷款利息 = 累计贷款计息积数 \times 日利率$$

将计算的各贷款户利息,编制一式三联的贷款利息清单,第一联作转账贷方传票,第二联作转账借方传票,第三联作回单交借款人,同时汇总编制应收利息科目传票办理转账。其会计分录为:

借:吸收存款——单位活期存款——××户
　　贷:应收利息——××户

【例 4-4】 中国工商银行广州天河支行于 2023 年 5 月 10 日对甲工厂发放一笔短期贷款,金额为 20 万元,期限为 4 个月,月利率为 4.5‰。假定合同规定按季结息,到期日还本付息,则其核算手续和会计分录为:

(1) 6 月 20 日,银行按季结息时:

$$该笔贷款应计利息 = 200\,000 \times 42 \times 4.5‰ \div 30 = 1\,260(元)$$

银行在结息日计算求得利息后,应按权责发生制的原则确认该笔利息收入。为此 6 月 21 日,会计部门计算出应计利息后,应编制传票,进行转账处理。

借:应收利息——甲工厂户　　　　　　　　　　　　　　　　　　1 260
　　贷:利息收入——贷款利息收入户　　　　　　　　　　　　　　1 260

(2) 9 月 10 日,贷款到期日结计利息时:

$$该笔贷款应计利息 = (200\,000 + 1\,260) \times 81 \times 4.5‰ \div 30 = 2\,445.31(元)$$

会计部门计算出应计利息后,应编制传票,进行转账处理。

借:应收利息——应收甲工厂利息户　　　　　　　　　　　　　　2 445.31
　　贷:利息收入——贷款利息收入户　　　　　　　　　　　　　　2 445.31

(3) 9 月 10 日,贷款到期,甲工厂按期还本付息时:

借:吸收存款——单位活期存款——甲工厂存款户　　　　　　　203 705.31
　　贷:贷款——短期贷款——甲工厂贷款户　　　　　　　　　　200 000.00
　　　　应收利息——应收甲工厂利息户　　　　　　　　　　　　3 705.31

2. 逐笔结息的处理

逐笔结息时,银行在贷款到期还款日,按实际放款天数,计算贷款利息。它是银行应在借款单位到期还款时,按放款之日起至还款之日前一天止的贷款天数,计算贷款利息。其计算公式为:

$$贷款利息 = 贷款金额 \times 贷款期限 \times 利率$$

在逐笔结息方式下,银行收回贷款本息时,应填制一借三贷的特种转账传票,办理转账。其会计分录为:

借:吸收存款——单位活期存款——××户　　　　　　　　　　（客户实际归还的金额）
　贷:贷款——××贷款——××户　　　　　　　　　　　　　（贷款的合同本金）
　　应收利息——××户　　　　　　　　　　　　　　　　　（已计提的应收利息金额）
　　利息收入——贷款利息收入户　　　　　　　　　　　　　（借方、贷方差额）

如存在利息调整金额的,还应同时予以结转。

【例4-5】 承[例4-4],假定合同规定到期结息,到期日"利随本清"还本付息,则9月10日银行到期结息时,该笔贷款应计利息为3 600元(200 000×4×4.5‰)。甲工厂按期还本付息时,应编制传票,进行转账处理。会计分录为:

借:吸收存款——单位活期存款——甲工厂存款户　　　　　　203 600
　贷:贷款——短期贷款——甲工厂贷款户　　　　　　　　　200 000
　　利息收入——贷款利息收入户　　　　　　　　　　　　　3 600

3. 逾期或未按合同约定用途使用借款的贷款利息的核算

对逾期或未按合同约定用途使用借款的贷款,采用分段计算方法。从贷款发放之日起到贷款到期日为一段计息期,这段利息既算头也算尾,按借款时所定利率计息;对逾期或未按合同约定用途使用借款的贷款,从贷款到期的次日开始或未按合同约定用途使用贷款之日起,按罚息利率计算利息,直至清偿本息为止。这段日期不算尾,但要按一定百分比加计利息。

【例4-6】 中国工商银行广州市天河支行对××化工厂2019年4月4日发放短期贷款20万元,期限为4个月,约定利随本清。8月4日,贷款到期,该化工厂存款不足,只能归还12万元,其余转入逾期贷款户。8月28日,该化工厂归还全部本息(贷款利率为6‰,逾期贷款的加息率为30%)。会计分录为:

(1) 4月4日:

借:贷款——短期贷款——××化工厂贷款户　　　　　　　　200 000
　贷:吸收存款——单位活期存款——××化工厂存款户　　　200 000

(2) 8月4日:

借:吸收存款——单位活期存款——××化工厂存款户　　　　120 000
　贷:贷款——短期贷款——××化工厂贷款户　　　　　　　120 000

借:贷款——短期贷款——××化工厂逾期贷款户　　　　　　80 000
　贷:贷款——短期贷款——××化工厂贷款户　　　　　　　80 000

$$应收利息 = 200\,000 \times 4 \times 6‰ = 4\,800(元)$$

借:应收利息——应收××化工厂利息户　　　　　　　　　　4 800
　贷:利息收入——短期贷款利息收入户　　　　　　　　　　4 800

(3) 8月28日:

$$逾期利息 = (80\,000 + 4\,800) \times 24 \times 6‰ \div 30 \times (1 + 30\%) = 529.15(元)$$

借：吸收存款——单位活期存款——××化工厂存款户　　　　　　　　　85 329.15
　　贷：贷款——短期贷款——××化工厂逾期贷款户　　　　　　　　　80 000.00
　　　　应收利息——应收××化工厂利息户　　　　　　　　　　　　　4 800.00
　　　　利息收入——逾期利息收入　　　　　　　　　　　　　　　　　　529.15

（二）个人贷款利息的计算方法

1. 一次性还本付息

一次性还本付息即利随本清，是指在贷款到期时一次性收回全部贷款本金和利息，其中利息按日计收的还本付息方式。借款人提前归还贷款的，则按贷款时约定利率和实际贷款天数计收贷款利息。

2. 逐笔还息一次还本

逐笔还息一次还本是指借款人平时不用归还本金，但每期（月、季或半年）归还当期产生的贷款利息，贷款利息按日计收的还本付息方式。借款人提前归还贷款的，则按贷款时约定利率和实际贷款天数计收贷款利息。其计算公式为：

$$每期归还利息 = 贷款金额 \times 本期实际天数 \times 贷款日利率$$

贷款到期时，一次归还本金以及最后一期的利息。

3. 等额本息还款

等额本息还款是指按贷款办法的规定及合同的约定，分笔按月归还，且还款日期为固定还款日，即贷款期每月以相等的额度平均偿还贷款本息的还本付息方式。

4. 等额本金还款

等额本金还款又称递减法还款，即在贷款期限内分期（按月、季或半年）归还贷款本息，每期等额偿还贷款本金，每期归还贷款利息随贷款余额逐期递减的还本付息方式。

【例 4-7】 承[例 4-3]，计算 4 月 20 日第一次和 5 月 20 日第二次还款金额（本金等额还款）并作出会计分录。

（1）2023 年 4 月 20 日，第一次归还贷款时：

采用本金等额偿还：

当月偿还本息金额 = 240 000 ÷ 120 + 240 000 × 5.1‰ = 3 224（元）

借：吸收存款——个人活期存款——张林存款户　　　　　　　　　　3 224.00
　　贷：贷款——个人住房贷款——张林借款户　　　　　　　　　　2 000.00
　　　　利息收入——个人贷款利息收入户　　　　　　　　　　　　1 224.00

（2）2023 年 5 月 20 日，第二次还款时：

当月偿还本息金额 = 240 000 ÷ 120 + (240 000 − 2 000) × 5.1‰ = 3 213.80（元）

借：吸收存款——个人活期存款——张林存款户　　　　　　　　　　3 213.80
　　贷：贷款——个人住房贷款——张林借款户　　　　　　　　　　2 000.00
　　　　利息收入——个人贷款利息收入户　　　　　　　　　　　　1 213.80

第三节 贷款减值与转销的核算

一、贷款损失准备的计提

商业银行经营的特殊性决定了其面临着较其他行业更大的风险,因此,在会计核算上,出于谨慎性的会计信息质量要求,2017 年新修订的《企业会计准则第 22 号——金额工具确认和计量》《企业会计准则第 37 号——金融工具列报》等要求我国金融企业应当以预期信用损失为基础,对贷款进行减值会计处理并确认损失准备。

金融企业应当在每个资产负债表日评估相关贷款的信用风险自初始确认后是否已显著增加,并按照下列情形分别计量其损失准备、确认预期信用损失及其变动:

(1) 如果该贷款的信用风险自初始确认后已显著增加,企业应当按照相当于该贷款整个存续期内预期信用损失的金额计量其损失准备。由此形成的损失准备的增加或转回金额,应当作为减值损失或利得计入当期损益。

(2) 如果该贷款的信用风险自初始确认后并未显著增加,企业应当按照相当于该贷款未来 12 个月内预期信用损失的金额计量其损失准备,由此形成的损失准备的增加或转回金额,应当作为减值损失或利得计入当期损益。其中,未来 12 个月内预期信用损失是指因资产负债表日后 12 个月内(若金融工具的预计存续期少于 12 个月,则为预计存续期)可能发生的金融工具违约事件而导致的预期信用损失,是整个存续期预期信用损失的一部分。

需要注意的是,对于金融企业购买或源生的已发生信用减值的贷款,企业应按照该贷款经信用调整的实际利率折现计算信用损失。由于预期信用损失考虑付款的金额和时间分布,因此,即使企业预计可以全额收款但收款时间晚于合同规定的到期期限,也会产生信用损失。

【知识链接】

金融资产减值会计由"已发生损失法"改为"预期损失法"

2006 年财政部发布的《企业会计准则第 22 号——金融工具确认和计量》对于金融资产减值的会计处理采用的是"已发生损失法",即只有在客观证据表明金融资产已经发生损失时,才对相关金融资产计提减值准备。2017 年财政部新修订的《企业会计准则第 22 号——金融工具确认和计量》将金融资产减值会计处理由"已发生损失法"改为"预期损失法",要求考虑金融资产未来预期信用损失情况,从而更加及时、足额地计提金融资产减值准备,便于揭示和防控金融资产信用风险。

二、贷款减值损失的确认与计量

(一)贷款损失准备的计提范围

计提贷款损失准备的资产是指商业银行承担风险和损失的资产。具体包括:贷款(含抵押、质押、保证等贷款)、银行卡透支、贴现、银行承兑汇票垫款、信用证垫款、单包垫款、进出口押汇、拆出资金、股票投资和债券投资、应收利息(不含贷款应收利息)、应收股利、应收保费、应收租赁款等债权和股权。

(二) 计提贷款损失准备的种类和比例

各商业银行应当按照谨慎会计原则,合理估计贷款可能发生的损失,及时计提贷款损失准备。贷款损失准备包括一般准备、专项准备和特种准备。

一般准备是根据全部贷款余额的一定比例计提的、用于弥补尚未识别的可能性损失的准备。商业银行应当根据提取贷款损失准备资产的风险大小确定一般贷款损失准备的计提比例。贷款损失准备必须要根据资产的风险程度足额提取。贷款损失准备提取不足的,不得进行税后利润分配。

专项准备是指根据《贷款风险分类指导原则》,对贷款进行风险分类后,按每笔贷款损失的程度计提的用于弥补专项损失的准备。商业银行可参照以下比例按季计提专项准备:对于关注类贷款,计提比例为2%;对于次级类贷款,计提比例为25%;对于可疑类贷款,计提比例为50%;对于损失类贷款,计提比例为100%。其中,次级和可疑类贷款的损失准备,计提比例可以上下浮动20%。

特种准备指针对某一国家、地区、行业或某一类贷款风险计提的准备。特种准备由银行根据不同类别贷款(如行业)的特殊风险情况、风险损失概率及历史经验,自行确定比例按季计提。

(三) 计提贷款损失准备的相关规定

(1) 贷款损失准备以原币计提,即人民币资产以人民币计提,外币资产以外币计提,人民币和外币贷款损失准备分别核算和反映。

(2) 商业银行计提贷款损失准备时,账务处理上应计入当期损益,发生贷款损失,冲减已计提的贷款损失准备。对核销后的呆账贷款,商业银行应继续保留追索权,对已核销贷款损失以后又收回的,其核销的贷款损失准备予以转回。

(四) 一般准备的计提核算

按现行制度规定,商业银行可按贷款余额的1‰实行差额提取一般准备金。

计提之前"一般风险准备"账户余额在贷方,余额大于应计提数,当期计提数按差额冲减;余额小于应计提数,当期计提数按差额补提。

【例4-8】 某商业银行2023年1月1日"一般风险准备"账户贷方余额为1亿元。3月31日,该行贷款余额为120亿元。6月30日,该行贷款余额为110亿元。计提比例为1‰,要求:

(1) 计提第一季度的一般准备。

(2) 计提第二季度的一般准备。

(1) 第一季度末应计提的一般风险准备=120×1‰=1.2(亿元)

当期计提数=1−1.2=−0.2(亿元)

借:利润分配——提取一般风险准备　　　　　　　　　　　　　　　　　0.2

　　贷:一般风险准备　　　　　　　　　　　　　　　　　　　　　　　　0.2

(2) 第二季度末应计提的一般风险准备＝110×1％＝1.1(亿元)
当期计提数＝1.2－1.1＝0.1(亿元)

借：一般风险准备　　　　　　　　　　　　　　　　　　　　　　　　0.1
　　贷：利润分配——提取一般风险准备　　　　　　　　　　　　　　　　0.1

(五)专项准备和特种准备的计提核算

借：信用减值损失
　　贷：贷款损失准备——专项准备
　　　　　　　　　　——特种准备

三、贷款减值的核算

1. 贷款发生减值

资产负债表日,商业银行确定贷款发生减值的,应当将该贷款的账面价值减记至预计未来现金流量现值,减记的金额确认为资产减值损失,计入当期损益;同时,将贷款从"本金"科目和"利息调整"科目全部转入"已减值"科目。

其中,预计未来现金流量现值,应当按照该贷款的原实际利率折现确定,并考虑相关担保物的价值(取得和出售该担保物发生的费用应当予以扣除)。原实际利率是初始确认该贷款时计算确定的实际利率。对于浮动利率贷款,在计算未来现金流量现值时,可采用合同规定的现行实际利率作为折现率。

2. 计提减值贷款利息

资产负债表日,应按减值贷款的摊余成本和实际利率计算确定的利息收入金额,抵减"贷款损失准备"科目;同时,将按合同本金和合同约定的名义利率计算确定的应收利息金额进行表外登记。

已发生减值的贷款如以后又收到利息,则于收到利息时,按实际收到的金额,借记"吸收存款"或者"存放中央银行款项"科目,贷记"贷款——××贷款——××户(已减值)"科目。

3. 减值贷款价值恢复

已计提贷款损失准备的贷款,如有客观证据表明该贷款的价值已恢复,且客观上与确认该减值损失后发生的事项有关(如债务人的信用评级已提高等),应在原计提的贷款损失准备金额内,按恢复增加的金额,借记"贷款损失准备"科目,贷记"资产减值损失"科目。

4. 收回减值贷款

收回减值贷款时,应按实际收到的金额,借记"吸收存款"等科目,按相关贷款损失准备余额,借记"贷款损失准备"科目,按相关贷款余额,贷记"贷款——已减值"科目,按其差额,贷记"资产减值损失"科目;同时,销记表外登记的应收未收利息。

如债务人无法用货币资金偿还债务,银行依法行使债权和担保物权而取得抵债资产时,应按抵债资产的公允价值,借记"抵债资产"科目,按相关资产已计提的减值准备,借记"贷款损失准备"科目,按相关资产的账面余额,贷记"贷款——已减值"科目,按应支付的相关税费,贷记"应交税费"科目,按其差额,借记"营业外支出"科目或贷记"资产减值损失"科目;同时,销记表外登记的应收未收利息。

需要注意的是,如抵债资产原为贷款抵押品、质押品的,将其转为抵债资产核算时,还应销记原已登记的表外科目和担保物登记簿。

抵债资产保管期间取得的收入和发生的直接费用,分别列作其他业务收入和其他业务成本。

处置抵债资产时,应按实际收到的金额,借记"库存现金""存放中央银行款项"等科目,按应支付的相关税费,贷记"应交税费"科目,按其账面余额,贷记"抵债资产"科目,按其差额,贷记"营业外收入"科目或借记"营业外支出"科目。已计提抵债资产跌价准备的,还应同时结转跌价准备。

若银行将抵债资产转为自用资产时,应在相关手续办妥时,按转换日抵债资产的账面余额,借记"固定资产"等科目,贷记"抵债资产"科目。已计提抵债资产跌价准备的,还应同时予以结转。

【例4-9】 20×1年1月1日,甲银行向其开户单位某客户发放一笔房地产开发贷款100 000 000元,期限为2年,合同利率为10%,按季计结息。假定该贷款发放无交易费用,实际利率与合同利率相同,每半年对贷款进行一次减值测试。其他资料如下:

(1) 20×1年3月31日、6月30日、9月30日和12月31日,分别确认贷款利息2 500 000元。

(2) 20×1年12月31日,综合分析与该贷款有关的因素,发现该贷款存在减值迹象,采用单项计提减值准备的方式确认减值损失10 000 000元。

(3) 20×2年3月31日,从客户处收到利息1 000 000元,且预期20×2年第二季度末和第三季度末很可能收不到利息。

(4) 20×2年4月1日,经协商,甲银行从客户处取得一项房地产(固定资产)充作抵债资产,该房地产的公允价值为85 000 000元,自此甲银行与客户的债权债务关系了结;相关手续办理过程中发生税费200 000元。甲银行拟将其处置,不转作自用固定资产;在实际处置前暂时对外出租。

(5) 20×2年6月30日,从租户处收到上述房地产的租金800 000元。当日,该房地产的可变现净值为84 000 000元。

(6) 20×2年12月31日,从租户处收到上述房地产的租金1 600 000元。甲银行当年为该房地产发生维修费用200 000元,并不打算再出租。

(7) 20×2年12月31日,该房地产的可变现净值为83 000 000元。

(8) 20×3年1月1日,甲银行将该房地产处置,取得价款83 000 000元,发生相关税费1 500 000元。

甲银行编制会计分录为:

(1) 20×1年1月1日,发放贷款时:

借:贷款——房地产开发贷款——××户(本金) 100 000 000
　　贷:吸收存款——单位活期存款——××户 100 000 000

(2) 20×1年3月31日、6月30日、9月30日和12月31日,分别确认贷款利息时:

借:应收利息——房地产开发贷款应收利息——××户 2 500 000
　　贷:利息收入——房地产开发贷款利息收入 2 500 000
借:吸收存款——单位活期存款——××户 2 500 000
　　贷:应收利息——房地产开发贷款应收利息——××户 2 500 000

(3) 20×1年12月31日,确认减值损失时:

借:资产减值损失   10 000 000
    贷:贷款损失准备   10 000 000
借:贷款——房地产开发贷款——××户(已减值)   100 000 000
    贷:贷款——房地产开发贷款——××户(本金)   100 000 000

此时,贷款的摊余成本=100 000 000－10 000 000＝90 000 000(元)。

(4) 20×2年3月31日,从客户处收到利息时:

借:吸收存款——单位活期存款——××户   1 000 000
    贷:贷款——房地产开发贷款——××户(已减值)   1 000 000

确认减值贷款利息收入时:

减值贷款利息收入＝贷款摊余成本×实际利率＝90 000 000×10%÷4＝2 250 000(元)

借:贷款损失准备   2 250 000
    贷:利息收入——房地产开发贷款利息收入   2 250 000

同时,登记表外科目:

收入:应收未收利息——××户   1 500 000

此时,贷款的摊余成本＝90 000 000－1 000 000＋2 250 000＝91 250 000(元)。

(5) 20×2年4月1日,收到抵债资产时:

借:抵债资产   85 000 000
    贷款损失准备   7 750 000
    营业外支出   6 450 000
    贷:贷款——房地产开发贷款——××户(已减值)   99 000 000
        应交税费   200 000

同时,登记表外科目:

付出:应收未收利息——××户   1 500 000

(6) 20×2年6月30日,从租户处收到上述房地产的租金时:

借:存放中央银行款项等   800 000
    贷:其他业务收入   800 000

确认抵债资产跌价准备时:

抵债资产跌价准备＝85 000 000－84 000 000＝1 000 000(元)

借:资产减值损失   1 000 000
    贷:抵债资产跌价准备   1 000 000

(7) 20×2年12月31日,从租户处收到上述房地产的租金时:

借:存放中央银行款项等   1 600 000
    贷:其他业务收入   1 600 000

确认发生的维修费用时:

借:其他业务成本   200 000
    贷:存放中央银行款项等   200 000

(8) 20×2年12月31日,确认抵债资产跌价准备时:

抵债资产跌价准备=84 000 000-83 000 000=1 000 000(元)

借:资产减值损失　　　　　　　　　　　　　　　　　　　　　　1 000 000
　　贷:抵债资产跌价准备　　　　　　　　　　　　　　　　　　　　　　1 000 000

(9) 20×3年1月1日,处置该房地产时:

借:存放中央银行款项等　　　　　　　　　　　　　　　　　　　83 000 000
　　抵债资产跌价准备　　　　　　　　　　　　　　　　　　　　　2 000 000
　　营业外支出　　　　　　　　　　　　　　　　　　　　　　　　1 500 000
　　贷:抵债资产　　　　　　　　　　　　　　　　　　　　　　　　　85 000 000
　　　　应交税费　　　　　　　　　　　　　　　　　　　　　　　　　1 500 000

四、贷款转销的核算

1. 转销呆账

商业银行发生的呆账贷款,能够提供确凿证据,经审查符合规定条件的,按"随时上报,随时审核审批,及时转账"的方式办理核销手续,不得隐瞒不报、长期挂账和掩盖不良资产。核销符合条件的商业银行呆账贷款时,借记"贷款损失准备"科目,贷记"贷款——××贷款——××户(已减值)"科目,同时,按管理权限报经批准后转销表外应收未收贷款利息。

2. 已确认并转销的贷款又收回

已确认并转销的贷款以后又收回的,作核销贷款的相反会计分录;同时,作收回贷款的会计分录。

【关键术语】

贷款　信用贷款　抵押贷款　票据贴现　贷款损失准备

【问题思考】

1. 贷款应如何进行分类? 其各类的区别如何?
2. 开立贷款户应具备什么条件? 其开立手续如何?
3. 单位贷款发放、归还的核算手续如何? 其利息如何进行核算?
4. 个人贷款有哪两种发放方式? 其核算手续如何?
5. 损失类贷款核销应如何进行核销?

【思政园地】

节省每一个铜板,为着战争和革命事业,为着我们的经济建设,是我们的会计制度的原则。

——毛泽东

练 习 题

姓名_____
学号_____
分数_____

扫二维码获得更多
本章习题及案例

一、单项选择题

1. 1年期贷款属于(　　)。
   A. 短期贷款　　B. 中期贷款　　C. 长期贷款　　D. 活期贷款
2. 发放单位贷款的会计分录为(　　)。
   A. 借:××贷款　　贷:××存款　　B. 借:××贷款　　贷:××银行往来
   C. 借:××存款　　贷:××贷款　　D. 借:××贷款　　贷:库存现金
3. 贷款结息时,借款单位无款付息时的会计分录为(　　)。
   A. 借:单位活期存款　　贷:利息收入
   B. 借:应收利息　　贷:利息收入
   C. 借:单位活期存款　　贷:待转营业收入
   D. 借:应收利息　　贷:待转营业收入
4. (　　)贷款风险最大。
   A. 抵押贷款　　B. 质押贷款　　C. 信用贷款　　D. 贴现

二、多项选择题

1. 贷款按信用保障条件,可分为(　　)。
   A. 信用贷款　　B. 担保贷款　　C. 票据贴现　　D. 个人贷款
2. 下列贷款中,属于不良贷款核算范围的贷款有(　　)。
   A. 关注贷款　　B. 次级贷款　　C. 可疑贷款　　D. 损失贷款
3. 结计贷款账户利息时的会计分录为(　　)。
   A. 借:单位活期存款　　贷:利息收入
   B. 借:应收利息　　贷:利息收入
   C. 借:单位活期存款　　贷:应收利息
   D. 借:单位活期存款　　贷:催收贷款利息
4. 贷款利息的计算按结息期不同,可分为(　　)。
   A. 定期结息　　B. 延期结息　　C. 本随利清　　D. 利随本清
5. 贴现与一般贷款的共同点为(　　)。
   A. 都是资产业务　　B. 融资依据相同
   C. 都要计息　　D. 贷款期限相同

三、判断题

1. 贷款业务是商业银行资产业务的核心。　　　　　　　　　　　　　　　　(　　)

2. 信用贷款是商业银行仅凭借款人的信用而发放的贷款，是银行的高风险贷款，其风险权重被确认为70%。（ ）
3. 抵押、质押贷款的发放金额一般应掌握在抵押、质押品现值的80%～90%。（ ）
4. 个人按揭贷款不允许提前还款。（ ）
5. 在定期结息法下，企业贷款到期偿还时，银行应计收并确认为利息收入的利息为：贷款本金、贷款期限及相应期限贷款利率三者的乘积。（ ）
6. 按法定程序取得抵债资产时，初始入账价值应按该资产原核算单位的账面净值计量。（ ）
7. 抵债资产取得之日，会计上应立即将其记入"固定资产"科目。（ ）
8. 在贷款的逾期情况下，应从逾期之日起，按罚息利率计收罚息，直到清偿本息时为止。（ ）
9. 定期计息的贷款，规定每季度末月30日为结息日。（ ）
10. 个人贷款利息的计算方法有多种，其中的等额本息还款法又称递减法。（ ）
11. 计提贷款损失准备的资产是商业银行承担风险和损失的资产。（ ）

第五章
现金业务的核算

章前导引

教学目标

本章主要介绍银行日常现金收付、整点、票币兑换、识别业务,以及外币结汇、售汇业务等核算业务规则及核算手续。

通过本章学习,学生应重点掌握现金出纳业务的任务和工作原则、外币业务的种类及外汇分账制核算的特点、金库设置、管理的一般常识和要求等知识点;掌握现金收支、现金日结核算手续;掌握现金整点、票币兑换、识别业务规则等业务的操作流程和技巧。

第一节 现金收付业务的核算

一、银行现金业务的内容及工作原则

(一)银行现金业务的意义

现金出纳是直接用货币现金进行的资金收付行为。我国的货币法实行中央银行集中统一管理,银行对一切机关团体、企事业单位及个人实行严格的现金管理,银行是全社会现金流通的总出纳和收付中心。

银行现金业务包括现金(本、外币现钞)、有价单证、金银等的收付、兑换、整点、调运、保管等业务活动及管理。现金业务是银行整个经营活动的一项基础性工作,现金业务对银行的存、贷款业务及支付结算业务提供了主要的支撑和保证。商业银行各分支机构都建立有现金出纳业务部门,全面组织和经办现金业务。

(二)银行现金业务的内容

(1)贯彻执行国家金融法规、政策和银行的有关制度,进行必要的柜面审查与监督,制止不合理的现金收支。

(2)办理现金的收付、整点、调运业务,登记现金收付的有关账簿,正确反映现金收付的来源和用途。

(3)办理人民币的挑残和兑换业务,协助人民银行调剂市场流通中各券别的货币比例,

做好现金的投放和回笼工作。

(4) 保管现金、外币、金银和有价证券及其他贵重物品;做好库房管理、票样管理、现金运送安全保卫工作。

(5) 宣传爱护人民币,做好防假、反假人民币工作。

(三) 现金出纳工作的原则

银行的现金业务涉及广大客户和各业务环节,各营业机构和柜员均直接经办现金业务。同时,现金业务要负责币钞、有价单证、金银等的收付、调运、保管等工作,业务技术要求高,客观要求银行现金业务具有严格的技术标准,建立严格的内部控制体系,每笔业务的处理均要求准确、及时、安全。

现金出纳工作,要求做到"手续严密,责任分明,及时清点,准确收付,确保安全"。为此,在实际工作中必须坚持如下原则。

1. 坚持双线控制、双人经办的原则

双线控制即做到钱账分管,从会计业务流程上切实做到账款分开,账实相符;双人经办,即要做到双人管库、双人守库、双人押运。

随着银行综合柜员制被普遍推广和应用,柜员同时经手账款,精简业务流程,提高了银行业务的办理效率,提升了客户服务水平。与此同时,综合柜员和网点,必须加强业务流程规范化操作管理,重视账务的事后复核和质量稽核工作,实行岗位轮换,落实内控制度。

2. 坚持按程序办理收付的原则

现金收付,必须按程序办理,收入现金坚持:"先收款、后记账";付出现金坚持:"先记账、后付款"的业务处理程序。坚持这一原则,可使银行在出现差错时占据主动地位,维护银行和客户的资金安全,提高银行的信誉度。

3. 坚持复核制度

出纳制度规定凡现金、金银、外币、有价证券等收付,必须做到收款换人复点,付款换人复核,当面点清、一笔一清。对外办理业务的各级行、处,必须配备专职或兼职的复点复核人员,业务量较少的行、处,必须配备专职出纳,实行会计、出纳交叉复核。出纳业务实行严格授权制度,涉及大额现金收付业务,须会计主管复核。

4. 坚持交接手续和查库制度

在款项交接或出纳人员调换时,必须办理交接手续,由交接双方同时在交接登记簿上签名盖章,以明确责任。对于库房管理,除坚持双人管库、双人守库、双人出入库外,还必须履行定期或不定期的查库制度,以加强对库房工作的督促检查,防微杜渐,避免意外事故的发生。

【知识链接】

开户单位可以使用现金的范围

按国务院1988年8月16日发布的《现金管理暂行条例》(注:本条例于2011年1月8日修订)第五条规定:"开户单位可以在下列范围内使用现金:(一)职工工资、津贴;(二)个人劳务报酬;(三)根据国家规定颁发给个人的科学技术、文化艺术、体育等各种奖金;(四)各种劳保、福利费用以及国家规定的对个人的其他支出;(五)向个人收购农副产品和其他物资的价款;(六)出差人员必须随身携带的差旅费;(七)结算起点以下的零星支出;(八)中国人民银行确定需要支付现金的其他支出。前款结算起点定为一千元。结算起点的调整,由中国人民银行确定,报国务院备案。"

二、现金业务核算的会计科目

1. "库存现金"科目

"库存现金"科目属于资产类科目,用来核算银行库存现金的收付和结存情况。其借方登记库存现金的增加数;其贷方登记库存现金的减少数;余额在借方,表示库存现金的实有数。

2. "其他应收款"科目

"其他应收款"科目属于资产类科目,用来核算银行发生的各种应收、暂付款项。其借方登记本行发生除应收利息以外的各种应收、暂付款项;其贷方登记各种应收、暂付款项的收回或转销数;余额在借方,表示尚未收回的其他应收款项数。

3. "其他应付款"科目

"其他应付款"科目属于负债类科目,用来核算银行发生的各种应付、暂收款项。其贷方登记发生除应付利息以外的各种应付、暂收款项;其借方登记各种应付、暂收款项的支付或转销数;余额在贷方,表示应付未付的其他应付款项数。

三、现金收付业务的核算

(一)现金收入的核算

柜员受理客户交来的现金和一式两联的"现金交款单"(见表5-1)或者其他存款凭证时,经清点现金、审查交款凭证要素无误后,以"现金交款单"第二联或者其他存款凭证作贷方记账凭证收款。

表 5-1　　　　　　　　中国××银行 现金交款单

账别:　　　　　　　　　　　年　月　日

交款单位		收款单位												
款项来源		账　号				开户银行								
大写金额	(币种)			十亿	千	百	十万	千	百	十元	角	分		
券　别							合计金额		科目(贷)					
整把券									对方科目(借)					
零张券									库存现金					

第二联:贷方凭证

复核:　　　　记账:　　　　收款复核:　　　　经办:

规格:连边 10×17.5cm(白纸印红字)

使用说明:用于本行受理客户交存现金的业务。

【例 5-1】 中国工商银行广州市天河支行收到开户单位 A 公司交存现金 65 000 元。会计分录为:

借：库存现金——业务现金户　　　　　　　　　　　　　　　　　65 000
　　贷：吸收存款——单位活期存款——A公司存款户　　　　　　　65 000

（二）现金付款的核算

柜员受理客户提交的"现金支票"（见表5-2）或其他取款凭证时，按有关规定审查无误后，以现金支票或者其他取款凭证作借方记账凭证；同时，登记"现金收付清单"，按现金支票金额配款，并在现金支票背面登记付款券别，在现金支票正面加盖"现金讫章"和个人名章。大额现金还须将现金、交款单交复核员复核，经复核无误后将现金点交给客户。

表5-2

××银行现金支票存根	中国××银行　现金支票　（省别简称）　支票号码：
支票号码：_____ 附加信息：_____ 出票日期　年　月　日 收款人： 金额： 用途： 单位主管　　会计	支票付款期限十天 出票日期（大写）　　年　月　日　　付款行名称： 收款人：　　　　　　　　　　　　　出票人账号： 人民币（大写）　　　　　　　千百十万千百十元角分 用途： 上列款项请从我账户内支付 　　出票人签章　　　　　　　　　复核　　记账

规格：连边8×22.5 cm，正联第17 cm（底纹按行别分色，大写金额栏加红水纹）

【例5-2】 中国工商银行广州市天河支行收到开户单位B公司提交现金支票，B公司提取现金39 000元。会计分录为：

借：吸收存款——单位活期存款——B公司存款户　　　　　　　39 000
　　贷：库存现金——业务现金户　　　　　　　　　　　　　　　　39 000

四、商业银行向中国人民银行领缴现金的核算

（一）商业银行向中国人民银行领取现金的处理

商业银行向开户的中国人民银行发行库支取现金时，会计部门以中国人民银行现金支票存根联作贷方记账凭证办理入库手续。

【例5-3】 中国工商银行广州市天河支行向其开户的中国人民银行广州市中心支行提交现金支票申请现金领取，现金支票金额为9 000 000元。会计分录为：

借：库存现金——业务现金户　　　　　　　　　　　　　　　9 000 000
　　贷：存放中央银行款项——广州市人行存款户　　　　　　　　9 000 000

（二）商业银行向中国人民银行交存现金的处理

商业银行向开户的中国人民银行发行库交存现金时，会计部门以现金交款单回单作借方记账凭证办理出库手续。会计分录与上述支取手续相反。

五、现金结账及错款的处理

(一) 日终现金结账的处理

1. 普通柜员现金结账

结账前,普通柜员应按要求将尾箱内成捆(把)的现金交现金柜员,不成捆(把)的现金放入尾箱,并进行有关缴存手续的处理。每天下午营业终了,普通柜员清点尾箱内的实有现金,经复核无误后与"尾箱库存现金登记簿"进行核对。核对公式为:

$$今日尾箱应有现金数 = 昨日尾箱现金余额 + 今日收入现金数 - 今日付出现金数 \\ + 今日调入现金数 - 今日调出现金数 \tag{5-1}$$

$$今日尾箱应有现金数 = 尾箱库存现金登记簿期末现金数 \tag{5-2}$$

核对无误后,由综合柜员予以确认,同时普通柜员按有关规定办理尾箱入库手续。

2. 现金柜员结账

结账前,普通柜员应先按规定手续办理本营业机构成捆(把)现金缴存业务。

结账时,现金柜员按营业机构内柜员调拨和与上级机构现金领缴调拨,分类汇总当天的现金调拨单,分币种结出当日库存应有现金数;根据结计出的库存现金,核对"库存现金登记簿",并将汇总的现金实有数与账面余额核对;核对无误后,填制除营业机构内柜员调拨外的"现金收付汇总表",以营业机构全部"现金收付清单""现金调拨单"作附件。核对公式为:

$$营业机构内柜员现金调入合计数 = 营业机构内柜员现金调出合计数 \tag{5-3}$$

$$今日库存应有现金数 = 昨日库存现金期末余额数 + 今日柜面收入现金合计数 \\ - 今日柜面付出现金合计数 + 今日调入现金数 - 今日调出现金数 \tag{5-4}$$

$$今日库存应有现金数 = 营业机构内所有尾箱库存现金期末余额合计数 \tag{5-5}$$

如现金柜员日终尾箱内留有现金,应按上述"普通柜员现金结账"的要求由会计主管核对账实,并对其"尾箱库存现金登记簿"予以确认。

(二) 现金错款的处理

1. 现金长款的处理

发生出纳现金长款应及时退还原主。当日无法退还的,营业终了前,错款人应填制"出纳错款列账报告单",经出纳负责人审核签章、主管人员审批签字后,按暂收款项列账处理,填制借、贷方记账凭证各一联办理转账,登记"现金收付清单"。

【例5-4】 中国工商银行广州市天河支行普通柜员李某,当日营业结束时发现现金长款10元整,当日无法归还原主。会计分录为:

借:库存现金——业务现金户　　　　　　　　　　　　10
　　贷:其他应付款——出纳长款户　　　　　　　　　　　　10

同时,登记"现金错款登记簿"。

确实无法查清的长款,应按规定审批处理权限经授权或上级行审批。经批准作为该支行收益的,应填制借、贷方记账凭证,经办人的情况说明及有关批复文件(或者通知)作借方记账凭证附件。

沿用[例5-4]，中国工商银行广州市天河支行最终未能找到原主，确认该支行收益的会计分录为：

借：其他应付款——出纳长款户　　　　　　　　　　　　　　　　　　　　10
　　贷：营业外收入——出纳长款及结算长款收入　　　　　　　　　　　　　　10

同时登记"现金错款登记簿"。

2. 现金短款的处理

发生出纳现金短款应及时收回。当日无法收回的，营业终了前，错款人应填制"出纳错款列账报告单"，经出纳负责人审核签章、主管人员批准后，按暂付款项列账处理，填制借、贷方记账凭证各一联办理转账，并登记"现金收付清单"。会计分录为：

借：其他应收款——出纳短款户
　　贷：库存现金——业务现金户

同时登记"现金错款登记簿"。

经授权列为该支行损失的出纳短款，列支时填制借、贷方记账凭证各一联，经办人的情况说明和有关批复文件复印件作借方记账凭证的附件。会计分录为：

借：营业外支出——出纳短款户
　　贷：其他应收款——出纳短款户

同时登记"现金错款登记簿"。

【知识链接】

需要复核及授权的大额现金收入业务

为保障商业银行资金安全及客户的合法利益，人民币存款5万元(含)以上需审核客户有效身份证件；5万元人民币或等值5 000美元(含)以上大额现金收付业务需换人复核清点；10万元人民币或外币等值1万美元以上需后台柜员授权。

第二节　现金整点、兑换与识别

一、现金整点的业务规则和流程

(一) 现金整点的业务规则

(1) 对票币进行清理和整理时，必须在录像监控下进行。

(2) 整点票币必须经过初点和复点两道程序。

(3) 票币在为整点准确前，不得将原封签、腰条丢失，以便在发现差错时证实和区分责任,并坚持"一笔一清,一捆一清,一把一清"的"三清"原则。

(4) 经复点整理的票币,应达到"五好钱捆"标准:即"点数准确、残币挑净、平铺整齐、把捆扎紧、印章清楚"。

(二) 现金整点的操作流程

(1) 整点票币应贯彻"三先三后"的操作程序,即"先点大数,后点细数;先点主币,后点辅币;先点大额,后点小额"。

(2) 整点纸币要按券别、版别分类,平铺捆扎,100张为把,再把腰条扎在中央;10把为捆,正面向上,并加以垫纸,用线绳双十字捆扎,结头结于垫纸之上,封签之下的中位。

(3) 整点硬币按面额分类,100枚(或者50枚)为卷,10卷(或者20卷)为捆,依不同方法捆扎。

(4) 损券应按券别分开扎把,分开成捆。

(5) 整点两截、火烧等损伤票币,必须用纸贴好,严禁用金属物连接。

(6) 经复点整理的票币,应逐把(卷)加盖行号的经手人名章,不得打捆后再补章;成捆票币应在绳头结扣处贴封签,注明行号、卷别、金额、封捆日期,并加盖封包员、复核员名章,残损券还应在封签左上角加盖"残钞或损伤"字样戳记。

(7) 外币钞票按不同币别、面额分别整点,同方向叠放。

(8) 港元钞票要分中银、汇丰和渣打版分别整理捆扎。

二、票币兑换的业务要求及挑选标准

(一) 票币兑换的业务要求

(1) 票币兑换业务包括残损人民币兑换、人民币辅币兑换。

(2) 办理出纳业务的行处,必须办理票币兑换业务,并挂牌营业;各营业机构应根据自身实际情况制定专柜办理票币兑换业务。

(3) 坚持"先兑入、后兑出"的原则。

(4) 兑入现金,在兑换人离柜前不得与其他款项混淆。

(5) 收回损伤币不得流通使用,应及时整点入库。

(6) 兑换残币应严格按照人民银行《残缺人民币兑换办法》的规定进行办理,残损人民币兑换时应当面在残损币上加盖"全额"或者"半额"戳记。

(7) 残损外币不予兑换,可为客户办理托收。

(二) 损伤票币的挑选标准

(1) 票面缺少一块,损及行名、花边、字头、号码、国徽之一者。

(2) 票面裂口超过纸幅1/3或者损及花边图案者。

(3) 纸质较旧,四周或者中间有裂缝或者票面断开又贴补者。

(4) 票面由于油浸、墨渍造成脏污面积较大或涂写字迹较多,妨碍票面整洁者。

(5) 票面变色严重影响图案清晰者。

(6) 硬币破残、穿孔、变形或者磨损、氧化、腐蚀部分花纹者。

三、币钞识别的方法和技术

(一) 币钞识别的基本方法

1. 眼看、手摸、耳听识别真伪法

(1) 眼看识别主要是看钞币的水印、安全线、光变油墨、票面图案等。

(2) 手摸识别主要是触摸钞币的人像、盲文点、银行名等处的凸凹感,触摸纸币的质感等。

(3) 耳听识别主要是通过抖动钞票使其发出声响,来分辨真伪。人民币的纸张具有挺括、耐折、不易撕裂的特点,用力抖动或者轻弹,能够听到清脆响声。

2. 用笔拓和尺量识别真伪方法

(1) 笔拓就是用薄纸和软铅笔拓水印轮廓。

(2) 尺量就是用尺衡量钞票规格尺寸。例如,第四套人民币:100 元券规格为 165×77 毫米,50 元券规格为 165×77 毫米;第五套人民币:100 元券规格为 155×77 毫米。

3. 借助检测仪器鉴别真伪方法。

如果用以上方法很难鉴别真伪时,就需要借助于检测仪器来鉴别。简单的是用放大镜观察,看其线条、图案是否与真币相同;还可利用磁性检测仪和紫光灯检测,看是否在磁性印记部位有无磁性反应,在紫光灯下检测无色荧光图纹,以及是否出现异常荧光反应。例如,第五套人民币 100 元券安全线防伪措施是缩微文字和磁性,横号码有磁性,两种彩色纤维是红色、蓝色。

(二) 第五套人民币的特征和主要防伪技术

1999 年 10 月 1 日,中国人民银行陆续发行第五套人民币(1999 年版),共有 1 角、5 角、1 元、5 元、10 元、20 元、50 元和 100 元 8 种面额,其中,1 角、5 角、1 元有纸币和硬币两种。各面额货币正面均采用毛泽东新中国成立初期的头像,底衬采用了中国著名花卉图案,背面主景图案通过选用有代表性的寓有民族特色的图案,充分表现了中国悠久的历史和壮丽的山河,弘扬了中国伟大的民族文化。2005 年年底,中国人民银行发行 2005 年版第五套人民币,主图案与 1999 年版保持一致,但变光数字、面额水印位置调整,背面面额数字加后缀"YUAN"等。

第五套人民币的防伪特征有如下几个方面:

(1) 纸张。真钞用纸系专用的造币纸,手感薄,整张币纸在紫外线下无荧光反应。在第五套人民币 100 元、20 元的票面上,可看到纸张中不规则分布着红色和蓝色纤维,在日光下肉眼可见,在紫外线下纤维有荧光反射。假钞用纸是普通胶版纸或普通书写纸,手感较厚,表面平滑,在紫外光下币纸呈现白色荧光,且无黄蓝色荧光纤维。但有时真币也会在紫外光下呈现白色荧光,这是因为纸币被含荧光剂的物质(最普遍的就是日用的洗衣粉)污染了。

(2) 印刷。真钞的正背面图案均为雕刻凹版印刷,肉眼可见人物的头发根根丝缕清晰可辨,线条光洁凸立,仔细摸索,能够感觉到人像上每根头发的纹路。而假钞是胶版印刷、四色套印,所以图案着墨不匀、纹理不清晰。特别肖像的头发是由网点油墨堆积成片,肉眼所见发丝无法辨认。

(3) 磁性安全线。真钞安全线具有磁性,可用机器辅助识别,肉眼可见安全线内有缩微文字(限于 100 元、50 元、20 元),文字清晰,间隔有序,线条宽窄一致。假钞安全线很难做到有磁性,虽也有文字但并不齐整,线有宽窄。由于是手工埋设,纸张皱褶不平,加上塑料质的安全线与纸张伸缩率不同,埋设地又不伏贴,致使安全线两端长出一段,呈银白色的点状线头,由此可以看出蛛丝马迹。

(4) 水印。真钞水印是造纸过程中趁纸浆未完全吃水、干燥之前经模具挤压形成,压力轻重大小形成图像的明暗层次,且层次过渡自然,富有神韵,图像清晰,立体感强。第五套人民币50元、100元为毛泽东人头像固定水印;1元、5元、10元、20元为花卉固定水印。假钞水印由手工制作,质量低劣。目前所知的制作方法有揭开纸张的夹层,在其中涂上一层糊状物,再将两层纸一并合压,趁湿把纸垫在刻有图像的凹版上,经压而成。由于手工操作,动作笨拙,会导致具有水印一端的假钞纸张发皱不平。

(5) 正背面阴阳互补对印图案。第五套人民币纸币正面左下角和背面右下角各有一圆形局部图案,透光观察,正背图案组成一个完整的古钱币图案。真钞的正背互补对印图案是印钞专用设备正背面一次印刷完成,正背面图案完全吻合。而假钞分作正背面两次平印印刷,对印图案往往不能吻合,如果加上纸张的伸缩原因,对印偏离更大,会出现对印图案上下错位,图案间距宽窄不一或叠压等现象。

(6) 无色荧光油墨。真钞左上角紫外光下显现出一矩形框"100""50""20""10""5"字样,发出强亮的橘黄色荧光。假钞在紫外光下,同样在上述真钞部位有荧光反映,但颜色浓度、荧光强度均相差甚远,黯淡无色。如发现荧光有异,可与真币进行对比。

(7) 光变面额数字。第五套人民币50元、100元正面左下方用新型的折光油墨印刷了面额数字,当与票面垂直观察其为绿色,而倾斜一定角度则变为蓝色。假钞制作时,由于无法得到这种特别的光变油墨,只得用草绿色油撰印刷"100""50""20""10""5"字样,不会变色。

(8) 隐性面额数字。第五套人民币纸币正面右上角在"100""50""20""10""5"字样下端有一团花装饰图案内,有"100""50""20""10""5"字样隐形数字,字样系由规律性线条组成,用雕刻凹印印刷,直视或平视时产生不同视角效应。将票面置于与眼睛接近平行的位置,面对光源作平面旋转45度或90度角,可看到面额数字字样。假钞因是胶版印刷,线条由网点组成,全然破坏了设计者构想的视角效应,凭此一点也完全可以判断钞票的真伪。平视,没有"100""50""20""10""5"隐形字样的钞票一定是假钞无疑。

(9) 号码凸印。真钞号码是双色横号码,号码左半部分为红色,右半部分为黑色,由凸印印刷,号码部位的背面有压痕,字形工整、标准,墨量、颜色、压力均匀一致,质量好,号码绝无重复。假钞号码的特点是:多张假币号码数字相同;字形不标准;颜色深浅不一致;由于是胶版印刷,背面无压力痕迹。

(10) 磁性油墨。真钞正面左下角采用双色横号码(两位冠字、8位号码)具有磁性,可用机器辅助鉴别(新版5元无此设计)。假钞双色横号码无磁性,但往往制作假钞时会在该部位涂上磁粉,以欺骗机器,所以有磁性并不代表一定为真币,但无磁性一定为假币。

(11) 胶印接线印刷。第五套人民币100元正面左侧的中国传统图案是用胶印接线技术印刷的,每根线均由两种以上的颜色组成。

(12) 凹印缩微文字。第五套人民币纸币在正面右上方装饰图案中印有凹印缩微文字,在放大镜下,可看到"RMB 100""RMB 50"等字样。

(13) 花纹对接。第五套人民币100元、20元和10元券的正面的底纹线条图案可以花纹对接,就是把同一张人民币两边对接,就可组成一幅线对线、图对图的完整底纹图案。

【知识链接】

柜员现金收入业务发现假币怎么办

银行柜台发现客户缴存的假币,须进行没收。基本流程如下:第一步,工作人员向客户解释说明该纸币为假币的原因。第二步,工作人员告知主管,由主管提供假币专用章,当着客户的面(重点,必须),在假币正反两面盖上"假币"印章(正面印章范围必须包含水印)。第三步,由没收假币柜员开具假币没收单(该柜员必须要有反假币资格证,否则没有开具没收单的权利),由客户签名后回执;客户拒绝签名的,不予回执单。第四步,上缴主管,登记、入库保存,逐级上缴。

第三节 外币兑换的核算

一、外汇与汇率

(一) 外汇

外汇是以外币表示的可以用作国际清偿和国际结算的支付手段和资产。它具体包括外币现钞、外币支付凭证或者支付工具(包括票据、银行存款凭证、银行卡等)、外币有价证券(包括债券、股票等)、特别提款权和其他外汇资产等。

(二) 汇率

汇率是指一国货币与另一国货币兑换的比率,也可说用一种货币表示另一种货币的价格,也称外汇牌价。人民币汇率实行以市场供求为基础的、有管理的浮动汇率制度。人民币外汇牌价分为钞买价、钞卖价、中间价、汇买价、汇卖价五种。

(1) 钞买价是指银行用人民币买入外币现钞的价格。

(2) 钞卖价是指银行售出外汇现钞的人民币价格。

(3) 中间价又称基准价,是指现钞的买价与卖价的平均价。

(4) 汇买价是指银行用人民币买入外币现汇的价格。

(5) 汇卖价是指银行售出外汇现汇的人民币价格。

二、外币兑换业务的种类

外币兑换是对客户提供的一项柜台服务,包括买入外币、卖出外币和将一种外币兑换成另一种外币。外汇牌价即外汇指定银行外汇兑换挂牌价,是各商业银行根据中国人民银行公布的人民币市场中间价以及国际外汇市场行情,制定的各种外币与人民币之间的买卖价格。银行面向客户经营的外汇买卖业务主要有如下种类。

（一）结汇

结汇就是银行支付人民币买进外汇或者现钞，它是指境内企事业单位、机关和社会团体按国家外汇管理政策的规定，将各种外汇收入按银行挂牌汇率结售给外汇指定银行，外汇指定银行付给相应的人民币。

（二）售汇

售汇就是银行收取人民币卖出外汇或现钞，它是指境内企事业单位、机关和社会团体的正常对外支付外汇，持有关有效凭证，用人民币到外汇指定银行办理兑付，外汇指定银行收进人民币，付给等值外汇。

（三）套汇

套汇是指外汇银行按挂牌人民币汇率，以一种外汇通过人民币折算，兑换成另一种外汇的业务活动。银行办理的套汇业务有两种类型：一种是不同种币别的外汇套汇，即银行应客户的要求，按挂牌的人民币汇率的买入价买入一种外汇，按卖出价卖出另一种外汇；另一种是钞买汇卖和汇买钞卖，即银行从客户手中买入外币现钞，卖给客户外币现汇，或者买入外币现汇，卖出外币现钞。

三、外汇买卖业务的账务组织及会计科目

（一）外汇分账制及账务组织

1. 外汇分账制

外汇分账制又称原币记账法，是指银行办理各项外汇业务时，所有账务组织和处理都以外币原币作为记账单位进行记账核算，并按各种外币设置账务系统的凭证、账簿和报表记录，各种外币都各自成一套独立的账务系统。与外汇分账制对应的方法是本币统账制，又称本位币记账法，是指在业务发生时，以本国货币为记账单位，外国货币按一定的汇率折算成本国货币记账的一种方法。

我国银行使用外汇分账制，其原因在于：在外汇分账制下，按原币设置账簿和记账。平时对每一项经济活动，都要按业务的计价货币（原币）填制会计凭证、登记账簿和编制会计报表；各货币的账务要自成体系，自求平衡，使各种货币分账核算，账务互不混淆。这样处理，银行能够全面了解各种外币资金活动情况及其头寸的多缺，便于银行更好地调拨和运用有关外汇资金。

2. 专门设置"货币兑换"科目，起桥梁和平衡作用

在外汇分账制的要求下，各种货币分账核算，以反映各种货币资金活动情况及其结果，便于外汇资金调拨运用；但是，外汇资金是我国整个国民经济资金的一部分，所以必须用人民币将它综合反映出来。为此，根据复式记账原理的要求，为了平衡账务，凡是外汇业务涉及两种或两种以上货币相互兑换时，就必须通过"货币兑换"这个特定科目作为桥梁，它的借、贷两方分别用本币和兑换外币来表示，两者价值相等，币种不同，作为桥梁来连接不同币种之间的外汇业务。这样，才能使人民币和外币账都符合复式借贷原理，实现各自的平衡，使外币资金活动和人民币资金占用情况有机地联系起来。

3. 年终并表，以本币资金统一反映经营状况和财务成果

年终决算时，各种外币业务除分别编制原币的会计报表外，同时各外币会计报表应按年

终决算牌价折合人民币,并与本币会计报表合并,与原人民币会计报表统一汇总合并反映银行的资产、负债和损益。

(二) 外汇买卖业务的会计科目

1. "货币兑换"科目

"货币兑换"科目核算采用分账制外币交易所产生的不同币种之间的兑换业务,为资产负债共同类科目,按币种进行明细核算。

当商业银行买入外汇时,借记有关科目(外币),贷记该科目(外币);相应付出人民币时,借记该科目(本币),贷记有关科目(本币)。当商业银行卖出外汇时,借记该科目(外币),贷记有关科目(外币);相应付出人民币时,借记有关科目(本币),贷记该科目(本币)。

资产负债表日,应将所有以外币表示的该科目余额按期末汇率折算为记账本位币金额,并与该科目(记账本外币)余额相比较,其差额转入"汇兑损益"科目:如为借方差额,借记"汇兑损益"科目,贷记该科目(记账本位币);如为贷方差额,借记该科目(记账本位币),贷记"汇兑损益"科目。"货币兑换"科目期末无余额。

2. "汇兑损益"科目

"汇兑损益"科目核算银行发生的外币交易因汇率变动而形成的收益或损失,属于损益类科目。

该科目借方反映因汇率变动而产生的汇兑损失;贷方反映因汇率变动而产生的汇兑收益。资产负债表日,"货币兑换"科目各外币明细科目的期末余额,应按照期末汇率折算为记账本位币。记账本位币金额与"货币兑换——记账本位币"科目余额之间的差额,如为贷方余额,借记"货币兑换——记账本位币"科目,贷记该科目;如为借方余额,借记该科目,贷记"货币兑换——记账本位币"科目。期末,应将该科目的余额转入"本年利润"科目,结转后该科目应无余额。

四、外币兑换业务的核算

(一) 结汇业务的处理

办理结汇业务,由银行买入外汇时,客户填写"结汇申请书"提交银行,银行据此填制"结售汇凭证",其中第一联(水单联)和第二联(记账凭证联)分别加盖转讫章、业务公章,第三联(核销专用联)加盖"结售汇专用章"后退客户,第二联作复式记账凭证,以客户填写的结汇申请书第一联作附件进行会计处理。

【例 5-5】 中国工商银行广州市天河支行个人客户李某持 3 000 美元,需要兑换人民币,当日美元钞买价为 USD 100＝RMB 633。会计分录为:

  借:库存现金   USD 3 000
    贷:货币兑换   USD 3 000
  借:货币兑换   RMB 18 990
    贷:库存现金   RMB 18 990

(二) 售汇业务的处理

办理售汇业务,由银行卖出外汇时,银行根据客户提交的"售汇申请书"填制一式两联

"结售汇凭证",其中第一联(水单联)连同客户填写的售汇申请书第二联分别加盖转讫章、业务公章后退客户,第二联作复式记账凭证,以客户填写的售汇申请书第一联作附件进行会计处理。

【例5-6】 中国工商银行广州市天河支行向开户的某国际贸易公司卖出5 000美元,存入其美元现汇户。当日美元汇卖价为USD 100=RMB 635。会计分录为:

借:吸收存款——某国际贸易公司存款户　　　　　　　　　　　　　RMB 31 750
　　贷:货币兑换　　　　　　　　　　　　　　　　　　　　　　　RMB 31 750
借:货币兑换　　　　　　　　　　　　　　　　　　　　　　　　　USD 5 000
　　贷:吸收存款——进出口公司美元现汇户　　　　　　　　　　　USD 5 000

（三）套汇业务的处理

1. 两种外币之间的套算

客户需要以外币A兑换外币B时,银行对收入的外币A按买入价折成人民币,填制"货币兑换"科目凭证,然后将折合的人民币按外币B的卖出价折算出外币B的金额,填制"货币兑换"科目凭证记账。

【例5-7】 中国工商银行广州市天河支行张某持6 000美元现钞,兑换英镑现钞,当日美元钞买价为USD 100=RMB 633;英镑钞卖价为GBP 100=RMB 975。会计分录为:

（1）买入美元:

借:库存现金　　　　　　　　　　　　　　　　　　　　　　　　USD 6 000
　　贷:货币兑换　　　　　　　　　　　　　　　　　　　　　　USD 6 000

（2）折算人民币:

借:货币兑换　　　　　　　　　　　　　　　　　　　　　　　　RMB 37 980
　　贷:货币兑换　　　　　　　　　　　　　　　　　　　　　　RMB 37 980

（3）卖出英镑:

借:货币兑换　　　　　　　　　　　　　　　　　　　　　　　　GBP 3 895.38
　　贷:库存现金　　　　　　　　　　　　　　　　　　　　　　GBP 3 895.38

2. 同种货币之间的套算

对于现钞与现汇的同一种货币之间,由于存在价值的差异,彼此之间的转换也采用套汇的处理方法。同种货币之间的套算包括将现汇转为现钞和将现钞转为现汇两种形式。

【例5-8】 中国工商银行广州市天河支行张某要求从其美元现汇存款账户中支取现金3 000美元,银行审查后其办理支取手续。当日美元汇买价为USD 100=RMB 632;钞卖价为USD 100=RMB 635。以现汇转为现钞为例,基本账务处理的会计分录为:

借:吸收存款　　　　　　　　　　　　　　　　　　　　　　　　USD 3 018.99
　　贷:货币兑换　　　　　　　　　　　　　　　　　　　　　　USD 3 018.99
借:货币兑换　　　　　　　　　　　　　　　　　　　　　　　　RMB 19 080
　　贷:货币兑换　　　　　　　　　　　　　　　　　　　　　　RMB 19 080
借:货币兑换　　　　　　　　　　　　　　　　　　　　　　　　USD 3 000
　　贷:库存现金　　　　　　　　　　　　　　　　　　　　　　USD 3 000

(四)资产负债表日结计汇兑损益的核算

汇兑损益亦称汇兑差额,是由于汇率的浮动所产生的结果。汇兑损益包括交易损益、兑换损益、调整损益等。本节所涉及的汇兑损益特指调整外币汇兑损益,即商业银行在资产负债表日将各种外币期末账户资产、负债报表调整为人民币报表时,由于外汇兑换等业务发生的历史时点与资产负债日时点的外汇汇率存在差异,导致外汇资产的价值发生改变,可能产生净收益,也可能发生净损失。

【例 5-9】 假定中国工商银行广州市天河支行当期仅发生[例 5-5]至[例 5-8]共 4 笔外汇兑换业务,资产负债表日当天的美元中间价为 USD 100 = RMB 639;英镑中间价为 GBP 100 = RMB 990。汇兑损益的计算及会计分录为:

(1) "货币兑换"科目美元户,期末余额在贷方,金额为 4 018.99 元,折算人民币金额:

$$4\ 018.99 \times 6.39 = 25\ 681.35(元)$$

(2) "货币兑换"科目英镑户,期末余额在借方,金额为 3 895.38 元,折算人民币金额:

$$3\ 895.38 \times 9.90 = 38\ 564.26(元)$$

(3) "货币兑换"科目外币户的期末余额在贷方,折合人民币金额为:

$$38\ 564.26 - 25\ 681.35 = 12\ 882.91(元)$$

(4) "货币兑换"科目人民币户的期末余额在贷方,金额为 12 760 元。"货币兑换"科目外币户期末折算人民币的贷方余额大于"货币兑换"科目人民币户期末贷方金额,其差额为汇兑损益:

$$12\ 882.91 - 12\ 760 = 122.91(元)$$

(5) 将汇兑损益进行账务处理:

借:汇兑损益　　　　　　　　　　　　　　　　　　　　RMB 122.91
　　贷:货币兑换　　　　　　　　　　　　　　　　　　　RMB 122.91

【知识链接】

大额结售汇业务的管理办法与审批部门

根据《中华人民共和国中国人民银行法》《中华人民共和国外汇管理条例》,中国人民银行制定了《银行办理结售汇业务管理办法》,经 2014 年 3 月 26 日第四次行长办公会议通过,自 2014 年 8 月 1 日起施行。个人结汇和售汇的年度总额均为 5 万美元,超过限额结售汇,需要到当地外汇管理局审批。

第四节　金库管理

一、金库的设置及职责

商业银行金库集中保管人民币和外币现钞、金银、有价证券、票样、真假币鉴别手册、假币等贵重物品。商业银行设置的金库，必须坚固可靠，管理严密，责任明确，确保账款相符、账实相符、账账相符。

商业银行金库的设置可分为中心库、分金库和尾款箱集中保管库3类。同一个城市原则上只能设置一个中心库。

中心库是指在同一城市的分、支行或一个县(市)支行集中设置的，与人民银行有直接现金往来的金库，用于集中保管本外币现钞、有价单证和尾款箱。中心库的管辖行应在人民银行统一开立存款账户，其辖属营业机构不在人民银行开立存款账户。中心库的库款及收支业务，应由中心库管辖行的会计部门单设账户核算。

分金库是指经批准设立的城市中心库的分库，是负责保管中心库指定区域内的现金、有价单证和尾款箱的专用库。分金库只与中心库、指定区域内营业网点发生现金、有价单证、尾款箱的存取和代保管关系。

尾款箱集中保管库是指经批准设立的专门负责保管上级指定区域内营业机构尾款箱的专用库。每个县(市)支行至多设立一个中心库。支行以下的营业机构如果与中心库的运输距离较远，且交通不便，钞币运送安全问题比较突出的，可书面报请一级分行批准后分片设立尾款箱集中保管库。

【知识链接】

银行金库行业标准

银行金库行业标准由中国人民银行于2000年7月4日以(银发〔2000〕219号)文发布。本标准规定了银行金库及相关建筑物的总体布局、库址选择、主体库房与辅属配套用房建筑标准、安全防范系统标准等。

本标准定义的银行金库是指中央银行货币发行库与主要存在于商业银行的现金业务库。其中，货币发行库是指保管国家待发行的货币——发行基金暨黄金储备的金库，是中央银行组织机构的重要组成部分，履行中央银行货币发行、回笼、销毁等职能的主要设施。发行库分为总库、分库、中心支库、支库4级。人民银行总库、分库、中心支库建筑立项、设计，应报经人民银行总行批准，支库建筑立项、设计，应报经分行批准。业务库是指银行为办理日常现金收付业务而设立的库房，其保留的现金是金融机构现金收付的周转金，是营运资金的组成部分。商业银行相关级别库房的建筑立项，应报经各自总行及分行批准。

二、库房管理

(一) 库房人员管理

(1) 金库应配备正式管库员两名，管库员应保持相对稳定。管库员须由责任心强、熟悉业务并具有多年出纳(或会计)专业年限的本行正式行员担任。审查批准任用的管库员应颁发给"管库人员证"，实行持证上岗。

(2) 两名管库员必须坚持"五同"规定，即同开库、同进库、同在库、同出库、同锁库。

(3) 两名管库员要有明确的分工。一名管库员负责出库现金、证券的初点，入库的复点，复核"库存现金(证券)登记簿"；另一名管库员负责出库现金、证券的复点，入库的初点，办理现金、证券及尾箱出入库手续,登记"库存现金(证券)登记簿"。

（二）库房钥匙管理及开关库要求

金库门应安装两把不同钥匙的银行专用库门锁,每把锁应配有正钥匙、副钥匙各一套。金库正钥匙由两名管库员分别掌管,工作中随身携带,做到自开、自锁、自管,严禁置于他处或者交他人代开、代锁、代管。工作结束后,两把钥匙应分别锁放在不同专用保险柜内。专用保险柜钥匙、保险柜门钥匙或转字密码锁由两名管库员分别妥善掌管。

开、关库时,必须由两名管库员在场共同进行,严禁一人持两把不同库房钥匙开、关库。开库前,要检查库门有无异常现象,如无异常,方可关闭报警装置,接通库内照明电路,打开库门;关库后,管库员要确定库门已关,开通报警装置,关闭库内照明电路方可离开。开密码锁时,应禁止任何人旁观(包括非管密码的另一名管库员);关库后,应随即将密码锁号拨乱。

【知识链接】

银行金库一般配有几把钥匙,谁来保管

银行金库除配有正钥匙两把由库管员保管之外,还配备副钥匙两把,应由管库员会同出纳部门负责人和主管行长,在"金库、保险柜副钥匙(密码)保管登记簿"上登记后,当面共同装袋密封,加盖骑缝章,由总行出纳(会计)管理部门入保险柜妥善保管。密封保管的副钥匙,除正钥匙丢失、损坏的特殊情况外,平时不得启封动用。

三、查库规定

金库必须坚持查库制度,按查库内容进行检查。查库时,除查金库管理与安全、库存现金、有价单证外,还要检查代保管重要空白凭证和物品等。集中保管的尾款箱只查个数,不查尾款箱内的库存数。

查库时,查库人要亲自动手核点库存,不得监而不查,敷衍马虎。每次查库结束,查库人应填制一式两份"查库登记簿",将查库情况和发现的问题及整改意见在"查库登记簿"作详细记载,一份"查库登记簿"由金库留存,另一份"查库登记簿"查库人留存备查。

四、运钞管理

金库管辖行应统一印刷、办理"接送钞专用证",有关人员在办理接送钞业务应携带"接送钞专用证"、身份证和工作证,与营业机构人员交接时进行核对。

运钞方式因不同情况分为集中运钞和分散运钞两种方式。集中运钞是指由金库集中运钞车、押运人员、接送款人员统一运送钞币及尾款箱的运钞方式;分散运钞是指有关营业机构自行管理运钞车、配备押运人员、接送款人员,自行负责运送钞币及尾款箱的运钞方式。

五、尾款箱寄库管理

（一）尾款箱出库

（1）金库集中运送尾款箱的行处,出库时由金库所在行安排好运钞车和押运人员,管库员登记"尾款箱出入库登记簿"。

（2）经管库员和尾款箱接送人员共同验箱验封、核对无误后签章。

（3）尾款箱接送人员根据出库的尾款箱登记"尾款箱接送登记簿"后,送各营业机构出纳部门签收。

（4）由各行处自行运送尾款箱的,办理尾款箱出库时,由尾款箱接送人员、押运人员到金库应出示"接送钞专用证"。

（二）尾款箱入库

（1）办理现金出纳业务配置的银行专用收款尾箱、付款尾箱,要设双锁,两把钥匙由两名出纳人员分别掌管,妥善保管。

（2）金库所辖营业机构的现金尾款箱实行寄库管理,各营业机构必须与金库所在行办理寄库委托手续,按金库管理规定明确双方的职责。

（3）各营业机构将尾款箱寄库时,出纳人员应登记"尾款箱接送登记簿",由尾款箱接送人员在"尾款箱接送登记簿"上签章,收取尾款箱,接送人员签收时,应出示"接送钞专用证"。

（4）管库员收到接送人员交来的尾款箱,应与接送人员共同验锁验封、清点尾款箱数量,然后登记"尾款箱出入库登记簿",双方核对签章后,将尾款箱入库保管。

【关键术语】

现金出纳　出纳原则　双人经办　长短款　外汇兑换　外汇分账制　结汇　售汇

【问题思考】

1. 银行出纳工作的原则有哪些？
2. 出纳现金长款、短款应如何处理？
3. 什么是结汇？什么是售汇？

【思政园地】

1. 日省其身,有则改之,无则加勉。　　　　　　　　　　　　　　——朱熹
2. 诚信和勤勉,应当成为你永久的伴侣。　　　　　　　　　　——富兰克林

练 习 题

一、单项选择题

1. 客户来银行提取现金时,银行必须坚持( )的程序处理。
   A. 先记账后付款   B. 先收款后记账
   C. 一边记账一边收款   D. 一边收款一边记账

2. 在商业银行开户的企业客户交存现金时使用( )。
   A. 现金交款单   B. 现金出库票   C. 现金入库票   D. 现金支款单

3. 在商业银行开户的企业客户来行支取现金时,使用( )。
   A. 现金出库票   B. 现金入库票   C. 现金支票   D. 现金支款单

4. 出纳发生短款时,当日无法查清原因,营业终了前应办理的会计分录为( )。
   A. 借:库存现金   贷:其他应付款
   B. 借:其他应收款 贷:库存现金
   C. 借:其他应付款 贷:营业外收入
   D. 借:营业外支出 贷:库存现金

5. 我国商业银行使用的外汇买卖业务的核算制度为( )。
   A. 本币统账制   B. 外汇分账制   C. 本币分账制   D. 外币统账制

6. "货币兑换"科目是( )的专用科目。
   A. 本币统账制   B. 外汇分账制   C. 结汇   D. 售汇

7. "货币兑换"科目是属于( )性质类的会计科目。
   A. 资产   B. 负债   C. 资产负债共同   D. 损益

8. 当售汇卖出外汇时,以( )金额记入"货币兑换"科目的借方。
   A. 本币   B. 外币   C. 英镑   D. 美元

二、多项选择题

1. 办理现金出纳业务必须坚持的原则包括( )。
   A. 双线控制、双人经办   B. 按程序办理收付款
   C. 坚持复合制度   D. 坚持交接和查库制度

2. 下述关于现金整点业务规则的表述中,正确的有( )。
   A. 坚持"一笔一清,一捆一清,一把一清"的"三清"原则
   B. 贯彻"先点大数,后点细数;先点主币,后点辅币;先点大额,后点小额""三先三后"的操作程序
   C. 达到"点数准确、残币挑净、平铺整齐、把捆扎紧、印章清楚"的"五好钱捆"标准
   D. 损券应按券别分开扎把,分开成捆

3. 下述关于票币兑换业务的表述中,正确的有(　　)。
   A. 必须办理票币兑换业务,并挂牌营业
   B. 坚持"先兑入、后兑出"的原则
   C. 收回的损伤币不得流通使用,应及时整点入库
   D. 残损的外币可兑换人民币
4. 银行办理的套汇业务包括(　　)。
   A. 不同种币别的外汇套汇　　　　B. 同一种货币的钞买汇卖
   C. 同一种货币的汇买钞卖　　　　D. 同一种货币的主辅钞币兑换
5. 在办理接送钞业务时,业务人员应携带(　　)。
   A. 接送钞专用证　B. 身份证　　C. 工作证　　　D. 会计证

三、判断题
1. 银行办理现金收入应坚持"先记账、后收款"原则。　　　　　　　　(　　)
2. 企业客户来行提取现金必须提交"现金支票"。　　　　　　　　　　(　　)
3. 出纳发生短款时,应先进行"借:其他应付款,贷:库存现金"的挂账处理。(　　)
4. 对票币进行清理和整理时,必须在录像监控下进行。　　　　　　　　(　　)
5. 票币兑换业务包括残损人民币和残损外币兑换。　　　　　　　　　　(　　)
6. 对票币真伪眼看识别,主要是看钞币的水印、安全线、光变油墨、票面图案等。(　　)
7. 票面裂口超过纸幅1/2或者损及花边图案的,应视为损伤票币。　　　(　　)
8. 第五套人民币中1角、5角、1元有纸币、硬币两种。　　　　　　　　(　　)
9. 第五套人民币分别有1999年和2005年两个版别。　　　　　　　　　(　　)
10. "货币兑换"科目是资产类会计科目。　　　　　　　　　　　　　　(　　)

第六章 银行机构往来的核算

章前导引

教学目标

本章主要概述了银行系统行电子汇划、商业银行与人民银行往来、同业往来的内容和实现方式等基本理论知识和方法。

通过学习,学生应掌握系统行电子汇划业务的基本做法;了解商业银行与人民银行往来关系,掌握现代支付系统的体系结构、业务范围和流程;了解同业往来的内容和实现方式;重点掌握同城票据交换、跨系统转划款的方式和做法。

第一节 商业银行与中国人民银行往来的核算

一、商业银行与中国人民银行的往来关系

中国人民银行是国家领导管理全国金融事业的中央银行,它是各商业银行的银行。商业银行在日常经营中,与开户的中国人民银行主要存在如下往来关系:①在当地的中国人民银行开立存款户,将业务资金存入中国人民银行,与中国人民银行建立收支往来关系。②商业银行的业务现金,要向中国人民银行发行库办理存取。③商业银行上下级行、处之间的业务资金调拨,可通过开户的中国人民银行汇拨。④商业银行与其他商业银行的资金清算,可通过中国人民银行办理转账清算。⑤商业银行要按规定向中国人民银行缴存法定的存款准备金。⑥商业银行可以在核定额度内向中国人民银行借入资金,按规定办理票据再贴现。⑦商业银行可以接受中国人民银行的委托,办理中国人民银行的委托贷款业务等。

二、商业银行与中国人民银行往来核算的会计科目

1."存放中央银行款项"科目

"存放中央银行款项"科目是资产类科目,由商业银行使用,核算商业银行存放在开户的中国人民银行的各种存款,包括业务资金的调拨、办理同城票据交换和异地跨系统资金汇划、提取缴存现金等。商业银行因存现和转存等增加在中国人民银行的存款时,记入该

科目借方;因支现和转账支付等减少在中国人民银行的存款时,记入该科目贷方;该科目余额在借方,表现商业银行在中国人民银行的存款资金数额。该科目按存放款项的性质设户。

存放中央银行款项一般包括以下几类:

(1)法定存款准备金:根据中国人民银行的存款准备金系统的规定,金融机构必须按照客户存款的一定比率存入中国人民银行。

(2)超额存款准备金:超额存款准备金是为支付内部银行间的日常交易而在中国人民银行开立的活期账户。

(3)结售汇周转金:结售汇周转金系银行为了开展外汇业务而按照中国人民银行规定的比例保持的一定数量的外汇结、售汇人民币周转金。

2."向中央银行借款"科目

"向中央银行借款"科目是负债类科目,核算商业银行向中央银行借入的款项。商业银行向中央银行借入款项时,记入该科目贷方;归还借款时,记入该科目借方;该科目余额在贷方,表现商业银行向中国人民银行借入而尚未归还的借款数额。该科目按借款期限开设"年度性""季节性""日拆性"账户进行明细核算。

三、商业银行与中国人民银行往来的核算手续

(一)中国人民银行存款户日常收支的核算

商业银行营业机构符合规定要求的可在当地中国人民银行开立一个存款账户,并按照"先存后用,不得透支"的原则进行管理。

商业银行在中国人民银行"存款户"的资金收付,要通过现金存取和转账存取两种方式办理。

商业银行向中国人民银行交存现金或通过转账存入的各项资金包括上级行汇拨来的资金、同业行处转入的结算资金、同业拆入资金、向开户中国人民银行借入资金等。业务发生时,商业银行根据中国人民银行转来的回单,填制借、贷方记账凭证办理转账,借记"存放中央银行款项"科目。

【例6-1】 中国工商银行广州市天河支行向其开户的中国人民银行广州市中心支行交存现金5 800 000元。会计分录为:

　　借:存放中央银行款项——市人行存款户　　　　　　　　　　　　　5 800 000
　　　贷:库存现金——业务库存现金户　　　　　　　　　　　　　　　　5 800 000

商业银行向中国人民银行提取现金或通过转账支付的各项资金包括给下级行调出业务资金、付给同业行处结算资金、同业或系统行拆出资金、归还中国人民银行借款资金等。业务发生时,商业银行应签开存款户的支款凭证,办理支付手续,贷记"存放中央银行款项"科目。

【例6-2】 中国工商银行广州市天河支行通过开户的中国人民银行广州市中心支行支付给本市中国银行天河支行拆借资金3 000 000元。会计分录为:

　　借:拆出资金——同业拆出——市中行天河支行借款户　　　　　　　3 000 000
　　　贷:存放中央银行款项——市人行存款户　　　　　　　　　　　　　3 000 000

（二）商业银行向中国人民银行缴存存款的核算

1. 缴存范围和比例

缴存的准备金分为法定存款准备金和财政性存款准备金。

中国人民银行总行对各金融机构的法定存款准备金按法人统一考核。商业银行吸收的机关团体存款、财政预算外存款、个人储蓄存款、单位存款及其他各项存款均作为一般存款，由商业银行总行按规定比例将一般存款的一部分作为法定存款准备金存入中国人民银行总行。法定准备金缴存比例由中国人民银行根据宏观调控的需要予以核定与调整。

商业银行代办的中央预算收入、地方金库存款和代理发行国债款项等财政性存款是中央银行的资金来源，应由经办行全额就地划缴中国人民银行。

2. 缴存的行处和缴存时间

法定准备金由各一级、二级分行向上级行缴存，商业银行总行向中国人民银行总行缴存，中国人民银行总行按旬进行考核。

财政性存款由经办行直接向开户的中国人民银行缴存。根据中国人民银行规定，各级商业银行向中国人民银行缴存财政性存款每旬调整一次。不单独在中国人民银行开户的行处，其应缴的存款，委托其管辖行代为缴存，管辖行每月汇总调整一次。

3. 法定准备金的计算方法

各级行处在规定时间内缴存存款准备金时，根据旬（月）末的试算平衡表（总账传输数据为准），填制"应缴存存款科目余额表"，计算出本期应缴存的余额后，与上期已缴存的余额进行比较，大于上期止已缴存数时，应调增；少于上期止已缴存数时，应调减。初次上缴时以应缴存的全部余额作为调增金额。计算缴存金额时计至万元，万元以下四舍五入。

4. 缴存法定存款准备金的处理

法定存款准备金由核算主体行逐级向总行缴存，总行统一缴存中国人民银行。各商业银行内部上划存款准备金的核算方式及手续由各自的总行决定。

总行统一缴存中国人民银行时，在"存放中央银行款项"科目下设"法定存款准备金户"明细科目进行核算。实际缴存时的会计分录为：

借：存放中央银行款项——法定存款准备金户
　　贷：存放中央银行款项——存人行总行存款户

当商业银行总行在中国人民银行准备金存款未达到法定准备金的最低限额时，中国人民银行将按照欠缴金额和规定利率计收罚息。

5. 缴存财政性存款的处理

应缴存的财政性存款，由各核算主体行直接向其开户的中国人民银行缴存。核算主体行根据"缴存财政存款科目余额表"，填制"缴存（调整）财政性存款划拨凭证"提交中国人民银行，在"存放中央银行款项"科目下设"财政性存款户"核算。

调增（补缴）财政性存款时，会计分录为：

借：存放中央银行款项——财政性存款户
　　贷：存放中央银行款项——存××人行存款户

调减（退缴）财政性存款时，作相反会计分录。

(三)商业银行向中国人民银行借款的核算

中央银行向商业银行发放的贷款,称为再贷款。目前,中国人民银行对商业银行发放的贷款按期限划分,可分为年度性贷款、季节性贷款和日拆性贷款。

【例 6-3】 中国工商银行广州市天河支行向其开户的中国人民银行广州市中心支行借入季节性借款 6 000 000 元,假定该笔借款月利率为 3‰,借款期为 6 个月。到期应计付的利息为 108 000 元。

中国工商银行广州市天河支行向中央银行申请借款时,应填制一式五联的借款凭证,送交中国人民银行办理借款手续。会计部门以中国人民银行的收账通知作借方记账凭证,另填制贷方记账凭证转账。会计分录为:

借:存放中央银行款项——存市中心支行存款户　　　　　　　　6 000 000
　　贷:向中央银行借款——季节性借款户　　　　　　　　　　　　6 000 000

中国工商银行广州市天河支行归还借款时,填制付款凭证送交中国人民银行,以回单联作贷方记账凭证,填制两联的借方记账凭证,分别作"向中央银行借款"科目和"向中央银行借款利息支出"科目记账凭证。会计分录为:

借:向中央银行借款——季节性借款户　　　　　　　　　　　　6 000 000
　　金融企业往来支出——向中央银行借款利息支出户　　　　　　108 000
　　贷:存放中央银行款项——存市中心支行存款户　　　　　　　　6 108 000

【知识链接】

中国人民银行为何要为商业银行提供再贷款业务?

再贷款是指中央银行向商业银行的贷款。根据《中国人民银行对金融机构贷款管理暂行办法》第八条的规定,中国人民银行对金融机构贷款根据贷款方式的不同,可以划分为信用贷款和再贴现两种。再贷款作为一项有效的间接宏观经济调控手段,在调节基础货币总量、调整优化信贷结构、保障商业银行流动性安全等方面发挥重要作用。

第二节　同业行系统行存放拆借的核算

一、同业行系统行往来的业务内容和方式

(一)同业行系统行往来的业务内容

同业行系统行往来是商业银行有关跨系统行处之间,由于办理结算、资金拆借及代理业务等,而直接代理收、付款项所发生的资金账务往来。

同业行系统行往来的主要内容包括:①商业银行同业行、系统行之间,相互办理同城和异地结算业务时,发生同业往来。②商业银行同业行、系统行之间,办理资金拆借、票据转贴

现业务时,发生同业往来。③一些商业银行由于一时条件不具备或其他原因,一些业务需由其他商业银行代理时,发生同业往来。④在未设置中国人民银行机构地区,商业银行经营业务的资金往来,由中国人民银行委托当地代理中国人民银行账务的商业银行办理时,发生同业往来。

(二)同业行系统行存放款项的方式

同业行系统行存放款项是指银行同业机构之间,由于办理支付结算、资金划拨、代理业务等的需要,而相互存放款项。同业存放有两种形式:一种是单向存放款项;另一种是双向存放款项。

单向存放款项是指同业机构双方由一方将资金存到另一方,结算资金时只从一个账户结算,即本行存入他行或他行存入本行的款项。

双向存放款项是指同业机构双方相互将资金存到对方。即每一方对另一方要同时开设两个账户,一个为资产账户,核算本行存入他行的款项,另一个为负债账户,核算他行存入本行的款项。

二、同业往来核算的会计科目

1. "存放同业款项"科目

"存放同业款项"科目属于资产类科目,核算本行存入同业行的款项。本行存入同业行存款时,记入该科目借方;本行支取同业行存款时,记入该科目贷方;该科目余额在借方,反映本行存放在同业行的款项余额。该科目按存放款项的同业行设存款户。

2. "同业存放款项"科目

"同业存放款项"科目属于负债类科目,核算同业行存入本行的款项。同业行存入本行存款时,记入该科目贷方;同业行支取本行存款时,记入该科目借方;该科目余额在贷方,反映同业行存放在本行的款项余额。该科目按存出款项的同业行设存款户。

3. "存放系统内款项"科目和"系统内存放款项"科目

(1)"存放系统内款项"科目是资产类科目,由交存存款的下级行使用,核算各级下级行存入上级管辖行的存款。上存和转存存款时,记入该科目的借方;调回和清算支付时,记入该科目的贷方;该科目余额在借方,反映本行存放在系统行的款项余额。该科目按上存的管辖行设户。

(2)"系统内存放款项"科目是负债类科目,由接收存款的上级行使用,核算由下级行交存的存款。收到下级行交存和清算转存存款时,记入该科目的贷方;下级行调回和清算支付存款时,记入该科目的借方;该科目余额在贷方,反映系统行存放在本行的款项余额。该科目按管辖的下级行设户。

4. "拆出资金"科目和"拆入资金"科目

(1)"拆出资金"科目是资产类科目,核算银行拆借给系统行、同业行及其他金融机构的款项。本行拆出资金时,记入该科目的借方;本行收回拆出资金时,记入该科目的贷方;该科目余额在借方,反映本行拆出尚未收回的数额。该科目分系统行、同业行按拆放的机构设户。

(2)"拆入资金"科目是负债类科目,核算银行从系统行、同业行及其他金融机构借入的款项。本行收到借入资金时,记入该科目的贷方;本行归还借入资金时,记入该科目的借方;该科目余额在贷方,反映本行尚未归还借款数额。该科目分系统行、同业行按拆入的机构设户。

5. "金融企业往来收入"科目和"金融企业往来支出"科目

(1) "金融企业往来收入"科目是收入类科目,核算金融企业与其他金融机构往来而发生的利息收入。本行形成金融企业往来利息收入时,记入该科目的贷方;年度终了将该科目贷方余额从借方结转到"本年利润"科目的贷方。该科目余额在贷方,反映本行确认实现的金融机构往来利息收入数额。该科目分别按系统行、同业行、与人民银行往来类别设置明细科目。

(2) "金融企业往来支出"科目是费用类科目,核算金融企业与其他金融机构往来而发生的利息支出。本行形成金融企业往来利息支出时,记入该科目的借方;年度终了将该科目借方余额从贷方结转到"本年利润"科目的借方。该科目余额在借方,反映本行确认发生的金融机构往来利息支出数额。该科目分别按系统行、同业行、与人民银行往来类别设置明细科目。

三、同业行系统行往来的核算手续

(一) 同业行资金存放的核算

【例 6-4】 中国工商银行广州市天河支行向中国农业银行广州市天河支行存放结算备付金 5 000 000 元。

中国工商银行广州市天河支行作为存出行,将本行资金存入中国农业银行广州市天河支行时,应通过开户的中国人民银行实存资金。会计分录为:

　　借:存放同业款项——农行天河支行备付金存款户　　　　　　　　5 000 000
　　　　贷:存放中央银行款项——市人行存款户　　　　　　　　　　　　5 000 000

中国农业银行广州市天河支行作为存入行,收到中国工商银行广州市天河支行存入本行资金时,以应开户的中国人民银行收账通知作借方记账凭证转账。会计分录为:

　　借:存放中央银行款项——市人行存款户　　　　　　　　　　　　5 000 000
　　　　贷:同业存放款项——工行天河支行备付金存款户　　　　　　　5 000 000

如存出行中国工商银行广州市天河支行因备付金存款账户余额过多,需要从存入行中国农业银行广州市天河支行调回资金时,会计分录与上述相反。

【例 6-5】 中国工商银行广州市天河支行开户的天河公司签开支票,委托其向在中国农业银行广州市天河支行开户的市供电局支付电费 31 000 元。

中国工商银行广州市天河支行接受天河公司签开支票,办理本行付款转账。会计分录为:

　　借:吸收存款——单位活期存款——天河公司存款户　　　　　　　　31 000
　　　　贷:存放同业款项——农行天河支行备付金存款户　　　　　　　　31 000

中国农业银行广州市天河支行为开户的市供电局收取电费时,会计分录为:

　　借:同业存放款项——工商银行天河支行备付金存款户　　　　　　　31 000
　　　　贷:吸收存款——单位活期存款——市供电局存款户　　　　　　　31 000

如发生存出行中国工商银行广州市天河支行为开户单位收款,存入行中国农业银行广州市天河支行为开户单位付款时,会计分录与上述相反。

(二) 同业行资金拆借的核算

【例6-6】 中国工商银行广州市天河支行向其同城的中国农业银行广州市天河支行拆入款项6 000 000元,假定该笔借款期为5个月,月利率为3‰,须计付的利息为90 000元。

中国工商银行广州市天河支行借出款项时,会计分录为:

借:拆出资金——同业行借出——农行天河支行借款户　　　　6 000 000
　　贷:存放中央银行款项——市人行存款户　　　　　　　　　6 000 000

中国农业银行广州市天河支行收到借入款项时,会计分录为:

借:存放中央银行款项——市人行存款户　　　　　　　　　　6 000 000
　　贷:拆入资金——同业行借入——工行天河支行借款户　　　6 000 000

中国农业银行广州市天河支行归还借款时,会计分录为:

借:拆入资金——同业行借入——工行天河支行借款户　　　　6 000 000
　　金融企业往来支出——同业行借入利息支出户　　　　　　　　90 000
　　贷:存放中央银行款项——市人行存款户　　　　　　　　　6 090 000

中国工商银行广州市天河支行收到借入行还款时,办理借出款项的收回手续。会计分录为:

借:存放中央银行款项——市人行存款户　　　　　　　　　　6 090 000
　　贷:拆出资金——同业行借出——农行天河支行借款户　　　6 000 000
　　　　金融企业往来收入——同业行借出利息收入户　　　　　　90 000

(三) 系统行资金存放及拆借的核算

1. 系统行上存资金的处理

系统内行处间交存和退回的电子汇划的备付金存款,应通过开户的人民银行实汇资金。

下级行向上级行上存备付金时,会计部门收到资金计划部门的资金调拨通知单后,填制汇款凭证,送开户人民银行办理汇款手续。

【例6-7】 中国工商银行广州市天河支行向其管辖行中国工商银行广州市分行上存备付金18 000 000元。

中国工商银行广州市天河支行会计分录为:

借:存放系统内款项——广东省分行存款户　　　　　　　　　18 000 000
　　贷:存放中央银行款项——广州市人行存款户　　　　　　　18 000 000

中国工商银行广州市分行会计分录为:

借:存放中央银行款项——广州市人行存款户　　　　　　　　18 000 000
　　贷:系统内存放款项——广州市天河支行备付金存款户　　　18 000 000

下级行上存的备付金存款账户余额过多需要调回资金时,会计分录与上述相反。

2. 系统行资金拆借的核算

【例6-8】 中国工商银行广州市天河支行向中国工商银行广州市海珠支行借入款项

1 000 000 元。假定该笔借款日利率为 6‰，实际用款时长为 6 天，实际计付的利息为 3 600 元。

中国工商银行广州市天河支行收到借入款项时，会计分录为：

借：存放中央银行款项——广州市人行存款户　　　　　　　　1 000 000
　　贷：拆入资金——系统内借入——海珠行借款户　　　　　　1 000 000

归还海珠行借款时，根据资金管理部门书面还款通知分别本金、利息填制凭证转账。会计分录为：

借：拆入资金——系统内借入——海珠行借款户　　　　　　　1 000 000
　　金融企业往来支出——系统内借入利息支出户　　　　　　　3 600
　　贷：存放中央银行款项——市人行存款户　　　　　　　　　1 003 600

中国工商银行广州市海珠支行借出款项时，会计分录为：

借：拆出资金——系统内借出——天河支行借款户　　　　　　1 000 000
　　贷：存放中央银行款项——广州市人行存款户　　　　　　　1 000 000

收到天河行还款时，办理借出款项的收回手续。会计分录为：

借：存放中央银行款项——广州市人行存款户　　　　　　　　1 003 600
　　贷：拆出资金——系统内借出——天河支行借款户　　　　　1 000 000
　　　　金融企业往来收入——系统内借出利息收入户　　　　　3 600

【知识链接】

为何说同业拆借市场利率具有极强的导向性？

同业拆借市场利率是拆借市场的资金价格，是货币市场的核心利率，也是整个金融市场上具有代表性的利率，它能够及时、灵敏、准确地反映货币市场乃至整个金融市场短期资金供求关系。当同业拆借市场利率持续上升时，反映资金需求大于供给，预示市场流动性可能下降；当同业拆借市场利率下降时，情况相反。

第三节　系统行电子汇划业务的核算

一、系统行电子汇划业务的特点和基本做法

（一）系统行电子汇划的特点

系统行电子汇划是指系统内各行之间通过本行资金清算系统进行异地资金电子汇划；各级行资金清算中心在上一级行开立活期备付金存款户，由上级行逐级清算往来资金。

系统内电子汇划通过在各行系统内设立清算中心，直接传输电子汇划信息，并清算当天

的汇差资金。它对于银行的业务经营具有十分重要的作用:其一,电子汇划是快捷办理异地结算、行内资金划拨的重要工具。其联网机构已实现实时或 24 小时内到账,大大地加速了社会资金的周转;其二,电子汇划能对每一笔系统内汇划资金实现随时结计汇差,即时清算汇差或日终清算汇差,大大地减少了传统联行制度下的联行占款,更便于系统内各级行处的业务资金调度管理和独立经营。因此,银行行内的电子汇划系统在我国的支付清算体系中占据基础地位,它是银行业金融机构办理结算资金和银行内部资金往来的主渠道。随着银行计算机网络技术的发展,各大商业银行都优化了自身的电子汇划系统,并不同程度地进行了数据集中,实现了行内各项业务与支付清算业务的整合。

(二) 系统行电子汇划的业务范围

系统行电子汇划业务是由银行为客户办理支付结算及银行内部资金调拨等引起的,它按具体汇划内容可分为划转代收款业务和划转代付款业务两类。

1. 划转代收款业务

划转代收款业务也称贷方报单业务,由电子汇划业务的发报行发起汇划业务,发出汇划信息,为客户划转支付的款项,通过本行电子汇划系统,将款项支付给异地收款人的同系统经办行。即它是由发报行向收报行发出信息,划转支付代收款项。具体对应到结算方式中,它适用于办理包括汇兑、委托收款、托收承付及系统内行处间的资金划拨等。

2. 划转代付款业务

划转代付款业务也称借方报单业务,由电子汇划业务的发报行发起汇划业务,发出汇划信息,为客户垫付款项,通过本行电子汇划系统,告知异地同系统经办行。即它是由发报行向收报行发出信息,划转收取代付款项。具体对应到结算方式中,它适用于解付银行汇票、系统内按规定允许扣收的款项和特定的直接借记业务等。

(三) 系统行电子汇划的组织架构及信息传输方式

1. 电子汇划的组织架构

电子汇划系统由汇划业务经办行、清算分中心和总行清算中心组成。

(1) 经办行是具体办理结算业务和资金汇划业务的经办行、处,在上级行清算分中心开立备付金存款户,负责电子汇划业务往来的发报、收报以及办理相关查询查复业务。其中,发出汇划业务的经办行称发报行;接收汇划业务经办行称收报行。

(2) 清算分中心是具体办理电子汇划业务往来的报文转发和辖属行汇划清算的经办行、处。清算分中心设置在一级分行或二级分行,在总行清算中心或一级分行分中心开立备付金存款账户。它负责办理下属银行电子汇划业务报文的转发、账务核对、辖属清算和对辖属行进行业务指导。

(3) 总行清算中心是负责办理系统内各经办行之间的资金汇划、各清算行之间的资金清算及资金拆借、清算账户对账等核算与管理的经办行、处。

清算分中心及经办行的设立、撤销,应由主管分行向总行提出书面申请,总行核准同意后颁发或撤销电子汇划联行行号。电子汇划联行行号是参加电子汇划系统的专用标识,经办行必须凭电子汇划联行行号办理发报和收报。

2. 电子汇划业务的基本程序

电子汇划业务的基本程序如下:发报行将汇划信息经计算机加密处理后,形成加密数据,通过通讯专用线路传输至分中心、总中心;总中心将整理后的加密数据,再通过通讯专用线路传输至分中心,转发给收报行。

(1) 发报经办行:各发报经办行根据发生的结算等资金汇划业务录入数据,全部及时发送至发报清算分中心。

(2) 发报清算分中心:发报清算分中心将辖属各发报经办行的资金汇划信息传输给总行清算中心;所有经办行的资金汇划,查询查复全部通过清算分中心进出,清算分中心管理监督辖属经办行的资金清算。

(3) 总行清算中心:总行清算中心将发报清算行传输来的汇划数据即时传输给收报清算分中心;并于当日更新各分中心备付金账户存款。

(4) 收报清算分中心:收报清算分中心当天将汇划信息传输给收报经办行,办理资金收付。

(5) 收报经办行:收报经办行接收收报清算分中心的汇划信息,并根据输出打印的划转代收款或划转代付款补充报单,扣取相关客户账户款项或为相关客户收款入账。

在这里,清算分中心处于信息中转站的地位,它既要向总行清算中心传输发报经办行的汇划信息,又要向收报经办行传输总行清算中心发来的汇划业务信息,汇划资金的出口、入口均反映在清算分中心。各清算分中心之间不发生直接的横向关系,由总中心负责各清算分中心之间汇划业务的转收转发。在每日营业终了前的规定对账时间,从上到下,由总中心和各分中心、各分中心和经办行核对当日往来账笔数、金额无误后,结出当日电子汇划往来账务余额。

3. 电子汇划的信息传输方式及特点

各级行汇划系统以先进计算机网络传输系统作为通讯和传输工具,进行汇划往来和资金清算,实现支付结算的电子化和资金清算的网络化。各级行清算中心间的信息传输方式和特点如下:

(1) 电子汇划信息采用全自动、全封闭、无纸方式传输。汇划款信息一经入网即进行自动传递,不受人工和其他因素干扰,网上传输的汇划信息是无纸信息,有效纸凭证停留在发报行,不在清算中心之间进行传递。

(2) 电子汇划信息的传输,采用树形多级架构进行逐级纵向传输,各清算中心(组)不直接发生横向电子汇划信息的传输。

(3) 发送电子汇划信息可采取紧急的即时发送、一般的定额批发送和定时批发送三种方法进行。已发出的电子汇划信息不得撤销。

(4) 各级清算中心对电子汇划信息要做到及时发送和处理,坚持当日事项当日处理完毕的原则,并自动结计清算当日资金汇差。

(四) 系统行电子汇划的基本做法

系统行电子汇划的基本做法可以概括表述为:"实存资金,同步清算,头寸控制,集中监督"。

(1) 实存资金是以清算分中心为单位在总行清算中心开立备付金存款账户,用于汇划款项时的资金清算。

(2) 同步清算是经办行汇出汇入资金要同时进行清算,随发随收。即当发报经办行通过其清算行经总行清算中心将款项汇划至收报经办行的同时,总行清算中心每天根据各行汇出汇入资金情况,从各清算行备付金账户付出资金或存入资金,从而实现各清算行之间的资金清算保持同步。

（3）头寸控制是各清算行在总行清算中心开立备付金存款账户,保证足额存款,总行清算中心对各行汇划资金进行集中清算。清算行备付金存款不足,二级分行可向管辖分行借款,省区和直辖市分行、直属分行头寸不足可向总行借款。

（4）集中监督是电子汇划系统中,总行清算中心对汇划往来数据发送、资金清算、备付金存款账户资信情况和行际间查询、查复情况进行管理和监督。

二、系统行电子汇划的核算手续

（一）系统行电子汇划业务核算流程

1. 发报经办行

日常发生系统内电子汇划业务时,发报经办行要根据业务种类,分别进行划转代收款和划转代付款业务处理。发生划转代收款业务时,由柜台柜员在客户账户支取款项;发生划转代付款业务时,由柜台柜员为客户账户收取款项。由电子汇划人员凭汇划凭证录入汇划系统,数据经过复核,按规定授权后,产生有效汇划数据信息发送至上级行发报分中心。

2. 发报清算分中心

发报清算分中心收到发报经办行上传的划转代收款数据信息或划转代付款数据信息时,经过按规定审核、授权后,由计算机自动上传至总行清算中心。

3. 总行清算中心

总行清算中心收到各发报清算分中心上传的划转代收款数据信息或划转代付款数据信息时,再下传给收报清算分中心;同时,由计算机自动登记后更新各清算分中心在总行开立的备付金存款账户余额。

4. 收报清算分中心

收报清算分中心收到总行清算中心下传的划转代收款数据信息或划转代付款数据信息时,经过按规定审核、授权后,由计算机自动检测收报行是否为辖属行处,将汇划数据信息及时下传至收报经办行。

5. 收报经办行

收报经办行收到收报清算分中心下传的划转代收款数据信息或划转代付款数据信息时,经过按规定审核无误后,由计算机自动生成打印"划转代收款补充报单"或者"划转代付款补充报单"进行转账处理。

（二）"日中汇划、同步清算"方式下系统行电子汇划业务的核算

【例6-9】 中国工商银行广州市天河支行接受开户单位天河公司委托,将款项500 000元,通过系统行电子汇划方式,汇给在中国工商银行北京市海淀支行开户的联想公司。

中国工商银行各级相关行采用"日中汇划、同步清算"处理该笔划转代收款业务的会计分录如下:

天河支行:

借:吸收存款——单位活期存款——天河公司存款户　　　　　　　500 000
　　贷:存放系统内款项——存广州市分行备付金户　　　　　　　　500 000

广州市分行：

  借：系统内存放款项——天河支行备付金存款户   500 000
    贷：存放系统内款项——存广东省分行备付金户   500 000

广东省分行：

  借：系统内存放款项——广州市分行备付金存款户   500 000
    贷：存放系统内款项——存总行备付金户   500 000

总行：

  借：系统内存放款项——广东省分行备付金存款户   500 000
    贷：系统内存放款项——北京市分行备付金存款户   500 000

北京市分行：

  借：存放系统内款项——存总行备付金户   500 000
    贷：系统内存放款项——海淀支行备付金存款户   500 000

海淀支行：

  借：存放系统内款项——存北京市分行备付金户   500 000
    贷：吸收存款——单位活期存款——联想公司存款户   500 000

【知识链接】

2022年第二季度商业银行业行内系统业务量

  2022年第二季度，商业银行行内业务系统处理业务45.55亿笔，金额为541.09万亿元，同比分别增长－0.17%和10.87%；日均处理业务5 005.39亿笔，金额为5.95万亿元。

（资料来源：中国人民银行官网）

第四节　同城票据交换

一、同城票据交换的作用和做法

（一）同城票据交换的作用

  同城票据交换就是同城商业银行间，将相互代收代付款的凭证票据，按规定的时间、场次集中在某一场所进行交换；并轧计往来行间应收应付款差额，由主办中国人民银行以转账方式进行清算。

  在同一城市和毗邻地区范围内由中国人民银行统一组织各商业银行进行票据交换清算的意义在于：其一，可以加速有关银行间的凭证传递，加速资金周转，提高结算效率。其二，可以简化各商业银行间的往来核算手续，及时清算银行间的往来占款，有利于各行处的业务经营。

同城有关商业银行间进行的票据交换清算,一般由中国人民银行通过设立票据交换所统一组织。参加票据交换的银行均应在中国人民银行开立备付金存款账户,由中国人民银行负责转账清算交换差额。参加票据交换清算的行处一般是同城内的有关商业银行。进行票据交换的具体场次和时间,须根据各地的具体情况而定:一般在大中城市每天进行两次;在中小城市每天进行一次。

(二)同城票据交换的基本做法和程序

1. 同城票据交换的基本做法

同城票据交换的基本做法可以概括为:定点定时、集中交换、当场轧平、划转差额。

票据交换分为提出行和提入行两个系统,参加票据交换的经办银行既是提出行,也是提入行。

各行提出交换的票据分为借方票据和贷方票据两类:凡是应本行开户单位提交,由本行开户单位收款,他行开户单位付款的各种凭证票据(如提出交换的他行"支票""银行汇票"),称为借方票据;凡是由本行开户单位付款,他行开户单位收款的各种凭证票据(如提出交换的"进账单"),称为贷方票据。

提出行提出借方票据表示本行应向他行收款,提入行提入借方票据表示本行应向他行付款;提出行提出贷方票据表示本行应向他行付款,提入行提入贷方票据表示本行应向他行收款。各行在每次交换当场加计应收、应付款项,最后由票据交换所汇总轧平各行的应收应付款差额,由中国人民银行办理转账,清算差额。

2. 同城票据交换的业务处理程序

(1)提出票据。参加票据交换的经办行、处,按规定的交换场次和时间参加票据交换时,应将需提出的借方票据和贷方票据按提入行分别填制一式两联的"票据交换借方汇总表"和"票据交换贷方汇总表",一联与所提出的票据一起提出交换,另一联留存。在票据交换借、贷方汇总表中,应填明提出票据的种类、金额及收、付款人等内容,并分别按提入行计算票据的笔数及应收款、应付款的合计数。

(2)交换票据。参加票据交换的经办行、处,由交换员持各种提出交换票据及汇总表,按规定的时间,到票据交换所提出交换,将代收代付的他行票据等分别交对方交换员点收。

在票据清算所内,一个提出行同时又是提入行。交换员在票据清算所提出票据的同时又接受他行提出的本行付款凭证和本行收款凭证,而后根据提出与提回票据的张数和金额,轧抵后计算出本次交换应付或应收款项。两项相抵后,计算出应付差额或应收差额,并填制"清算差额报告单"两份,一份交清算所,另一份留存。

中国人民银行主办交换员根据各行提交的"清算差额报告单"进行总轧平衡。轧平后,各应付差额行当场签发转账支票给中国人民银行,各应收差额行填制两联进账单,人民银行据此通过各行在中央银行的存款户当场办理各行间资金的清算。

(3)提回票据。在票据交换所,交换员从提出行处提回票据。提回本行后,及时将交换提回的各种票据及有关凭证交会计柜台记账。

(4)轧计、清算交换差额。各行在提出、提入票据后,应将提出、提入的票据分别借方票据、贷方票据,并按应收金额、应付金额加计合计数,再轧算差额。如果应收款金额大于应付款金额,其交换差额为应收差额;反之,如果应付款金额大于应收款金额,其交换差额为应付差额。

参加票据交换的经办行、处,在交换结束后,应根据应收差额、应付差额进行资金清算。应付差额的经办行、处需开具中国人民银行存款户支款凭证,应收差额的行处需填制存款凭证,交中国人民银行办理转账清算。

二、同城票据交换的核算科目

1. "清算资金往来"科目

"清算资金往来"科目是资产负债共同类科目,核算银行机构间应收、应付款项的往来资金。该科目借方登记本行应收金额;贷方登记本行应付金额;该科目日末余额反映参加银行机构往来产生的应收、应付款差额,如日末为借方余额则反映本行的应收款差额,如日末为贷方余额则反映本行的应付款差额。日末资金清算后,该科目无余额。该科目按往来机构设置明细科目。

2. "同城票据清算"二级科目

在同城票据交换中,各行处在每日营业过程中提出和提入的票据,通过"清算资金往来"科目设置"同城票据清算"二级科目挂账,营业终了后再由中国人民银行清算同城票据结算资金,参加票据交换业务各行、处实际调增或调减"存放中央银行款项"科目,结清"同城票据清算"二级科目的日末余额。

三、同城票据交换的核算手续

(一)日中交换的核算

1. 日中交换借方票据的处理

【例 6-10】 中国工商银行广州市天河支行的开户单位 A 企业提交由中国农业银行广州市天河支行的开户单位 B 企业为其签开的转账支票 1 张,金额为 500 000 元,委托银行收取票款。

(1) 提出行的处理:

中国工商银行广州市天河支行提出中国农业银行广州市天河支行签开的转账支票时,会计分录为:

借:清算资金往来——同城票据清算　　　　　　　　　　　500 000
　　贷:待处理结算款项——提出××人行票据×日×户　　　　　500 000

在规定期限内无退票时,以 A 企业提交的进账单作贷方记账凭证转账。会计分录为:

借:待处理结算款项——提出××人行票据×日×户　　　　　500 000
　　贷:吸收存款——单位活期存款——A 企业存款户　　　　　500 000

如在人民银行规定的退票时间内接到提入银行中国农业银行广州市天河支行的"退票理由书"时,填制借、贷方记账凭证各一联,以退票理由书作借方记账凭证的附件。会计分录为:

借:待处理结算款项——提出××人行票据×日×户　　　　　500 000
　　贷:清算资金往来——同城票据清算　　　　　　　　　　　500 000

(2) 提入行的处理:

中国农业银行广州市天河支行提入开户单位 B 企业签开的转账支票,经审核无误后,以提入的转账支票作借方记账凭证。会计分录为:

借:吸收存款——单位活期存款——B 企业存款户　　　　　500 000
　　贷:清算资金往来——同城票据清算　　　　　　　　　　　500 000

如中国农业银行广州市天河支行提入开户单位 B 企业签开的转账支票,经审核存在印鉴不符、存款不足、收付款人账号户名有误、大小写金额不符等情况,须在规定时间内填制"退票理由书"作退票处理。若当天不能退回的,应填制一联借方或者贷方记账凭证办理挂账,次日再办理提出退票处理。

提入转账支票退票挂账时,会计分录为:

借:待处理结算款项——待处理同城票据款项户　　　　　　　　500 000
　　贷:清算资金往来——同城票据清算　　　　　　　　　　　　　　500 000

次日向提出行退票时,会计分录为:

借:清算资金往来——同城票据清算　　　　　　　　　　　　　　500 000
　　贷:待处理结算款项——待处理同城票据款项户　　　　　　　　　500 000

2. 日中交换贷方票据的处理

【例 6-11】 中国工商银行广州市天河支行的开户单位 A 企业签开转账支票 1 张,金额为 80 000 元,委托开户行将项款支付给中国农业银行广州市天河支行的开户单位市供电局电费。

(1) 提出行的处理:

中国工商银行广州市天河支行提出开户单位 A 企业提交的进账单时,会计分录为:

借:吸收存款——单位活期存款——A 企业存款户　　　　　　　80 000
　　贷:清算资金往来——同城票据清算　　　　　　　　　　　　　　80 000

如超过当日最后一场交换提出时间受理的他行贷方票据,经审查无误后,以 A 企业提交的转账支票作借方记账凭证,另填制一联贷方记账凭证转账。会计分录为:

借:吸收存款——单位活期存款——A 企业存款户　　　　　　　80 000
　　贷:待处理结算款项——待处理同城票据款项户　　　　　　　　80 000

次日提出第一场交换时,填制一联借方记账凭证转账。会计分录为:

借:待处理结算款项——待处理同城票据款项户　　　　　　　　80 000
　　贷:清算资金往来——同城票据清算　　　　　　　　　　　　　　80 000

如提出贷方票据被他行退票的,在人民银行规定的退票时间内接到对方银行"退票理由书"时,将一联退票理由书和有关贷方票据一并退收款人,填制借、贷方记账凭证各一联,以退票理由书作贷方记账凭证附件。会计分录为:

借:清算资金往来——同城票据清算　　　　　　　　　　　　　　80 000
　　贷:吸收存款——单位活期存款——A 企业存款户　　　　　　　80 000

(2) 提入行的处理:

中国农业银行广州市天河支行提入进账单经审核无误后,作贷方记账凭证转账。会计分录为:

借:清算资金往来——同城票据清算　　　　　　　　　　　　　　80 000
　　贷:吸收存款——单位活期存款——市供电局存款户　　　　　　80 000

如经审核提入票据收付款人账号户名有误、大小写金额不符等情况,须在规定时间内填制"退票理由书"作退票处理。若当天不能退回的,应填制一联借方或者贷方记账凭证办理挂账,次日再办理提出退票处理。

提入凭证需退票当日挂账时,会计分录为:

借:清算资金往来——同城票据清算　　　　　　　　　　　　　　80 000
　　贷:待处理结算款项——待处理同城票据款项户　　　　　　　　　　　80 000

提入凭证次日退票时,会计分录为:

借:待处理结算款项——待处理同城票据款项户　　　　　　　　　　80 000
　　贷:清算资金往来——同城票据清算　　　　　　　　　　　　　　　80 000

(二)清算票据交换差额的核算

【例6-12】 某市内设有中国工商银行、中国建设银行和中国农业银行3家商业银行参加中国人民银行组织的同城票据交换,3家银行均在该市的中国人民银行开立存款户。假定2023年9月19日3家商业银行发生如下业务:

(1)中国工商银行的开户单位A企业提交由中国建设银行的开户单位B公司为其签开的转账支票1张,金额为60 000元,由中国农业银行的开户单位C工厂为其签开的转账支票1张,金额为20 000元;中国工商银行开户单位D企业提交由中国农业银行开户的C工厂为其签开的转账支票1张,金额为25 000元,由中国建设银行开户的B公司为其签开的转账支票1张,金额为32 000元,委托中国工商银行收取票款。

(2)中国建设银行的开户单位B公司提交由中国工商银行开户的A企业为其签开的转账支票1张,金额为83 000元,委托中国建设银行收取票款。

(3)中国农业银行的开户单位C工厂签开转账支票2张,分别支付中国建设银行的开户单位B公司货款10 000元和E公司货款55 000元,委托中国农业银行支付票款。

假定2023年9月19日3家商业银行在票据交换中无退票情况发生,则相应日中交换及日末清算的处理手续如下:

(1)分别编制3家商业银行提出、提入交换票据的会计分录。

① 中国工商银行:

a. 提出票据:

借:清算资金往来——同城票据清算　　　　　　　　　　　　　　137 000
　　贷:待处理结算款项——提出人行票据9月19日A企业　　　　　　80 000
　　　　　　　　　　　——提出人行票据9月19日D企业　　　　　　57 000

b. 提入票据:

借:吸收存款——单位活期存款——A企业存款户　　　　　　　　　83 000
　　贷:清算资金往来——同城票据清算　　　　　　　　　　　　　　83 000

② 中国建设银行:

a. 提出票据:

借:清算资金往来——同城票据清算　　　　　　　　　　　　　　83 000
　　贷:待处理结算款项——提出人行票据9月19日B企业　　　　　　83 000

b. 提入票据：

借：吸收存款——单位活期存款——B公司存款户　　　　　　　　　　　　60 000
　　　　　　　　　　　　　　　　——B公司存款户　　　　　　　　　　　32 000
　　贷：清算资金往来——同城票据清算　　　　　　　　　　　　　　　　92 000
借：清算资金往来——同城票据清算　　　　　　　　　　　　　　　　　　65 000
　　贷：吸收存款——单位活期存款——B公司存款户　　　　　　　　　　10 000
　　　　　　　　　　　　　　　　——E公司存款户　　　　　　　　　　　55 000

③ 中国农业银行：

a. 提出票据：

借：吸收存款——单位活期存款——C工厂存款户　　　　　　　　　　　　10 000
　　　　　　　　　　　　　　　　——C工厂存款户　　　　　　　　　　　55 000
　　贷：清算资金往来——同城票据清算　　　　　　　　　　　　　　　　65 000

b. 提入票据：

借：吸收存款——单位活期存款——C工厂存款户　　　　　　　　　　　　20 000
　　　　　　　　　　　　　　　　——C工厂存款户　　　　　　　　　　　25 000
　　贷：清算资金往来——同城票据清算　　　　　　　　　　　　　　　　45 000

(2) 编制票据交换报告单（见表6-1至表6-3），结计3家商业银行参加票据交换的应收、应付款差额。

表6-1　　　　　　　　　　　　　　同城票据交换报告单　　　　　　　　　　　　数量单位：张
编报行：中国工商银行　　　　　　　　　　　　　　　　　　　　　　　　　　　　金额单位：元

项目	本行应收款票据			本行应付款票据		
	名称	张数	金额	名称	张数	金额
提　出	他行支票	4	137 000			
提　入				本行支票	1	83 000
合　计			137 000			83 000
差　额	应收差额（借差）		54 000	应付差额（贷差）		

表6-2　　　　　　　　　　　　　　同城票据交换报告单　　　　　　　　　　　　数量单位：张
编报行：中国建设银行　　　　　　　　　　　　　　　　　　　　　　　　　　　　金额单位：元

项目	本行应收款票据			本行应付款票据		
	名称	张数	金额	名称	张数	金额
提　出	他行支票	1	83 000			
提　入	进账单	2	65 000	本行支票	3	92 000
合　计			148 000			92 000
差　额	应收差额（借差）		56 000	应付差额（贷差）		

表 6-3　　　　　　　　　　　　　　同城票据交换报告单　　　　　　　　　　　　　　数量单位:张
编报行:中国农业银行　　　　　　　　　　　　　　　　　　　　　　　　　　　　　　　金额单位:元

项目	本行应收款票据			本行应付款票据		
	名　称	张　数	金　额	名　称	张　数	金　额
提　出				进账单	2	65 000
提　入				本行支票	2	45 000
合　计						10 000
差　额	应收差额(借差)			应付差额(贷差)		110 000

(3) 编制3家商业银行及该市的中国人民银行结清票据交换差额的会计分录。

① 中国工商银行"清算资金往来——同城票据清算"科目应收款借差为54 000元,清算交换差额的会计分录为:

　　借:存放中央银行款项——市人行存款户　　　　　　　　　　　　54 000
　　　　贷:清算资金往来——同城票据清算　　　　　　　　　　　　　54 000

② 中国建设银行"清算资金往来——同城票据清算"科目应收款借差为56 000元,清算交换差额的会计分录为:

　　借:存放中央银行款项——市人行存款户　　　　　　　　　　　　56 000
　　　　贷:清算资金往来——同城票据清算　　　　　　　　　　　　　56 000

③ 中国农业银行"清算资金往来——同城票据清算"科目应付款贷差为110 000元,清算交换差额的会计分录为:

　　借:清算资金往来——同城票据清算　　　　　　　　　　　　　　110 000
　　　　贷:存放中央银行款项——市人行存款户　　　　　　　　　　　110 000

④ 中国人民银行清算各行交换差额的会计分录为:

　　借:中国农业银行备付金存款——市农行存款户　　　　　　　　　110 000
　　　　贷:中国工商银行备付金存款——市工行存款户　　　　　　　　54 000
　　　　　　中国建设银行备付金存款——市建行存款户　　　　　　　　56 000

【知识链接】

同城票据交换中心只管辖一个城市或地区吗

　　随着交通条件的改善,全国不少省会城市、中心城市都把同城票据交换的范围扩大到1～2个小时公路车程半径内的市、县,有的还跨出省界。例如,广州大同城票据交换中心范围覆盖珠三角城市甚至延伸至港、澳,京津塘、长株潭、上海与南京等跨区域票据交换均为区域经济共同发展作出巨大贡献。未来,随着计算机技术和网络通信技术的飞速发展,支票截流(即由电子信息传递取代支票实物的传递)已成为各国支票交换系统的发展趋势,电子票据交换的范围将覆盖全国。

第五节 跨系统转划款的核算

一、跨系统转划款的作用和方式

(一) 跨系统转划款的作用

跨系统转划款是指异地的跨系统同业银行之间因为客户办理异地结算等业务而相互转划的款项。各商业银行间跨系统的大额汇划款项应通过中国人民银行现代支付系统进行汇划和清算资金。在限额以下的汇划款项或在没有开通中国人民银行现代支付系统地区,可以采用"跨系统的汇划款、相互转汇"的办法进行。

根据银行机构设置的条件不同情况,跨系统转划款具体可以选择采用不同的转汇方式。

(二) 跨系统转划款的方式

1. "先横后直"方式

"先横后直"方式是指汇出行先通过同城票据交换,将款项先转划给同城跨系统的同业转汇行,然后再由该转汇行通过其系统行电子汇划将款项汇往异地汇入行的方式。该方式适用于汇出行所在地为双设机构地区,即该地区既有汇出行,又有与汇入行相同系统的银行机构作为转汇行。

2. "先直后横"方式

"先直后横"方式是指汇出行先通过本系统行电子汇划将款项汇往异地本系统转汇行,然后再由该转汇行通过同城票据交换将款项转划给汇入行的方式。该方式适用于汇出行所在地为单设机构地区,即该地区没有与汇入行相同系统的银行机构作为转汇行,而汇入行所在地为双设机构地区。

3. "先直后横再直"方式

"先直后横再直"方式是指汇出行应通过本系统电子汇划划转至双设机构地区的系统内银行,该行再通过同城票据交换将款项转入与汇入行同系统的银行,再由此银行通过系统内电子汇划将款项汇至汇入行的方式。该方式适用于汇出行、汇入行所在地均为单设机构地区,即在汇出行所在地找不到汇入行的系统行作为转划行;汇入行所在地找不到汇出行的系统行作为转划行。

二、跨系统转划款的核算手续

(一) "先横后直"方式的核算

【例 6-13】 在中国工商银行广州市天河支行开户的天河公司,汇款给中国农业银行上海市浦东支行开户的厦华公司 560 000 元,购买原材料。

假定按"先横后直"方式转划,中国农业银行系统采用"同步清算"方式进行电子汇划,则汇出行、转汇行、汇入行的核算手续如下:

（1）汇出行的核算。汇出行中国工商银行广州市天河支行要跨系统向异地的中国农业银行上海市浦东支行汇划款项时，应根据客户提交的跨系统汇划凭证，按不同系统的汇入行逐笔填制转汇清单，将转汇清单连同有关汇划款项的凭证等一起通过交换送交跨系统的同城转汇行中国农业银行广州市天河支行。会计分录为：

  借：吸收存款——单位活期存款——天河公司存款户   560 000
    贷：清算资金往来——同城票据清算   560 000

（2）转汇行的核算。转汇行中国农业银行广州市天河支行收到中国工商银行广州市天河支行送交的汇划凭证后，应通过系统行电子汇划系统将款项划往异地本系统汇入行中国农业银行上海市浦东支行。会计分录为：

  借：清算资金往来——同城票据清算   560 000
    贷：存放系统行款项——存广州市行备付金户   560 000

（3）汇入行的核算。汇入行中国农业银行上海市浦东支行收到同系统的转汇行中国农业银行广州市天河支行发来的电子汇划信息，生成打印电子汇划经补充报单，经审核无误后，为收款人办理转账收款。会计分录为：

  借：存放系统行款项——存上海市行备付金户   560 000
    贷：吸收存款——单位活期存款——厦华公司存款户   560 000

（二）"先直后横"方式的核算

【例6-14】 承[例6-13]，假定按"先直后横"方式转划，中国工商银行系统采用"同步清算"方式进行电子汇划，则汇出行、转汇行、汇入行的核算手续如下：

（1）汇出行的核算。汇出行中国工商银行广州市天河支行要跨系统向异地中国农业银行汇划款项时，应根据客户提交的汇划凭证，通过电子汇划系统将款项划往异地本系统转汇行中国工商银行上海市浦东支行。会计分录为：

  借：吸收存款——单位活期存款——天河公司存款户   560 000
    贷：存放系统行款项——存广州市行备付金户   560 000

（2）转汇行的核算。转汇行中国工商银行上海市浦东支行收到汇出行中国工商银行广州市天河支行发来的系统行电子汇划信息，生成打印电子汇划补充报单，审核无误后，通过同城票据交换，将电子汇划补充报单提交给汇入行中国农业银行上海市浦东支行。会计分录为：

  借：存放系统行款项——存上海市行备付金户   560 000
    贷：清算资金往来——同城票据清算   560 000

（3）汇入行的核算。汇入行中国农业银行上海市浦东支行通过票据交换提入转汇行中国工商银行上海市浦东支行提交的电子汇划补充报单，为收款人办理转账收款。会计分录为：

  借：清算资金往来——同城票据清算   560 000
    贷：吸收存款——单位活期存款——厦华公司存款户   560 000

（三）"先直后横再直"方式的核算

【例6-15】 在广州农商银行广州市天河支行开户的乐华公司，汇款39 000元给在郑州银行郑州市中原支行开户的北兴公司购买原材料。

假定广州农商银行在郑州没有分支机构，而郑州银行在广州也没有分支机构，两家银行在北京均具有分支机构，采用"先直后横再直"方式进行转划款。

（1）汇出行的核算。广州农商银行广州市天河支行要跨系统向异地其他商业银行汇划款项时，应根据乐华公司提交的汇划凭证，通过系统行电子汇划系统将款项划往异地本系统转划行，即广州农商银行北京市海淀支行。会计分录为：

借：吸收存款——单位活期存款——乐华公司存款户　　　　　　　　　　39 000
　　贷：存放系统行款项——存广州市行备付金户　　　　　　　　　　　　39 000

（2）汇出行系统转划行的核算。汇出行系统转划行（即广州农商银行北京市海淀支行）收到广州农商银行广州市天河支行发来的系统行电子汇划信息，生成打印电子汇划经补充报单，审核无误后，通过同城票据交换，将电子汇划补充报单提交给同城汇入行系统的转划行（即郑州银行北京市海淀支行）。会计分录为：

借：存放系统行款项——存北京市行备付金户　　　　　　　　　　　　　39 000
　　贷：清算资金往来——同城票据清算　　　　　　　　　　　　　　　　39 000

（3）汇入行系统转划行的核算。汇入行系统转划行（即郑州银行北京市海淀支行）通过票据交换提入转汇行提交的电子汇划补充报单，通过系统行电子汇划系统将款项划往异地本系统汇入行（即郑州银行郑州市中原支行）。会计分录为：

借：清算资金往来——同城票据清算　　　　　　　　　　　　　　　　　39 000
　　贷：存放系统行款项——存北京市行备付金户　　　　　　　　　　　　39 000

（4）汇入行的核算。汇入行（即郑州银行郑州市中原支行）收到同系统的转汇行（即郑州银行北京市海淀支行）发来的电子汇划信息，生成打印电子汇划经补充报单，经审核无误后，为收款人办理转账收款。会计分录为：

借：存放系统行款项——存北京市行备付金户　　　　　　　　　　　　　39 000
　　贷：吸收存款——单位活期存款——北兴公司存款户　　　　　　　　　39 000

【知识链接】

跨系统转划款业务何时出现

根据《中国人民银行、中国工商银行、中国农业银行、中国银行、中国建设银行关于改进跨系统全国联行往来办法的通知》，自1987年4月1日起，停止实行"跨行直接通汇，相互发报移卡"的办法，改为实行"跨行汇划款项，相互转汇"的办法，目的在于解决银行机构之间的资金划分不清、相互占用资金额度过大、期限过长和业务差错较多等问题。

第六节 中国现代支付系统

一、现代化支付系统的意义和结构

(一) 现代化支付系统的意义

中国现代化支付系统(China national advanced payment system，CNAPS)是中国人民银行按照我国支付清算需要，利用现代计算机技术和通信网络自主开发建设，能够高效、安全、快捷处理各金融机构之间的异地、同城各种支付业务、货币市场交易及资金清算的应用系统。

它作为银行同业和货币市场的公共支付清算平台，是能够支撑多种支付工具的应用和满足社会各种经济活动支付需要的支付清算体系，也是中国人民银行发挥其金融服务职能的重要的核心支持系统。

(二) 现代化支付系统的参与者

现代化支付系统参与者分为直接参与者、间接参与者和特许参与者。

(1) 直接参与者是指直接与支付系统城市处理中心连接并在中国人民银行开设清算账户的银行机构，以及中国人民银行地市级以上中心支行。

(2) 间接参与者是指未在中国人民银行开设清算账户而委托直接参与者办理资金清算的银行和非银行金融机构，以及中国人民银行县支行。

(3) 特许参与者是指经中国人民银行批准通过现代支付系统办理特定业务的机构，如中央国债登记公司。

(三) 中国现代化支付系统的结构

在物理结构上，中国现代化支付系统建立有两级处理中心，即国家处理中心(national processing center，NPC)和城市处理中心(city clearing processing center，CCPC)。国家处理中心分别与各城市处理中心相连，其通信网络采用专用网络，以地面通信为主，卫星通信备份。

商业银行总行及其分行与所在地支付系统的城市处理中心连接，通过支付系统提供的开放的业务处理路径，实现跨行支付业务的快捷、安全、方便处理，并有利于实现其最终清算。

现代化支付系统由大额实时支付系统(high value payment system，HVPS)和小额批量支付系统(bulk electronic payment system，BEPS)两个应用系统组成。

二、现代化支付系统的业务系统

(一) 大额实时支付系统

1. 大额实时支付系统的业务范围

大额实时支付系统实行逐笔实时处理支付指令，全额清算资金，旨在为各银行和广大企事业单位和金融市场提供快速、安全、可靠的支付清算服务。该系统业务范围包括一般大额贷记支付业务、城市商业银行银行汇票业务和即时转账业务。

（1）一般大额贷记支付业务是由发起行发起，逐笔实时发往国家处理中心，国家处理中心清算资金后，实时转发接受行的业务。它具体适用于商业银行间办理：汇兑、委托收款划回、托收承付款划回、中央银行与国库部门办理资金汇划等。

（2）城市商业银行银行汇票业务是支付系统为支持中小金融机构结算和通汇而专门设计的，支持城市商业银行银行汇票资金的移存和兑付资金清算的汇划业务。

（3）即时转账业务是由与支付系统国家处理中心直接连接的特许参与者（第三方）发起，通过国家处理中心实时清算资金后，通知被借记行和被贷记行的业务。目前，该业务主要由中央债券综合业务系统发起。

2. 大额实时支付系统的业务流程

大额实时支付系统处理的支付业务，其信息从发起行发起，经发起清算行、发报中心、国家处理中心、收报中心、接收清算行，至接收行止。

（1）发起行是向发起清算行提交支付业务的参与者。

（2）发起清算行是向支付系统提交支付信息并开设清算账户的直接参与者或特许参与者（发起清算行也可作为发起行向支付系统发起支付业务）。

（3）发报中心是向国家处理中心转发发起清算行支付信息的城市处理中心。

（4）国家处理中心是接收、转发支付信息，并进行资金清算处理的机构。

（5）收报中心是向接收清算行转发国家处理中心支付信息的城市处理中心。

（6）接收清算行是向接收行转发支付信息并开设清算账户的直接参与者。

（7）接收行是从接收清算行接收支付信息的参与者。

在上述程序中，发起行和接收行为商业银行，属间接参与者；发起清算行、接收清算行为商业银行，属直接参与者；发报中心、收报中心和国家处理中心为中国人民银行，属直接参与者。

3. 商业银行参与大额实时支付系统跨行贷记业务的核算处理

（1）商业银行发起行及发起清算行的处理。发起行根据客户提交的原始凭证，经审核无误，选择大额实时支付系统进行汇划时，将汇划依据提交给发起清算行。会计分录为：

借：吸收存款——单位活期存款——××存款人户
　　贷：存放系统行款项——××管辖行存款户

商业银行发起清算行，根据发起行人提交的原始凭证和要求，由业务操作员录入、复核，系统自动逐笔发送发报中心。会计分录为：

借：系统行存放款项——××下属行存款户
　　贷：存放中央银行款项

（2）商业银行接收清算行及接收行的处理。商业银行接收清算行，收到收报中心发来的支付信息，属于辖内接收行的业务，需逐笔确认后发送接收行。会计分录为：

借：存放中央银行款项
　　贷：系统行存放款项——××下属行存款户

接收行收到接收清算行信息经核对无误后，收款入账。会计分录为：

借：存放系统行款项——××管辖行存款户
　　贷：吸收存款——单位活期存款——××存款人户

(二) 小额批量支付系统

小额批量支付系统实行批量发送支付指令,轧差净额清算资金,旨在为社会提供低成本、大业务量的支付清算服务,支撑各种支付业务,满足社会各种经济活动的需求。

1. 小额批量支付系统适用的跨行支付业务种类

(1) 普通贷记业务。普通贷记业务是指付款行向收款行主动发起的付款业务。它包括汇兑、委托收款(划回)、托收承付(划回)、国库贷记汇划业务、网银贷记支付业务、中国人民银行规定的其他普通贷记业务。

(2) 定期贷记业务。定期贷记业务是指付款行依据当事各方事先签订的协议,定期向指定收款行发起的批量付款业务。它包括代付工资业务、代付保险金、养老金业务等定期贷记业务。

(3) 实时贷记业务。实时贷记业务是指付款行接受付款人委托发起的、将确定款项实时贷记指定收款人账户的业务。它包括个人储蓄通存业务、中国人民银行规定的其他实时贷记业务。

(4) 普通借记业务。普通借记业务是指收款行向付款行主动发起的收款业务。它包括中国人民银行机构间的借记业务、国库借记汇划业务等业务。

(5) 定期借记业务。定期借记业务是指收款行依据当事各方事先签订的协议,定期向指定付款行发起的批量收款业务。它包括代收水、电、煤气等公用事业费业务、国库批量扣税业务等业务。

(6) 实时借记业务。实时借记业务是指收款行接受收款人委托发起的、将确定款项实时借记指定付款人账户的业务。它包括个人储蓄通兑业务、对公通兑业务、国库实时扣税业务等业务。

2. 小额批量支付系统的业务流程

(1) 小额批量支付系统处理的同城贷记支付业务,其信息从付款行发起,经付款清算行、城市处理中心、收款清算行,至收款行止。小额支付系统处理的异地贷记支付业务,其信息从付款行发起,经付款清算行、付款行城市处理中心、国家处理中心、收款行城市处理中心、收款清算行,至收款行止。

(2) 小额支付系统处理的同城借记支付业务,其信息从收款行发起,经收款清算行、城市处理中心、付款清算行、付款行后,付款行按规定时限发出回执信息原路径返回至收款行止。小额支付系统处理的异地借记支付业务,其信息从收款行发起,经收款清算行、收款行城市处理中心、国家处理中心、付款行城市处理中心、付款清算行、付款行后,付款行按规定时限发出回执信息原路径返回至收款行止。

3. 商业银行日终轧差清算的处理

商业银行日中营业时,通过小额批量支付系统处理支付业务时,其作为收付款清算行的挂账手续,比照系统行电子汇划和同城票据交换处理。现仅说明日终轧差清算的处理手续。

对本行发出的支付业务信息包(含贷记业务包、借记业务回执包、贷记退回包),经中国人民银行城市处理中心或国家处理中心的检查后,行内系统将根据处理中心返回的"已轧差"通知,修改该信息包状态为"成功(已轧差)",登记轧差日期、轧差节点、轧差场次,并对明细账务进行相应的处理。对本行收到的支付业务信息包轧差的业务处理相同。

当日已轧差的应收应付往来款的净额原则上要纳入当日清算。如果该场次本行轧差为借方应收款净额,其清算的会计分录为:

借:存放中央银行款项
　　贷:清算资金往来

如果该场次本行轧差为贷方应付款净额,其清算的会计分录则相反。

【知识链接】

2022年第二季度人民银行支付系统的业务量

人民银行支付系统2022年第二季度共处理支付业务51.48亿笔,金额为2 011.67万亿元。日均处理业务5 709.75万笔,金额为31.89万亿元。其中,大额实时支付系统处理业务1.01亿笔,金额为1 899.26万亿元,日均处理业务163.25万笔,金额为30.63万亿元;小额批量支付系统处理业务10.18亿笔,金额为41.16万亿元,日均处理业务1 118.87万笔,金额为4 523.06亿元。

(资料来源:中国人民银行官网)

第七节 电 子 银 行

一、电子银行概述

2005年11月10日,中国银行业监督管理委员会颁布《电子银行业务管理办法》,该办法将电子银行定义为:电子银行是指商业银行等银行业金融机构利用面向社会公众开放的通讯通道或开放型公众网络,以及银行为特定自助服务设施或客户建立的专用网络,向客户提供的离柜银行服务。电子银行业务包括利用计算机和互联网开展的银行业务(以下简称"网上银行业务")、利用电话等声讯设备和电信网络开展的银行业务(以下简称"电话银行业务")、利用移动电话和无线网络开展的银行业务(以下简称"手机银行业务"),以及其他利用电子服务设备和网络、由客户通过自助服务方式完成金融交易的银行业务。

二、电子银行的优势与特点

(一)经济性

网络金融具有"3A"的特点,即客户可以在任何时间(anytime)、任何地点(anywhere)、以任何方式(anyhow)随时随地获得服务。依托电子银行,一方面金融机构可以减少开设营业网点的资金投入,降低人力等方面的运营成本;另一方面消费者可以在开放透明的平台上快速找到适合自己的金融产品,削弱了信息不对称程度,更省时省力。

(二)高效性

电子银行主要由计算机处理,业务处理速度更快,客户不需要排队等候,用户体验更好。

采用标准化服务流程,提供的服务比营业网点更标准、更规范,可以避免因银行工作人员的业务素质高低、情绪好坏所导致的服务差异,有利于提高服务质量和客户满意度。

（三）智能性

随着大数据、人工智能、云计算、区块链等技术的迅速发展、监管的逐渐规范与市场需求的转变,电子银行业务的发展呈现智慧化趋势,先进技术在金融领域的应用效果开始展现。例如,电子银行通过分析海量数据,寻求其规律性,可以把握用户的态度、需求、习惯行为和发展趋势,从而制定高效、有针对性的金融服务和营销战略。此外,随着生物识别技术在身份验证、支付等场景应用逐渐增多,指纹支付、刷脸取款等应用极大地提升了客户体验。

（四）风险性

电子银行除了传统金融具有的金融风险外,互联网安全问题也值得警惕,一旦遭遇黑客攻击,网络金融的正常运作会受到影响,危及消费者的资金安全和个人信息安全,甚至对国家金融和经济安全造成严重威胁。

（五）全球性

电子银行打破了国别和地理上的限制,缩短了不同区域人与人之间的距离,使远程交易等经济活动成为可能。互联网的全球化与跨国界性,使得电子银行业务具有无国界性,通过计算机与网络,网络金融业务可以在瞬间将巨额资金从地球的这一端传送到地球的另一端。电子银行降低了商业银行对传统营业网点的依赖,区域性商业银行或互联网银行的跨区域甚至全球扩张变得更加便利,优质客户竞争的格局变得更为激烈。

（六）融合性

电子银行的发展为金融混业经营提供了良好的技术支持与发展空间。首先,在金融网络化的过程中,客观上存在着系统管理客户所有财务金融信息的需求,即客户的银行账户、证券账户、资金资产管理和保险管理等有融合管理的趋势;其次,网络技术的发展使得信息集成度大幅提高,传播速度加快,金融机构同质化现象日益明显;最后,网络技术降低了金融市场的运行成本,金融市场透明度和非中介化程度提高,这都使得金融业竞争日趋激烈,百货公司式的全能银行、多元化的金融服务成为大势所趋。

（七）私人性

电子银行服务的便捷性、个性化和智能化,让客户在互联网高速发展的时代能够获得最优的服务体验,模糊了"线上线下"的服务边界,让客户能够个性化地随时随地以自助的方式定制和享受各类金融服务,极大地便利了客户,提升了客户的满意度。

三、电子银行的类型与渠道

电子银行的发展与商业银行的金融服务渠道建设密切相关,同步创新。根据金融服务渠道的差别,电子银行可划分为手机银行、网上银行、电话银行、微信银行等多种类型。

（一）手机银行

手机银行是在手机渠道上推出的新一代电子银行服务。客户只需将本人手机号与银行账户绑定,就可通过手机终端安全、便捷地办理银行各项金融业务,随时随地体验结合最新移动数据通信技术的现代金融服务。个人手机银行客户端一般分为 iOS 和 Android 版。手机银行利用手机号的实名制特性,将客户身份 ID、手机号码、手机终端三者绑定进行身份验证,一方面较好地保障了客户的资金安全,另一方面顺应了移动支付的快速发展。

(二) 网上银行

网上银行是在现有的传统银行的基础上,利用互联网开展传统的银行业务交易服务。即网上银行是传统银行利用互联网作为新的服务手段为客户提供在线服务,实际上是传统银行服务在互联网上的延伸。广义的网上银行可以是电子银行的代称;狭义的网上银行一般特指依托 PC 电脑浏览器作为金融服务的窗口和渠道,为个人和企业客户提供离柜 24 小时自助金融服务。为防范计算机和互联网风险,商业银行一般通过 U 盾和手机端信息验证的方式,确认客户的合法身份,保障网上银行的业务安全。

(三) 电话银行

电话银行通过电话这种通信工具把用户与银行紧密相连,使用户不必去银行,无论何时何地,只要通过拨通电话银行的电话号码,就能够得到电话银行提供的其他服务(如往来交易查询、申请技术、利率查询等)。当银行安装这种系统以后,可使其提高服务质量,增加客户,为银行带来更好的经济效益。电话银行分为自助服务和人工服务两种方式,其业务安全保障一般通过输入身份证号码、银行卡号及电话银行查询密码等方式验证,验证方式较为传统且不够安全,因此电话银行往往仅提供各类查询、咨询和挂失服务。

(四) 微信银行

微信作为智能手机端普遍安装,可提供社交、娱乐、金融支付等诸多服务的综合平台,日益发展成为金融机构提供金融服务和进行金融营销的重要渠道。借助微信公众号,商业银行可以为客户提供实时、快捷、方便的多种金融服务。自 2013 年 7 月招商银行宣布推出全国首家"微信银行"以来,各大商业银行均相继推出微信服务号。微信银行可以为广大客户提供转账汇款、理财、本地生活、无卡取款、手机充值、信用卡账单和积分查询、信用卡快速还款、微取款、微支付、微汇款、微融资等金融服务。

四、电子银行的核心金融服务

(一) 账户查询及管理

客户可以通过电子银行随时了解自己的账户信息,可以进行账户信息查询、余额查询、明细查询、公积金查询、养老金查询,还可以进行新增账户、删除账户、挂失账户、激活签约账户、换卡、管理附属卡限额等账户管理操作。

(二) 转账汇款

电子银行智能化转账汇款功能可以全面满足客户的各类转账汇款需求,包括向个人活期账户、境内手机号、信用卡账户转账,向企业活期账户转账,以及跨行转账等多种转账服务。此外,客户还可通过收款人名册维护功能对转账历史记录进行管理;查看转账记录及电子回单详情,并将电子回单通过微信分享给好友。

(三) 移动支付

手机银行为客户提供移动支付功能,支持自适配账号支付、客户端支付、二维码支付和跨渠道支付、手机银行内嵌商户支付等多种支付方式。

(四) 信用卡服务

电子银行提供信用卡申请、激活、查询、还款、分期、管理等信用卡等多种服务。客户可通过电子银行查询信用卡额度、账单、应还款、交易明细等信息；对本人名下所有信用卡进行还款或进行预约自动还款；办理信用卡调额、现金转出、消费取现密码和电话银行密码的修改重置、一键锁卡、信用卡挂失、损坏换卡、交易限额设置、消费免验密、银联闪付免密免签、个人资料修改业务。

(五) 投资理财

电子银行提供货币基金、债券投资、理财产品、保险、专户理财、外汇买卖、账户外汇(实盘和模拟盘)、贵金属等多种自营或代理金融服务，可全面满足客户的各类理财需求。

(六) 贷款

客户可以通过电子银行自助完成个人快贷申请、小微快贷申请、额度查询、贷款支用、自助还款、贷款试算和利率查询等服务。

(七) 网点服务

客户可以通过网点服务进行网点查询、排队取号、预约开户、预约兑换纪念币、保管箱、预约卡激活、借记卡申请、常用网点查询、排号查询及填单查询等操作。

(八) 智能咨询

客户通过电子银行智能咨询服务，可与银行智能客服交流，获取快速、准确的银行业务解答和操作指引，智能客服无法解答时，还会引导客户转接到人工客服进行解答。

(九) 其他服务

客户可查询客户信息、VIP 等级、积分等，设置短信金融服务功能，办理短信缴费充值服务的签约、设置及注销；定制消息服务功能，如账户变动通知、金融行情通知、投资理财通知、周边优惠通知等消息的签约、设置及注销等。

【关键术语】

系统行电子汇划　同城票据交换　"先横后直""先直后横"　大额实时支付系统　小额批量支付系统　电子银行

【问题思考】

1. 系统内电子汇划清算的作用和业务范围如何？如何理解划收款和划付款？
2. 电子汇划信息传输方式及特点有哪些？
3. 为什么要组织同城票据交换？其做法和程序如何？
4. 跨系统转划款包括哪几种主要方式？其业务程序与核算有何差异？
5. 什么是中国现代化支付系统？该系统包括哪些子系统？
6. 电子银行有哪些渠道？

【思政园地】

　　理解会计报表的基本组成是一种自卫的方式:当经理们想要向你解释清企业的实际情况时,可以通过会计报表的规定来进行。但不幸的是,当他们想要耍花招时(起码在部分行业)同样也能通过会计报表的规定来进行。如果你不能识别出其中的区别,你就不必在资产选择行业做下去了。

——巴菲特

练 习 题

一、单项选择题

1. 汇兑结算业务适用于系统行电子汇划( )的业务。
   A. 划转代收款　　　　　　　　B. 划转代付款
   C. 汇出行　　　　　　　　　　D. 汇入行

2. 系统行电子汇划划转代付款业务适用于通过系统行办理( )。
   A. 汇兑结算　　　　　　　　　B. 委托收款
   C. 托收承付　　　　　　　　　D. 解付银行汇票

3. 各清算分中心及经办行办理电子汇划业务的联行行号,由( )颁发。
   A. 总行　　　　　　　　　　　B. 省一级分行
   C. 主管分行　　　　　　　　　D. 经办行

4. "存放系统内款项"科目的性质是( )科目。
   A. 资产类　　　　　　　　　　B. 负债类
   C. 资产负债共同类　　　　　　D. 损益类

5. "存放系统内款项"科目由( )使用。
   A. 总行　　　　　　　　　　　B. 经办行
   C. 交存存款的下级行　　　　　D. 接收存款的上级行

6. "清算资金往来"科目属于( )类科目。
   A. 资产　　　　　　　　　　　B. 负债
   C. 资产负债共同　　　　　　　D. 损益

7. 商业银行向开户的中国人民银行借款时,商业银行应( )。
   A. 借记"存放中央银行款项"科目,贷记"向中央银行借款"科目
   B. 借记"向中央银行借款"科目,贷记"存放中央银行款项"科目
   C. 借记"向中央银行借款"科目,贷记"库存现金"科目
   D. 借记"库存现金"科目,贷记"向中央银行借款"科目

8. 商业银行应由( )向中国人民银行缴存法定存款准备金。
   A. 总行　　　　　　　　　　　B. 一级分行以上机构
   C. 二级分行　　　　　　　　　D. 核算主体行

9. 商业银行向中国人民银行缴存的存款准备金,由中国人民银行总行按( )进行考核调整。
   A. 年　　　　　　　　　　　　B. 月
   C. 旬　　　　　　　　　　　　D. 日

10. "存放同业款项"科目属于( )类科目。

A. 资产 B. 负债
C. 资产负债共同 D. 损益

11. 日终,某商业银行"清算资金往来——同城票据清算"明细科目的余额结计在贷方,本行直接清算当日交换资金差额的分录为(　　)。
   A. 借:清算资金往来——同城票据清算　贷:存放中央银行款项
   B. 借:存放中央银行款项　贷:清算资金往来——同城票据清算
   C. 借:清算资金往来——同城票据清算　贷:存放系统内存款
   D. 借:存款系统内存款　贷:清算资金往来——同城票据清算

二、多项选择题

1. 系统内电子汇划清算的作用在于(　　)。
   A. 联网机构能实时或 24 小时到账
   B. 能结计并清算当日汇差
   C. 能实现每笔汇划款当日对账
   D. 能获取经营资金

2. 系统内电子汇划划转代收款业务,对应到结算方式中,适用于办理(　　)业务。
   A. 汇兑 B. 委托收款
   C. 托收承付 D. 银行汇票

3. 各级行清算中心间的信息传输方式和特点包括(　　)。
   A. 无纸方式传输
   B. 全自动、全封闭传输
   C. 逐级纵向传输
   D. 横向传输

4. 下列科目中,属于资产类的有(　　)。
   A. "存放系统内款项"
   B. "存放中央银行款项"
   C. "拆出资金"
   D. "清算资金往来"

5. 下列科目中,属于负债类的有(　　)。
   A. "系统内存放款项"
   B. "拆入资金"
   C. "清算资金往来"
   D. "清算资金往来——同城票据清算"

6. 系统内电子汇划"日中汇划、同步清算"基本做法的特点可以表述为(　　)。
   A. 实存资金 B. 同步清算
   C. 往来挂账 D. 集中监督

7. 下列业务中,属于商业银行与中国人民银行往来的业务有(　　)。
   A. 与其他商业银行资金清算
   B. 业务现金的收支

C. 缴存存款准备金
D. 转贴现

8. 下列业务中,属于同业直接往来的业务有(　　)。
   A. 结算资金往来　　　　　　　B. 资金拆借
   C. 转贴现　　　　　　　　　　D. 再贴现

9. 同城票据交换的作用在于(　　)。
   A. 快速传递凭证
   B. 直接进行资金拆借
   C. 及时清算银行间往来占款
   D. 使交换行获得不足的经营资金

10. 同业行进行异地跨系统转划款的具体方式包括(　　)。
    A. 先横后直
    B. 先直后横
    C. 先横后直再横
    D. 先直后横再直

11. 同业行进行异地跨系统转划款采用"先横后直"方式适用于(　　)。
    A. 汇出行所在地为单设机构地区
    B. 汇入行所在地为双设机构地区
    C. 汇出行所在地为双设机构地区
    D. 汇入行所在地为单设机构地区

12. 在物理结构上,中国现代化支付系统建立有两级处理中心,即(　　)。
    A. 同城票据交换中心　　　　　B. 国家处理中心
    C. 城市处理中心　　　　　　　D. 县镇处理中心

三、判断题

1. 系统内电子汇划是通过在各行系统内设立清算中心,直接传输电子汇划信息,并清算当天的汇差资金。(　　)
2. 划转代收款业务由电子汇划业务的发报行发起发出汇划信息,通过本行电子汇划系统,为客户划转支付的款项,将款项支付给异地收款人的同系统经办行。(　　)
3. 电子汇划联行行号是参加电子汇划系统的专用标识,经办行必须凭电子汇划联行行号办理发报和收报。(　　)
4. 电子汇划信息可以在各清算中心间进行直接的横向传输;已发出的电子汇划信息可以追回撤销。(　　)
5. "日中汇划、同步清算"的基本做法可以概括表述为"实存资金、往来挂账、结计汇差、日末清算"。(　　)
6. 系统内行、处间交存和退回的电子汇划的备付金存款应通过开户的中国人民银行实汇资金。(　　)
7. "划转代收款补充报单"或者"划转代付款补充报单"由收报经办行在收到划转代收款数据信息或者划转代付款数据信息时,由计算机自动生成打印。(　　)

8. 中国人民银行对各金融机构的法定存款准备金按会计主体单位统一考核。（   ）
9. 参加票据交换的银行均应在中国人民银行开立备付金存款账户，由中国人民银行负责转账清算交换差额。（   ）
10. 各商业银行间跨系统的异地汇划款项应通过中国人民银行现代支付系统进行汇划和清算资金。（   ）
11. "先横后直"方式适用于汇出行所在地为单设机构地区，办理异地跨系统汇划业务。（   ）

第七章
支付结算业务的核算

教学目标

本章主要介绍各种结算方式的概念、适用范围、基本规定、业务处理程序;说明银行办理各种结算业务的处理手续。

通过学习,学生应重点掌握汇兑、委托收款、支票、银行汇票的核算手续;掌握"应解汇款""汇出汇款"科目的使用方法;熟悉商业汇票承兑、贴现的基本处理程序。

【知识链接】

支付结算与结算方式

支付结算是单位、个人在社会经济活动中使用票据、信用卡和汇兑、托收承付、委托收款等结算方式,进行货币给付及其资金清算的行为。

银行是支付结算和资金清算的中介机构。结算单位和个人可以根据自己的需要选用适当的方式,委托银行为其办理经济往来资金的支付结算。我国现行通用的结算方式包括汇兑、委托收款、托收承付、支票、银行汇票、商业汇票、银行本票及信用卡等。

第一节 汇兑结算的核算

一、汇兑结算的概念和适用范围

汇兑结算是汇款人委托银行将其款项支付给外地收款人的一种结算方式。

汇兑结算的特点及适用范围在于:①由结算的付款人主动发起,便利付款人向异地收款人主动付款。②适用范围广泛,可用于异地各单位和个人之间的各种款项的结算。③它不受金额起点和是否在银行开户的限制。④手续简单,划款迅速、灵活。

二、汇兑结算的基本规定

汇兑结算具有如下基本规定:

（1）汇兑在银行实际支付结算业务中一般是通过银行汇划系统进行异地电子划款。

（2）汇款人委托银行办理汇兑，应填制"电汇凭证"（见表7-1）。"电汇凭证"为一式三联，第一联为回单，第二联为借方凭证，第三联为汇划依据，详细填明统一规定的汇兑凭证上的各项要素内容。

表7-1　　　　　　　　中国××银行 电汇凭证（借方凭证）　　　2

委托日期　　年　　月　　日

汇款人	全称		收款人	全称										
	账号			账号										
	汇出地点	省　　　市/县		汇入地点	省　　　市/县									
汇出行名称			汇入行名称											
金额	人民币（大写）				千	百	十	万	千	百	十	元	角	分
汇款用途：			支付密码											
此汇款支付给收款人。			附加信息及用途：											
汇款人签章			复核：　　　　记账：											

此联汇出行作借方凭证

规格：连边 8.5×17.5 cm（白纸蓝油墨）

（3）汇款人到汇入行领取汇款的，应在汇兑凭证各联"收款人账号或住址"栏注明"留行待取"字样；个人汇款需要在汇入行支取现金的，应在汇兑凭证"汇款金额"大写栏先填写"现金"字样，再填写汇款金额。

三、汇兑结算的会计科目

（一）"应解汇款"科目

"应解汇款"科目是负债类科目，核算银行为非开户客户收到汇款及解付的汇票款、由非开户客户交存待汇出款项、由承兑申请人已交存尚未解付的银行承兑汇票款等应解付及临时存款。收到汇入待结付和客户临时存入的款项时，借记有关科目，贷记该科目；实际支付和汇出汇款时，借记该科目，贷记有关科目。该科目余额在贷方，表明本行已收到尚未支付的应解汇款及临时存款余额。该科目按收款人或交款人进行明细核算。

（二）有关银行往来科目的使用

在汇兑结算的核算中，常用的有关银行机构往来科目，如"清算资金往来""存放系统行款项""存放中央银行款项"等科目，已在第六章中讲述。在具体支付结算中，如涉及同城票据交换的，统一使用"清算资金往来——同城票据清算"明细科目进行日中挂账处理；如涉及异地划款的，按第六章所述的系统行电子汇划、跨系统转划款及中国人民银行现代支付体系的相应条件，选择使用有关银行机构往来科目。

四、汇总结算的核算手续

（一）汇出行的核算

汇出行受理汇兑凭证时，应审查以下内容：①电汇凭证必须记载的各项内容是否齐全、正确。②凭证的金额、委托日期、收款人名称是否更改;其他事项更改是否由原记载人签章证明。③大小写金额是否一致。④委托日期是否为当日。⑤汇款人账户内是否有足够支付的余额。⑥汇款人的签章与预留银行印鉴是否相符。⑦填明"现金"字样的电汇凭证,汇款人和收款人是否均为个人。审查无误后,办理汇划手续。

办理转账汇款的,以"电汇凭证"第二联作借方记账凭证,第一联加盖"转讫章"退汇款人。凭第三联作汇划依据,办理汇划。

办理现金汇款的,柜员收妥现金后,以"现金交款单"第二联作贷方记账凭证,先将客户交存现金存入"应解汇款"。汇款汇出时,再从"应解汇款"账中划出。

(二) 汇入行的核算

汇入行收到汇出行电子汇划信息生成"电子汇划收款补充报单"或者收到人民银行(或者转划行)的转汇凭证,以"电子汇划收款补充报单"第一、第二联分别作借、贷方记账凭证收账。"补充报单"第三联作收账通知交收款人。对收款人在本行开户的直接收款入账;收款人未在本行开户的将款项先行存入"应解汇款"账户。

【例 7-1】 中国工商银行广州市天河支行接受开户单位天河公司的委托,将款项 250 000 元通过系统行电汇方式,汇给在中国工商银行北京市海淀支行开户的联想公司。

如中国工商银行系统采用"日中汇划、同步清算"方式处理该笔电汇业务,则汇出行中国工商银行广州市天河支行和汇入行中国工商银行北京市海淀支行的会计分录为:

(1) 汇出行中国工商银行广州市天河支行:

借:吸收存款——单位活期存款——天河公司存款户　　　　　　　　　250 000
　　贷:存放系统内款项——存广东省分行备付金户　　　　　　　　　　　　250 000

(2) 汇入行中国工商银行北京市海淀支行:

借:存放系统内款项——存北京分行备付金户　　　　　　　　　　　　250 000
　　贷:吸收存款——单位活期存款——联想公司存款户　　　　　　　　　　250 000

【例 7-2】 中国工商银行广州市天河支行接受开户单位天河公司的委托,将款项 350 000 元汇给在中国建设银行北京市海淀支行开户的联想公司。

(1) 如汇出行中国工商银行广州市天河支行通过"先横后直"方式办理该笔电汇业务,则汇出行、转汇行、汇入行的会计分录为:

① 中国工商银行广州市天河支行:

借:吸收存款——单位活期存款——天河公司存款户　　　　　　　　　350 000
　　贷:清算资金往来——同城票据清算　　　　　　　　　　　　　　　　　350 000

② 中国建设银行广州市天河支行:

借:清算资金往来——同城票据清算　　　　　　　　　　　　　　　　350 000
　　贷:存放系统内款项——存广东省分行备付金户　　　　　　　　　　　　350 000

③ 中国建设银行北京市海淀支行:

借:存放系统内款项——存北京分行备付金户　　　　　　　　　　　　350 000
　　贷:吸收存款——单位活期存款——联想公司存款户　　　　　　　　　　350 000

(2) 如汇出行中国工商银行广州市天河支行通过"先直后横"方式办理该笔电汇业务，则汇出行、转汇行和汇入行的会计分录为：

① 中国工商银行广州市天河支行：

借：吸收存款——单位活期存款——天河公司存款户　　　　　　　350 000
　　贷：存放系统内款项——存广东省分行备付金户　　　　　　　　350 000

② 中国工商银行北京市海淀支行：

借：存放系统内款项——存北京市分行备付金户　　　　　　　　　350 000
　　贷：清算资金往来——同城票据清算　　　　　　　　　　　　　350 000

③ 中国建设银行北京市海淀支行：

借：清算资金往来——同城票据清算　　　　　　　　　　　　　　350 000
　　贷：吸收存款——单位活期存款——联想公司存款户　　　　　　350 000

(3) 如汇出行中国工商银行广州市天河支行通过中国人民银行现代支付系统办理该笔电汇业务时，则汇出行和汇入行的会计分录为：

① 中国工商银行广州市天河支行：

借：吸收存款——单位活期存款——天河公司存款户　　　　　　　350 000
　　贷：存放中央银行款项——广州市人行存款户　　　　　　　　　350 000

② 中国建设银行北京市海淀支行：

借：存放中央银行款项——北京市人行存款户　　　　　　　　　　350 000
　　贷：吸收存款——单位活期存款——联想公司存款户　　　　　　350 000

【例7-3】　中国工商银行广州市天河支行接受非开户客户王某送交现金80 000元，委托本行汇往中国工商银行北京市海淀支行的非开户客户李某，李某提取现金。假定中国工商银行系统采用"日中汇划、同步清算"方式处理该笔电汇业务。会计分录为：

(1) 中国工商银行广州市天河支行：

借：库存现金——业务现金户　　　　　　　　　　　　　　　　　80 000
　　贷：应解汇款——王某存款户　　　　　　　　　　　　　　　　80 000
借：应解汇款——王某存款户　　　　　　　　　　　　　　　　　　80 000
　　贷：存放系统内款项——存广东省分行备付金户　　　　　　　　80 000

(2) 中国工商银行北京市海淀支行：

借：存放系统内款项——存北京市分行备付金户　　　　　　　　　80 000
　　贷：应解汇款——李某存款户　　　　　　　　　　　　　　　　80 000
借：应解汇款——李某存款户　　　　　　　　　　　　　　　　　　80 000
　　贷：库存现金——业务现金户　　　　　　　　　　　　　　　　80 000

3. 退汇的核算

1) 汇款人要求退汇的处理

汇款人要求退汇时，对收款人在汇入行开户的，由汇款人与收款人自行联系退汇；收款人未在汇入行开户的，应由汇款人持原电汇凭证回单交汇出行办理退汇。

(1) 汇出行承办的处理。汇出行收到退汇函件及回单,应填制四联"退汇通知书",在第一联上注明"××××年×月×日申请退汇,俟款项退回后再办理退款手续"字样交汇款人,第二、第三联加盖"结算专用章"向汇入行发出退汇通知,第四联和原回单一起保管。

(2) 汇入行的处理。汇入行收到汇出行的第二、第三联退汇通知书,如该笔汇款尚未解付的,应与收款人联系,索回取款通知,以第二联退汇通知书作借方记账凭证,取款通知作借方记账凭证附件,根据第三联退汇通知书办理电子汇划,第三联退汇通知书作贷方记账凭证附件。

(3) 汇出行收到退汇的处理。汇出行收到有关汇划凭证时,以第一联"电子汇划收款补充报单"或者第二联中国人民银行"电划贷方补充报单"作贷方记账凭证并注明"退汇"字样。如汇款人未在银行开户,退汇款应先转入"应解汇款"科目。

在原汇款凭证第二联上注明"此款已于××××年×月×日退汇"字样,以备查考。在第二联"电子汇划收款补充报单"或者第三联中国人民银行"电划贷方补充报单"上注明"退汇款汇回已代进账"字样,加盖"转讫章"作收账通知交给原汇款人。汇款人支取款项时,按汇入款项的支取手续办理。

2) 汇入行主动退汇的处理

(1) 汇入行的处理。汇入行已寄出取款通知,收款人因住址迁移或其他原因,以致该笔汇款超过2个月仍无人受领的,汇入行可以主动办理退汇。

退汇时应填制特种转账借方凭证一联,并在凭证上注明"退汇"字样,留存的"电子汇划收款补充报单"或者中国人民银行"电划贷方补充报单"作附件。向汇出行办理电子汇划或者转划转汇行。

(2) 原汇出行的处理。原汇出行收到汇入行电子汇划信息生成"电子汇划收款补充报单"或者收到中国人民银行(或者转划行)的转汇凭证,以"电子汇划收款补充报单"第一、第二联分别作借、贷方记账凭证收账。"补充报单"第三联作收账通知交收款人。

第二节 委托收款与托收承付结算的核算

一、委托收款结算的概念、特点和基本规定

(一) 委托收款结算的概念和特点

委托收款结算是收款人委托银行向付款人收取款项的一种结算方式。

委托收款结算的特点在于:①由结算的收款人主动发起,单位和个人凭已承兑商业汇票、债券、存单等债权证明办理款项的结算,均可以使用。②委托收款在同城、异地均可以使用。③不受金额起点的限制,但必须依据债权单证全额收款。④在付款人无款支付或者拒绝付款时,银行不负责监督付款。

(二) 委托收款结算的基本规定

1. 托收

收款人办理委托收款时,应填制一式五联的"托收凭证"(见表7-2),连同债权单证提交

开户行。

表7-2

托 收 凭 证（贷方凭证） 2

委托日期　年　月　日

业务类型		委托收款（□邮划　□电划）　托收承付（□邮划　□电划）			
付款人	全　称		收款人	全　称	
	账　号			账　号	
	地　址	省　市　县　开户行		地　址	省　市　县　开户行
托收金额	人民币（大写）				千 百 十 万 千 百 十 元 角 分
款项内容		托收凭据名称		附寄单证张数	
商品发运情况			合同名称号码		
备注：收款人开户银行收到日期：　年　月　日		上列款项随附有关债务证明，请予办理。 收款人签章		复核：　　记账：	

此联收款人开户行作贷方凭证

规格：连边 10×17.5 cm（白纸蓝油墨）

2．付款

银行接到寄来的委托收款凭证及债权单证，审查无误办理付款：以银行为付款人的，银行应在当日将款项主动支付给收款人；以单位为付款人的，银行应及时通知付款人，将债权单证交给付款人。

付款人付款的承付期为 3 天。付款人未在接到通知日的次日起 3 日内通知银行付款的，视同付款人同意付款，银行应于付款人接到通知日的次日起第四日上午开始营业时，将款项划给收款人。

银行在办理划款时，付款人存款账户不足支付的，应通过被委托银行向收款人发出未付款项通知书。

3．拒绝付款

付款人需要拒绝付款的，可以办理拒绝付款：以银行为付款人的，应自收到委托收款凭证的次日起 3 日内出具拒绝证明；以单位为付款人的，应在付款人接到通知日的次日起 3 天内出具拒绝证明，并应将债权单证送回开户行。银行将拒绝证明、债权单证一并寄给被委托银行，转交收款人。

二、委托收款结算的核算手续

（一）收款人开户行受理委托收款的处理

收款人开户行收到上述凭证后，经审查无误后，将第一联委托收款凭证加盖"业务用公章"后退收款人，第二联委托收款凭证专夹保管，并登记"发出委托收款登记簿"。收款人开户行将第三、第四、第五联委托收款凭证及有关债权单证，一并寄交付款人开户行。

（二）付款人开户行收到委托收款的处理

付款人开户行收到第三、第四、第五联委托收款凭证及有关债权单证时，在凭证上填明收到日期。根据第三、第四联逐笔登记"收到委托收款登记簿"。付款人开户行将第三、第四联委托收款凭证及需要留存付款人开户行的债权单证一并专夹保管,并分别以下不同情况处理。

1. 付款人付款的处理

1)付款人为银行的处理

应由银行付款时,第三联委托收款凭证作借方记账凭证,银行承兑汇票等债务证明作附件,并以第四联委托收款凭证办理电子汇划或者通过同城票据交换提交收款行。

2)付款人为单位的处理

付款人为单位的,银行应将第五联委托收款凭证连同有关债务证明及时交给付款人,并由付款人签收。

(1)付款人账户有足够支付款项的。银行应于付款人接到通知日的次日起第四日上午开始营业时,将款项划给收款人。付款时,以第三联委托收款凭证作借方记账凭证,以第四联委托收款凭证办理电子汇划或通过同城票据交换提交收款行。

(2)付款人账户余额不足支付款项的。银行在划款日办理划款时,在委托收款凭证和"收到委托收款登记簿"上注明退回日期和"无款支付"字样,并填制三联付款人"未付款项通知书",将第一联通知书和第三联委托收款凭证留存备查,将第二、第三联通知书连同第四联委托收款凭证及债权单证一并邮寄给收款人开户行。

(3)付款人拒绝付款的处理。银行在3日内,收到付款人填制的"拒绝付款理由书"、债务证明和第五联委托收款凭证时,在委托收款凭证和"收到委托收款登记簿"备注栏注明"拒绝付款"字样。将第一联"拒绝付款理由书"加盖"业务用公章"作回单退付款人,将第二联拒绝付款理由书连同第三联委托收款凭证一并留存备查。第三、第四联"拒绝付款理由书"、付款人提交债务证明及第四、第五联委托收款凭证一并寄收款人开户行。

(三)收款人开户行办理委托收款划回的处理

1. 款项划回的处理

收款人开户行收到付款人开户行有关汇划信息或者通过票据交换提回后,应与留存的第二联委托收款凭证进行核对。在有关凭证上填注转账日期,以第一联"电子汇划收款补充报单"或通过票据交换提回的报单办理收账,并销记"发出委托收款登记簿";以第二联委托收款凭证作贷方记账凭证附件。

2. 无款支付的处理

收款人开户行收到第四联委托收款凭证和第二、第三联付款人"未付款项通知书"和有关债权单证后,首先抽出第二联委托收款凭证,并在该联凭证"备注"栏注明"无款支付"字样,销记"发出委托收款登记簿";其次将第四联委托收款凭证和第二联"未付款项通知书"和收到的债权单证退给收款人,其他凭证一并保管备查。

3. 拒绝付款的处理

收款人开户行收到第四、第五联委托收款凭证及有关债权单证和第三、第四联"拒绝付款理由书",经核对无误后,抽出第二联委托收款凭证,并在该联凭证备注栏注明"拒绝付款"字样。销记"发出委托收款登记簿"。然后将第四、第五联委托收款凭证及债权单证和第四联拒付理由书一并交给收款人。其他凭证一并保管备查。

【例7-4】 在中国工商银行北京市海淀支行开户的联想公司,按购销合同为在中国工商银行广州市天河支行的开户单位天河公司发货后,凭货物托运单证委托中国工商银行北京市海淀支行收取货款450 000元,天河公司如期全额承付。

中国工商银行北京市海淀支行和广州市天河支行分别作为收款人开户行和付款人开户行在异地间传递有关单证的手续按上述要求处理。

（1）中国工商银行广州市天河支行作为付款人开户行，通过"日中汇划、同步清算"方式进行系统行电子汇划时，会计分录为：

借：吸收存款——单位活期存款——天河公司存款户　　　　　450 000
　　贷：存放系统内款项——存广东省分行备付金户　　　　　　450 000

（2）中国工商银行北京市海淀支行作为收款人开户行，收到划回款项时，会计分录为：

借：存放系统内款项——存北京市分行备付金户　　　　　　　450 000
　　贷：吸收存款——单位活期存款——联想公司存款户　　　　450 000

【例7-5】 在中国工商银行广州市天河支行开户的天河供电局，凭电费结算单委托开户行向在中国建设银行广州市天河支行的开户单位天河城百货公司收取本月电费35 000元，天河城百货公司如数承付。

中国工商银行广州市天河支行和中国建设银行广州市天河支行分别作为收款人开户行和付款人开户行通过同城票据交换传递有关单证的手续按上述要求处理。

（1）中国建设银行广州市天河支行作为付款人开户行，通过同城票据交换办理划款时，会计分录为：

借：吸收存款——单位活期存款——天河城存款户　　　　　　35 000
　　贷：清算资金往来——同城票据交换　　　　　　　　　　　35 000

（2）中国工商银行广州市天河支行作为收款人开户行，通过同城票据交换收回款项时，会计分录为：

借：清算资金往来——同城票据交换　　　　　　　　　　　　35 000
　　贷：吸收存款——单位活期存款——天河供电局存款户　　　35 000

三、托收承付结算的概念、特点和基本规定

（一）托收承付结算的概念和特点

托收承付结算是收、付款双方根据购销合同，由收款人发货后委托银行向异地付款人收取款项，由付款人向银行承付款的结算方式。

托收承付结算的特点在于：①由结算的收款人主动发起，由收款人按购销合同发货后，向付款人收取货款，即"先货后款"。②对使用单位及结算内容有严格限定：使用单位必须是国有企业、供销合作社以及经营管理较好，并经开户银行审查同意的城乡集体所有制工业企业；结算款项必须是商品交易及因商品交易而产生的劳务供应的款项。③托收承付只能在异地使用。④受金额起点的限制，但付款人不必全额付款，可以多承付、部分承付、部分付款、全部拒付等。⑤在付款人无款支付逾期付款时，付款人开户银行负有监督付款责任。

（二）托收承付结算的基本规定

托收承付结算具有如下基本规定：

（1）使用这一结算方式，收付款双方必须签有合法的购销合同，并在合同上订明使用这

一结算方式。收款人托收时,必须有商品确已发运的单证。

(2) 收款人办理托收时,应填制一式五联的"托收凭证"(见表7-2),并附发运证件及其他有关证明送交银行。

(3) 托收承付结算按款项的划回方式分为邮寄和电报两种,由收款人选用。

(4) 托收承付结算每笔的金额起点为10 000元。新华书店系统每笔的金额起点为1 000元。

(5) 付款人承付货款分为验单付款和验货付款两种。①验单付款的承付期为3天,从付款人开户银行发出承付通知的次日算起(承付期内遇法定休假日顺延)。②验货付款的承付期为10天,从运输部门向付款人发出提货通知的次日算起。

(6) 付款人在承付期满日银行营业终了时,如无足够资金支付,其不足部分,即为逾期未付款项,按逾期付款处理。付款人开户银行对付款人逾期支付的款项,应当根据逾期付款金额和逾期天数,按每天0.5‰计算逾期付款赔偿金。赔偿金实行定期扣付,每月计算一次,于次月3日内单独划给收款人。赔偿金的扣付列为企业销货收入扣款顺序的首位。

(7) 付款人开户银行对逾期未付的托收凭证,负责进行扣款的期限为3个月(从承付期满日算起)。付款人开户银行要随时掌握付款人账户逾期未付的资金情况,俟账户有款时,必须将逾期未付款项和应付的赔偿金及时扣划给收款人,不得拖延扣划。

(8) 拒绝付款。对下列情况,付款人在承付期内,可向银行提出全部或部分拒绝付款:①没有订购合同或购销合同未订明托收承付结算方式的款项。②未经双方事先达成协议,收款人提前交货或因逾期交货付款人不再需要该项货物的款项。③未按合同规定的到货地址发货的款项代销、寄销、赊销商品的款项。④验单付款,发现所列货物的品种、规格、数量、价格与合同规定不符,或货物已到,经查验货物与合同规定或发货清单不符的款项。⑤验货付款,经查验货物与合同规定或与发货清单不符的款项。⑥货款已经支付或计算有错误的款项。

四、托收承付结算的核算手续

托收承付与委托收款两种结算方式的核算手续基本相似,其结算的处理过程基本分为托收、承付、划款和收账四个阶段。其核算手续比照委托收款核算办理。在具体的核算手续上,托收承付比委托收款要相对复杂。其中,付款人在多承付款项、部分付款、逾期付款及拒绝付款等,应由付款人出具相应的"理由书",由付款人开户行作为直接凭据办理异地划款。

第三节 支票结算的核算

一、支票结算的概念和特点

支票是出票人签发的,委托办理支票存款业务的银行在见票时无条件支付确定的金额给收款人或者持票人的票据。支票的出票人为在银行机构开立可以使用支票的存款账户的单位和个人;付款人为支票上记载的出票人开户银行。

支票结算的特点在于:①由结算的付款人主动发起,作为票据的出票人主动委托银行将票款支付给收款人。②适用范围广泛,可用于各开户单位和个人之间各种款项的结算。③它不受金额起点的限制。④手续简单,划款迅速。收款人将受理的转账支票和进账单送交银行,一般当天或次日即可入账用款。⑤使用方便、灵活。支票既可由结算付款人向收款人签发直接办理结算,又可由付款人出票委托开户银行主动付款给收款人;在同一票据交换区域内转账支票可以背书转让,便于更充分地实现支付结算功能。

【知识链接】

票据关系人与票据行为

票据是载明债务人要按指定期限向债权人无条件支付一定金额款项的信用证券。票据是一种表示金钱债权的有价证券。它对债务人来说是一种债务凭证,而对债权人来说,是其债权的一种保证,谁占有票据即占有其所代表的价值。票据是一种无条件支付的承诺或委托,是建立在一定信用基础上的书面支付保证和命令,是为反映债权、债务的确立、转移和偿付而使用的一种信用支付工具。

票据关系人是对票据具体享有某种权利或者承担某种义务责任的当事人。它主要包括出票人、付款人和收款人及背书人、承兑人、持票人等。

票据行为是票据关系人以成立票据权利义务关系为目的,而以必要的形式所作的法律行为。票据行为主要包括:①出票。它是指出票人按一定的票据原因和有关规定开出票据,并经签字(章)后交付给他人的票据行为。②背书。它是指持票人转让票据时,在票据背面所作的签名及日期记载行为,它是以票据权利转让他人为目的的票据行为。③承兑。它是指票据付款人按照票据载明事项,对票据金额在票面上作出表示承付款的文字记载及签章的一种票据行为。承兑仅为汇票所特有。④保证。它是指非票据债务人对出票、背书、承兑等行为所发生的债务予以保证的票据行为。⑤付款。它是指票据的付款人或承兑人向持票人支付票款的行为。付款既是持票人的最终目的,又是票据运动的最后阶段,票据一经兑付,票据上所记载的债权债务关系即告终止和消失。⑥追索。它是指票据的持有人在遭到拒付时,向其前手背书人或出票人索取票款的一种票据行为。

二、支票结算的基本规定

支票结算具有如下基本规定:

(1) 支票分为现金支票、转账支票和普通支票3种。现金支票只能用于支取现金;转账支票只能用于转账;普通支票可以用于支取现金,也可以用于转账,在普通支票左上角划两条平行线的,为划线支票,划线支票只能用于转账,不得支取现金。

(2) 出票签发支票必须严格按"支票"(见表7-3)规定的要素内容填写。在支票上记载确定的金额、付款人名称、出票日期和出票人签章,欠缺记载上列事项之一的支票无效。支票的金额、收款人名称,可以由出票人授权补记。

(3) 转账支票和用于转账的普通支票,允许在同一票据交换区域内背书转让。

(4) 支票的出票人签发支票的金额,不得超过付款时在付款人处实有的存款金额,禁止签发空头支票。

表7-3

××银行转账 支票存根	中国××银行 **转账支票** （省别简称）支票号码：
支票号码 _____ 附加信息 _____ _____ 出票日期 年 月 日 收款人： 金额： 用途： 单位主管　　会计	出票日期(大写)　　年　　月　　日　　付款行名称： 收款人：　　　　　　　　　　　　　出票人账号： 人民币　　　　　　　　　　　千百十万千百十元角分 (大写) 用途_____ 上列款项请从我账户内支付 　　出票人签章　　　　　复核　　　　记账 （使用清分机的，此区域供打印磁性字码）

规格：连边8×22.5 cm，正联第17 cm(底纹按行别分色，大写金额栏加红水纹)

(5) 签发支票应使用碳素墨水、墨汁填写；出票人不得签发与其预留银行签章不符的支票；银行可与出票人约定使用支付密码，作为银行审核支付支票金额的条件，使用支付密码的，出票人不得签发支付密码错误的支票。

(6) 出票人签发空头支票、签章与预留银行签章不符的支票、支付密码错误的支票，银行应予以退票，并按票面金额处以5%但不低于1 000元的罚款；持票人有权要求出票人赔偿支票金额2%的赔偿金，对屡次签发的，银行应停止其签发支票。

(7) 支票的提示付款期限为10天。自出票日起计算，最后一天为法定休假日的，以休假日的次日为最后一天。超过提示付款期限提示付款的，持票人开户银行不予受理，付款人不予付款。

(8) 持票人可以委托开户银行收款或者直接向付款人提示付款。用于支取现金的支票仅限于收款人向付款人提示付款。

持票人委托开户银行收款的支票，银行应通过票据交换系统收妥后入账。

持票人委托开户银行收款时，应作委托收款背书，在支票背面背书人签章栏签章、记载"委托收款"字样、背书日期，在被背书人栏记载开户银行名称，并将支票和填制的进账单送交开户银行。持票人持用于转账的支票向付款人提示付款时，应在支票背面背书人签章栏签章，并将支票和填制的进账单交送出票人开户银行。收款人持用支取现金的支票向付款人提示付款时，应在支票背面"收款人签章"处签章，持票人为个人的，还需交验本人身份证件，并在支票背面注明证件名称、号码及发证机关。

三、支票结算的核算手续

（一）持票人、出票人在同一营业机构开户的处理

出票人与收款人办理结算时，可由出票人按规定要求签开其开户行的转账支票留存其存根，将支票交收款人。

持票人向银行提示付款时，应填一式三联的"进账单"（见表7-4）。银行应认真审查：①支票是否是统一规定印制的凭证，是否真实，是否超过提示付款期限。②支票填明的持票

人是否在本行开户,持票人的名称是否为该持票人,与进账单上的收款人名称是否一致。③出票人账户是否有足够可以支付的款项。④出票人的签章是否符合规定,是否与预留银行的签章相符。⑤支票的大小写金额是否一致,与进账单的金额是否相符。⑥支票必须记载的事项是否齐全,出票金额、出票日期、收款人名称是否更改,其他记载事项的更改是否由原记载人签章证明。⑦背书转让的支票是否按规定的范围转让,其背书是否连续,签章是否符合规定,背书使用粘单的是否按规定在粘接处签章。⑧持票人是否在支票的背面作委托收款背书,委托收款背书的签章是否符合规定。⑨支票的出票日期是否使用中文大写,书写是否规范。⑩支票正面记载"不得转让"字样的,是否背书转让。⑪支票是否已办理挂失止付。

表 7-4　　　　　　中国××银行 进账单(贷方凭证)　　2

出票人	全称		收款人	全称		收款人开户行作贷方凭证
	账号			账号		
	开户银行			开户银行		
人民币(大写)			亿 千 百 十 万 千 百 十 元 角 分			
票据种类		票据张数				
票据号码						
备注:				复核　　记账		

规格:连边 8.5×17.5 cm(白纸红油墨)

【例 7-6】 在中国工商银行广州市天河支行开户的 A 企业,签开转账支票 1 张,提交给在本行开户的 B 企业,支付货款 265 000 元。

中国工商银行广州市天河支行收到 B 企业提交的支票和进账单,经审查无误,以支票作借方记账凭证,以第二联进账单作贷方记账凭证转账,以第三联进账单作收账通知交收款人。会计分录为:

借:吸收存款——单位活期存款——A 企业存款户　　　　　　　　265 000
　　贷:吸收存款——单位活期存款——B 企业存款户　　　　　　　265 000

(二) 持票人、出票人不在同一银行机构开户的处理

1. 持票人开户行受理持票人送交他行支票的处理

【例 7-7】 在中国建设银行广州市天河支行开户的天河城百货公司,签开中国建设银行转账支票 1 张,提交给在中国工商银行广州市天河支行开户的天河公司,支付货款 450 000 元。

(1) 收款人开户行的处理。中国工商银行广州市天河支行作为收款人开户行,受理持票人送交的他行支票和进账单,按规定审查无误后,第一联进账单加盖"业务受理章"退交持票人,将支票通过同城票据交换提交出票人开户行中国建设银行广州市天河支行。会计分

录为：

借：清算资金往来——同城票据交换 450 000
　　贷：待处理结算款项——提出××人行票据×日×户 450 000

俟退票时间过后，为收款人收款入账时，会计分录为：

借：待处理结算款项——提出××人行票据×日×户 450 000
　　贷：吸收存款——单位活期存款——天河公司存款户 450 000

如在规定的退票时间内接到中国建设银行广州市天河支行的退票通知，待当日或次日收到退回支票时，填制借、贷方凭证销账。会计分录为：

借：待处理结算款项——提出××人行票据×日×户 450 000
　　贷：清算资金往来——同城票据交换 450 000

（2）出票人开户行的处理。中国建设银行广州市天河支行作为出票人开户行，通过同城票据交换提入支票，经审查无误后支付票款时，以支票作借方记账凭证进账。会计分录为：

借：吸收存款——单位活期存款——天河城存款户 450 000
　　贷：清算资金往来——同城票据交换 450 000

提回的支票如需退票，在当天下场交换退票的，直接退回；如需隔天退票的，先作挂账处理。会计分录为：

借：待处理结算款项——提出××人行票据×日×户 450 000
　　贷：清算资金往来——同城票据交换 450 000

隔天退票时，作相反会计分录销账。

2. 出票人开户行受理出票人送交支票的处理

【例7-8】 在中国建设银行广州市天河支行开户的天河城百货公司，签开转账支票1张，直接提交开户行，支付给在中国工商银行广州市天河支行开户的天河公司货款360 000元。

（1）出票人开户行的处理：中国建设银行广州市天河支行受理天河城百货公司交来的支票和三联进账单时，按规定认真审查无误后，以支票作借方记账凭证转账。第一联进账单加盖"转讫章"作回单交给出票人，第二联进账单加盖"业务用公章"连同第三联进账单按票据交换的规定及时提出交换。会计分录为：

借：吸收存款——单位活期存款——天河城存款户 360 000
　　贷：清算资金往来——同城票据交换 360 000

（2）收款人开户行的处理：中国工商银行广州市天河支行收到票据交换提入的第二、第三联进账单，经审查无误后，以第二联进账单作贷方记账凭证，第三联进账单加盖"转讫章"作收账通知交给收款人供电局。会计分录为：

借：清算资金往来——同城票据交换 360 000
　　贷：吸收存款——单位活期存款——天河公司存款户 360 000

【知识链接】

全国支票影像交换系统

全国支票影像交换系统(cheque image system，CIS)是指运用影像技术将实物支票转换为支票影像信息，通过计算机及网络将影像信息传递至出票人开户银行提示付款的业务处理系统。影像交换系统定位于处理银行机构跨行和行内的支票影像信息交换，其资金清算通过中国人民银行覆盖全国的小额支付系统处理。

全国支票影像交换系统于2006年12月18日投产试运行，2007年6月25日完成全国推广，实现支票的全国通用。

支票影像业务的处理分为影像信息交换和业务回执处理两个阶段，即支票收款人开户银行(支票提出银行)通过影像交换系统将支票影像信息发送至出票人开户银行(支票提入银行)提示付款；出票人开户银行审核无误后将款项通过小额支付系统向提出行发送回执完成付款，支付给收款人开户银行。

第四节 银行汇票结算的核算

一、银行汇票的概念和特点

银行汇票是出票银行签发的，由其在见票时按照实际结算金额无条件支付给收款人或持票人的票据。银行汇票的出票银行为银行汇票的付款人。

银行汇票结算的特点在于：①由结算的付款人发起，作为票据申请人向出票银行获取汇票作为支付工具。②银行汇票信用度高，交款开票，票随人走，人到款到，见票付款，真正做到"持票购物"。③它不受金额起点和是否在银行开户的限制。④适用范围广泛，适用于单位和个人各种款项的异地支付。⑤使用方便、灵活，既可以用于转账，也可以用于支取现金；既可以按出票金额全额结算，也可以在出票金额内部分支付。

二、银行汇票结算的基本规定

银行汇票结算具有如下基本规定：

(1) 银行汇票的出票和付款，全国范围限于中国人民银行和各商业银行参加"全国联行往来"的银行机构办理。代理付款行是代理本系统出票银行或跨系统签约银行审核支付汇票款项的银行。

(2) 银行汇票(见表7-5)一式四联，分别为：第一联卡片，第二联汇票，第三联解讫通知，第四联多余款收账通知。出票时必须载明出票的日期、金额、出票行签章等内容。

(3) 银行汇票的提示付款期限自出票日起1个月(按次月对日计算，次月无对日的，月末日为到期日，到期日遇法定休假日的，以休假日的次日为最后一日)。

表 7-5

付款期限 壹个月	中国××银行 **银 行 汇 票** 2	汇票号码	
出票日期（大写） 年 月 日	代理付款行：	行号：	此联代理付款行付款后作电子划汇借方凭证附件
收款人：		账号：	
出票金额 人民币（大写）			
实际结算金额 人民币（大写）		千百十万千百十元角分	
申请人：_____ 账号：_____ 出票行：_____ 行号：_____ 备 注：_____			
凭票付款	出票行签章	密押： 多余金额 千百十万千百十元角分	复核　记账

规格：连边 10×17.5 cm（专用水印纸蓝油墨，出票金额栏加红水纹）
注：汇票号码前加印省别代号

(4) 申请人使用银行汇票，应向出票银行填写"银行汇票申请书"，填清各有关事项，加盖预留银行的签章。申请人和收款人均为个人，可向出票银行申请，签发现金银行汇票。

(5) 申请人应将银行汇票和解讫通知一并交付给汇票上注明的收款人；收款人受理申请人交付的银行汇票时，应在出票金额以内，根据实际需要的款项办理结算，并将实际结算金额和多余金额准确、清晰地填入银行汇票和通知的有关栏内。银行汇票的实际结算金额不得更改，更改实际结算金额的银行汇票无效。

(6) 持票人向银行提示付款时，必须同时提交银行汇票和解讫通知，缺少任何一联，银行不予受理。

(7) 收款人可以将银行汇票背书转让给被背书人，其背书转让以不超过出票金额的实际结算金额为准。

(8) 银行汇票的实际结算金额低于出票金额的，其多余金额由出票银行退交申请人。

(9) 持票人超过付款提示期限向代理付款银行提示付款不获付款的，须在票据权利时效内（自出票日起 2 年）向出票银行作出说明，请求付款。申请人因银行汇票超过付款提示期限或者其他原因要求退款时，应将银行汇票和解讫通知同时提交出票银行。申请人缺少解讫通知要求退款的，出票银行应于银行汇票提示付款期满 1 个月后办理。银行汇票丧失，失票人可以凭人民法院出具的其享有票据权利的证明，向出票银行请求付款或者退款。

三、银行汇票的核算

(一)"汇出汇款"科目

"汇出汇款"科目是负债类科目,核算银行接受客户申请,为客户签开银行汇票时,向客户收取的提存款项。收取款项,开出银行汇票时,借记有关科目,贷记该科目;收到代理付款行的解付信息,结清汇票时,借记该科目,贷记有关科目。该科目余额在贷方,表明已出票,尚未结清的汇票款。该科目按汇票申请人进行明细核算。

(二)出票行签发银行汇票

1. 银行受理申请,收取票款的处理

申请人需要使用银行汇票时,应填写一式三联的"汇票申请书"(见表 7-6),第一联留存,第二、第三联提交出票行。

表 7-6　　　　　　中国××**银行汇票申请书**(借方凭证)　　**2**

申请日期 20××年×月×日　　　　　　　　　　　　第××号

申请人	××公司	收款人	
账　号或住址		账　号或住址	
用　途		代　理付款行	
汇票金额	人民币(大写):	千百十万千百十元角分	
上列款项请从我账户内支付 　　　　　　申请人盖章 规格:连边 8.5×17.5 cm(白纸蓝油墨)		科　目(借):活期存款 对方科目(贷):汇出汇款 转账日期:　年　月　日 　　　复核:×××　记账:×××	

此联出票行作借方凭证

(1)申请人在出票行开户,以转账方式交付的。出票行受理"汇票申请书",审查无误后,以"汇票申请书"第二联作借方记账凭证,第三联作贷方记账凭证,收取票款。

【例 7-9】　在中国工商银行广州市天河支行开户的天河公司申请签开 200 000 元银行汇票,持往北京向在中国工商银行北京市海淀支行开户的联想公司,实际支付购货款 180 000 元。

中国工商银行广州市天河支行作为出票行,向开户单位天河公司收取票款时,会计分录为:

　　借:吸收存款——单位活期存款——天河公司存款户　　　　　　200 000
　　　贷:汇出汇款——天河公司存款户　　　　　　　　　　　　　　　200 000

(2)申请人为个人,未在出票行开户,以现金方式交付的。出票行受理申请,审查无误后,以申请书第三联作贷方记账凭证,"现金交款单"第二联、申请书第二联作附件,收取票款。

【例 7-10】　中国工商银行广州市天河支行接受非开户个人王某申请,王某提交现金 100 000 元,申请签开现金银行汇票,持往中国工商银行北京市西城支行自行兑取现金。会计分录为：

  借：库存现金——业务库存现金户   100 000
   贷：汇出汇款——王某存款户   100 000

  2. 签发银行汇票的处理

  签发银行办理转账或收妥现金后，签发汇票的柜员根据申请书的内容按下列要求签发汇票：①对空白汇票的防伪性能(标志)、印刷质量进行检测。②银行汇票一式四联必须复写填制，经批准使用计算机签发汇票的，应按此要求套打。③银行汇票的出票日期和出票金额必须使用中文大写，不得涂改，若填写错误必须作废重填。④签发转账汇票一律不填写代理付款行。⑤需在代理付款行支取现金的汇票，必须在四联汇票的"出票金额人民币(大写)"之后紧接填写"现金"字样，再填写出票金额。⑥转账办理的汇票在汇票凭证上"出票行行号"栏填写出票行的全国汇票机构代码；签发现金银行汇票，在汇票凭证上"代理付款行"和"行号"栏分别填写代理付款行全国汇票机构名称和号码。

  银行汇票填写完毕后，将一式四联的银行汇票及申请书交复核员复核。无误后，交压数机保管员审核并在汇票第二联"实际结算金额栏"的小写金额上端用压数机压印出票金额；编押人员在第二联汇票"多余金额栏"上方加编密押；印章管理人员在汇票第二联加盖汇票专用章并由授权的经办人签名或盖章。

  复核无误后，将银行汇票第二联和第三联交给申请人，并由申请人在申请书第三联备注处签收。在银行汇票第一联上加盖经办、复核人名章，逐笔登记"汇出汇款登记簿"并在其摘要栏注明汇票号码后，连同汇票第四联一并专夹保管；同时，登记"重要空白凭证登记簿"及"重要空白凭证使用情况登记簿"，填制表外科目付出凭证，登记表外科目明细账：

  付出：重要空白凭证——银行汇票在用户

（三）代理付款行付款

  1. 银行汇票的审查

  经办行受理持票人直接交来或交换提入的银行汇票第二、第三联和一式三联的进账单时，应认真审查：①银行汇票和解讫通知是否齐全，其号码和记载的内容是否一致。②银行汇票是否为统一规定印制的凭证，是否真实，是否超过提示付款期限。③银行汇票填明的持票人与进账单上的收款人名称是否相符。④出票行的签章是否符合规定。密押是否正确，压数机压印的金额是否由统一制作的压数机压印，与大写的出票金额是否一致。⑥银行汇票实际结算金额大小写是否一致，是否在出票金额以内，多余金额结计是否正确。⑦背书转让的银行汇票是否按规定的范围转让，其背书是否连续，签章是否符合规定。⑧现金银行汇票是否符合现金汇票的有关规定。

  2. 银行汇票付款的处理

  (1) 持票人在本行开户的，经办行以第二联进账单作贷方记账凭证，办理电子汇划向出票行划付款项，第三联进账单加盖"转讫章"作收账通知交给持票人，银行汇票第二、第三联作借方记账凭证附件。

  【例7-11】承[例7-9]，中国工商银行北京市海淀支行为开户单位联想公司实际解付票款180 000元。若中国工商银行各级行电子汇划采取"日中汇划、同步清算"方式处理，则代理付款行中国工商银行北京市海淀支行的会计分录为：

  借：存放系统内款项——存北京市分行存款户   180 000

    贷：吸收存款——单位活期存款——联想公司存款户   180 000

（2）持票人为个人且未在本行开户的，经办行办理电子汇划向出票行划付款项（银行汇票第二、第三联，持票人和被委托人有效身份证件复印件作借方记账凭证附件），第二联进账单作贷方记账凭证，进账单第三联加盖"转讫章"交持票人，按持票人开立"应解汇款"账户。

【例7-12】 承[例7-10]，中国工商银行北京市西城支行为持票人王某全额解付票款100 000元。若中国工商银行各级行电子汇划采取"日中汇划、同步清算"方式处理，则代理付款行中国工商银行北京市西城支行的会计分录为：

  借：存放系统内款项——存北京市分行存款户   100 000

    贷：应解汇款——王某存款户   100 000

持票人王某支取现金的，应填制"支款凭证"一联交代理付款行按规定审查无误后，以"支款凭证"作借方记账凭证。会计分录为：

  借：应解汇款——王某存款户   100 000

    贷：库存现金——业务现金户   100 000

（3）受理跨系统银行汇票付款的处理。受理在本行开户的持票人交来的跨系统银行签发的银行汇票、解讫通知和进账单一式三联时，按规定审查无误后，将进账单第一联加盖"受理他行票据专用章"退持票人，第二联专夹保管。按同城票据交换的有关规定将汇票和解讫通知通过票据交换提交代理付款行。

【例7-13】 在中国建设银行广州市天河支行开户的天河城百货公司申请签开250 000元银行汇票，持往北京向在中国工商银行北京市海淀支行开户的联想公司，全额支付购货款。

（1）中国工商银行北京市海淀支行接受开户单位联想公司提交的中国建设银行银行汇票时，应按有关规定将银行汇票和解讫通知通过票据交换提交给代理付款行中国建设银行北京市海淀支行。会计分录为：

  借：清算资金往来——同城票据交换   250 000

    贷：待处理结算款项——提出××人行票据×日×户   250 000

俟退票时间过后，未被退票的，第二联进账单作贷方记账凭证，另填制有关记账凭证办理转账。会计分录为：

  借：待处理结算款项——提出××人行票据户   250 000

    贷：吸收存款——单位活期存款——联想公司存款户   250 000

（2）代理付款行中国建设银行北京市海淀支行提回银行汇票后，办理解付手续。会计分录为：

  借：存放系统内款项——存北京市分行存款户   250 000

    贷：清算资金往来——同城票据交换   250 000

（四）出票行结清汇票款

签发机构收到代理付款行的有关汇划信息时，根据"电子汇划付款补充报单"与原专夹保管的银行汇票第一、第四联核对无误后,分别作如下处理。

1. 银行汇票全额付款的处理

银行汇票全额解付的,经办人在银行汇票第一联的实际结算金额栏填写全部金额(大写),银行汇票第四联多余金额栏填"—0—",银行汇票第一联作借方记账凭证,"电子汇划付款补充报单"及银行汇票第四联作附件。

【例 7-14】 承[例 7-13],中国建设银行广州市天河支行收到代理付款行中国建设银行北京市海淀支行有关汇划信息,为开户单位天河城百货公司结清票款时,会计分录为:

借:汇出汇款——天河城存款户　　　　　　　　　　　　　　　　　250 000
　　贷:存放系统内款项——存广东省分行存款户　　　　　　　　　　250 000

同时销记"汇出汇款登记簿"。

2. 银行汇票有多余款的处理

银行汇票有多余款的,经办人在银行汇票第一、第四联实际结算金额栏填写实际结算金额,银行汇票第一联作借方记账凭证,以"电子汇划付款补充报单"作借方记账凭证附件,另根据多余金额填制一联特种转账贷方凭证并注明"××号银行汇票多余款"字样作贷方记账凭证。

【例 7-15】 承[例 7-9],中国工商银行广州市天河支行收到代理付款行中国工商银行北京市海淀支行有关汇划信息,为开户单位天河公司结清票款时,会计分录为:

借:汇出汇款——天河公司存款户　　　　　　　　　　　　　　　　200 000
　　贷:存放系统内款项——存广东省分行存款户　　　　　　　　　　180 000
　　　　吸收存款——单位活期存款——天河公司存款户　　　　　　　20 000

同时销记"汇出汇款登记簿",在银行汇票第四联上填写多余金额并加盖"转讫章"后退申请人作收款通知。

如申请人未在本行开户,经办行应将多余金额先转入"其他应付款"科目挂账,并通知申请人持汇票申请书第一联及本人有效身份证件来行办理领取手续。

(五) 银行汇票特殊情况的处理

1. 银行汇票退款处理

(1) 申请人由于汇票超过付款期限(在票据时效期内)或其他原因要求退款时,应向出票行提交书面说明,并交回银行汇票第二、第三联。

出票行经确认汇票未挂失或未被查询,且与原专夹保管的银行汇票第一联核对无误后,在汇票第二、第三联的实际结算金额大写栏内填明"未用退回"字样。银行汇票第一联作借方记账凭证;第二联作借方记账凭证附件;第三联作贷方记账凭证(如系退付现金,作借方凭证的附件)。会计分录与出票时相反。同时,销记"汇出汇款登记簿",在银行汇票第四联上填入原出票金额并加盖"转讫章"退申请人。

(2) 申请人由于短缺银行汇票第三联而不能向代理付款行提示付款,应备函向出票行说明短缺原因,并交回其持有的汇票第二联,出票行于提示付款期满 1 个月后参照上述程序办理退款。

2. 超过付款期付款的处理

持票人超过付款期限不获付款,在票据权利时效内向出票行请求付款的,应当向出票行作出说明,并提交银行汇票和解讫通知。出票行经与原专夹保管的银行汇票第一联核对无误后,正确结计多余金额,即在银行汇票和解讫通知的备注栏内填明"逾期付款"字样,通过"应解汇款"科目办理付款手续。

3. 丧失银行汇票付款与退款的处理

丧失银行汇票,失票人凭人民法院出具的其享有该银行汇票票据权利及实际结算金额的证明和本人有效身份证件,向出票行请求付款或退款,出票行经查确未支付的,办理付款手续。

第五节 商业汇票结算的核算

一、商业汇票的概念和特点

商业汇票是出票人签发的,委托付款人在指定日期无条件支付确定的金额给收款人或者持票人的票据。商业汇票按承兑人的不同,分为商业承兑汇票和银行承兑汇票。商业承兑汇票由银行以外的付款人承兑;银行承兑汇票由银行承兑。商业汇票的付款人为承兑人。

商业汇票结算的特点在于:①商业汇票是远期票据,持票人必须在票据到期时才能行使付款请求权,向承兑人收取票款。②商业汇票必须是在银行开立存款账户的法人和其他组织之间使用。③商业汇票不受金额起点限制。④必须具有真实的交易关系或债权债务关系,才能使用商业汇票。⑤商业汇票在同域和异地均可使用。

二、商业汇票结算的基本规定

(一)关于出票的规定

(1)商业承兑汇票的出票人为在银行开立存款账户的法人和其他组织,与付款人人具有真实的委托付款关系,具有支付汇票金额的可靠资金来源。银行承兑汇票的出票人必须具备下列条件:在承兑银行开立存款账户的法人和其他组织;与承兑银行具有真实的委托付款关系;资信状况良好,具有支付汇票金额的可靠资金来源。

(2)出票人不得签发无对价的商业汇票用于骗取银行或者其他票据当事人的资金。

(二)关于承兑的规定

(1)商业承兑汇票可以由付款人签发并承兑,也可以由收款人签发交由付款人承兑;银行承兑汇票应由在承兑银行开立存款账户的存款人签发。

(2)商业汇票可以在出票时向付款人提示承兑后使用,也可以在出票后先使用再向付款人提示承兑。

(3)付款人应当在自收到提示承兑的汇票之日起3日内承兑或者拒绝承兑。付款人拒绝承兑的,必须出具拒绝承兑的证明。

(4)承兑银行必须具备下列条件:与出票人具有真实的委托付款关系;具有支付汇票金

额的可靠资金;内部管理完善,经其法人授权的银行审定。符合规定和承兑条件的,与出票人签订承兑协议,并按"承兑协议",向申请人收取手续费。

(三) 关于付款的规定

(1) 商业汇票的付款期限,最长不得超过6个月。

(2) 商业汇票的提示付款期限,自汇票到期日起10日。持票人应在提示付款期限内通过开户银行委托收款或者直接向付款人提示付款。

(3) 商业承兑汇票的付款人开户银行收到通过委托收款寄来的商业承兑汇票,将商业承兑汇票留存,并及时通知付款人。① 付款人收到开户银行的付款通知,应在当日通知银行付款。付款人在接到通知日的次日起3日内未通知银行付款的,视同付款人承诺付款,银行应于付款人接到通知日的次日起第4日(法定休假日顺延,下同)开始营业时,将票款划给持票人。② 银行在办理划款时,付款人存款账户不足支付的,应填制付款人未付票款通知书,连同商业承兑汇票邮寄持票人开户银行转交持票人。

(4) 银行承兑汇票的出票人应于汇票到期前将票款足额交存其开户银行。承兑银行应在汇票到期日或者到期日后的见票当日支付票款。银行承兑汇票的出票人于汇票到期日未能足额交存票款时,承兑银行除凭票向持票人无条件付款外,对出票人尚未支付的汇票金额计收利息。

(四) 关于贴现的规定

(1) 商业汇票的持票人向银行办理贴现必须具备下列条件:在银行开立存款账户的企业法人和其他组织;与出票人或者直接前手之间具有真实的商品交易关系;提供与其直接前手之间的增值税发票和商品发运单据复印件。

(2) 符合条件的商业汇票持票人可持未到期的商业汇票连同贴现凭证向银行申请贴现。贴现银行可持未到期的商业汇票向其他银行转贴现,也可向中国人民银行申请贴现。

(3) 贴现期限为从其贴现之日起至汇票到期日前一天止的实际天数。实付贴现金额按票面金额扣除贴现利息计算。

(4) 贴现、转贴现、再贴现到期,贴现银行应向付款人收取票款;不获付款的,应向其前手追索票款。

三、商业汇票的核算

(一) 银行承兑汇票的核算

1. 承兑银行办理汇票承兑的处理

(1) 营业柜台接到有关部门签署的"银行承兑协议"等相关资料后,售出"银行承兑汇票"(见表7-7),"银行承兑汇票"一式三联:第一联为卡片,由承兑银行留存,到期支付票款时,作借方凭证附件;第二联为汇票,由收款人开户行随委托收款凭证寄付款行作借方凭证附件;第三联为存根,由出票人存查。售出银行承兑汇票需登记"重要空白凭证登记簿"及"重要空白凭证使用情况登记簿",同时填制表外科目付出凭证,登记表外科目明细账:"付出:重要空白凭证——银行承兑汇票在用户"。

表 7-7　　　　　　　　　　**银行承兑汇票**　　2　　　汇票号码

出票日期(大写)　　年　　月　　日

出票人全称			收款人	全　称										
出票人账号				账　号										
付款行全称		行号		开户行			行　号							
汇票金额	人民币（大写）				千	百	十	万	千	百	十	元	角	分
汇票到期日			付款行	行　号										
承兑协议编号				地　址										
本汇票请你行承兑,到期无条件付款　　　　出票人签章	本汇票已经承兑,到期日由本行付款　　承兑行签章　承兑日期　年　月　日			复核　　　记账										
	备注:													

（收款人开户行随委收凭证寄付款行作借方凭证附件）

规格:连边 10×17.5 cm(专用水印纸蓝油墨)

（2）营业柜台受理汇票和承兑协议,经审核无误后,在汇票第一、第二、第三联上注明承兑协议编号,在汇票第二联加盖汇票专用章,并由授权的经办人签章,加编密押后,第二、第三联汇票连同一联承兑协议交给出票人,同时按规定比例向出票人收取承兑手续费。

【例 7-16】 在中国工商银行广州市天河支行开户的 A 公司与在中国建设银行广州市天河支行开户的 A 工厂签订购货合同 500 000 元,合同约定 A 公司采用银行承兑汇票支付货款。假定 A 公司 2019 年 6 月 5 日来中国工商银行广州市天河支行申请承兑,银行与其签订承兑协议,银行承兑汇票的付款期为 3 个月,银行按票面金额的 0.6‰收取承兑手续费后办理承兑。

中国工商银行广州市天河支行收取承兑手续费及办理承兑的会计分录为:

借:吸收存款——单位活期存款——A 公司存款户　　　　　　　　　　　　300

贷:手续费及佣金收入——银行承兑汇票手续费收入户　　　　　　　　　300

按承兑金额填制表外科目收入凭证,登记表外科目明细账:

收入:银行承兑汇票——A 公司汇票户　　　　　　　　　　　　　　　　500 000

同时登记"银行承兑汇票登记簿",将汇票第一联、承兑协议副本等有关资料专夹保管。

2. 持票人开户行受理银行承兑汇票的处理

【例 7-17】 承[例 7-16],在中国建设银行广州市天河支行开户的 A 工厂在 2019 年 9 月 5 日汇票到期日委托开户行向承兑银行收取票款时,应填制"委托收款凭证",在汇票背面作成委托收款背书,连同汇票第二联一并送交开户行。

开户行中国建设银行广州市天河支行审查无误后,在委托收款凭证各联上加盖"银行承兑汇票"戳记。按照发出委托收款的手续,将汇票及委托收款凭证第三、第四、第五联通过票据交换提交中国工商银行广州市天河支行。

3. 承兑银行收取票款的处理

承兑银行应每天查看汇票的到期情况,对到期的汇票,应于到期日(遇例假日顺延)向申请人收取票款。

(1) 从申请人存款账户收取全额票款的处理。汇票到期,应从出票人存款账户扣收票款时,填制特种转账凭证转账。

【例 7-18】 承[例 7-16],中国工商银行广州市天河支行于 2019 年 9 月 5 日向申请人 A 公司全额收取承兑汇票款的会计分录为:

借:吸收存款——单位活期存款——A 公司存款户	500 000
贷:应解汇款——A 公司存款户	500 000

(2) 申请人账户到期日不足支付的处理。申请人存款账户不足支付时,对不足支付的差额应转入"承兑垫款"户,填制特种转账借方凭证转账。

【例 7-19】 承[例 7-16],中国工商银行广州市天河支行于 2019 年 9 月 5 日向申请人 A 公司收取承兑汇票款时,如 A 公司存款户只有 300 000 元存款,会计分录为:

借:吸收存款——单位活期存款——A 公司存款户	300 000
逾期贷款——承兑垫款——承兑垫款 A 公司户	200 000
贷:应解汇款——A 公司存款户	500 000

(3) 申请人账户到期日无款支付的处理。申请账户在汇票到期日无款支付时,按承兑金额全额转入"承兑垫款"科目。

【例 7-20】 承[例 7-16],中国工商银行广州市天河支行于 2019 年 9 月 5 日向申请人 A 公司收取承兑汇票款时,如 A 公司存款户无存款可扣,会计分录为:

借:逾期贷款——承兑垫款——承兑垫款 A 公司户	500 000
贷:应解汇款——A 公司存款户	500 000

4. 承兑银行支付票款的处理

承兑银行收到持票人开户行交来的委托收款凭证及汇票,应登记"收到委托收款登记簿",并抽出专夹保管的汇票第一联和承兑协议副本,经审查无误的,承兑银行应于汇票到期日或者到期日之后的见票当日,按照委托收款手续办理付款。

【例 7-21】 承[例 7-16],中国工商银行广州市天河支行收到中国建设银行广州市天河支行通过票据交换提交的汇票及委托收款凭证第三、第四、第五联办理付款时,会计分录为:

借:应解汇款——A 公司存款户	500 000
贷:清算资金往来——同城票据清算	500 000

在"收到委托收款登记簿"上需注明转账日期,并填制表外科目付出凭证,登记表外科目明细账:

付出:银行承兑汇票——A 公司汇票户	500 000

同时登记"银行承兑汇票登记簿"。

5. 持票人开户行收到汇票款项的处理

持票人开户行收到承兑银行划回的款项时,按照委托收款款项划回手续办理。

【例 7-22】 承[例 7-16],中国建设银行广州市天河支行通过票据交换提回委托收款凭证第四联,为开户单位 A 工厂收回票款时,会计分录为:

借:清算资金往来——同城票据清算　　　　　　　　　　　　　　500 000
　　贷:吸收存款——单位活期存款——A 工厂存款户　　　　　　　　500 000

(二)商业承兑汇票的核算

1. 持票人开户行受理商业承兑汇票的处理

商业承兑汇票一式三联:第一联为卡片由承兑人留存,到期支付票款时,作借方凭证附件;第二联为汇票,由持票人开户行随委托收款凭证寄付款行作借方凭证附件;第三联为存根,由出票人存查。

【例 7-23】 在中国建设银行广州市天河支行开户的 A 公司与在中国建设银行北京市朝阳支行开户的 A 工厂签订购货合同,合同金额为 1 500 000 元,合同约定 A 公司采用商业承兑汇票支付货款。假定 A 公司 5 月 10 日与 A 工厂签订购货合同并承兑付款期为 5 个月汇票。

A 工厂作为持票人,持到期的商业承兑汇票于 10 月 10 日委托开户行向付款人 A 公司提示付款时,应填制"委托收款凭证",同汇票一并送交开户行办理委托收款。

中国建设银行北京市朝阳支行收到开户单位 A 工厂交来的委托收款凭证和汇票,审查无误后,在委托收款凭证各联上加盖"商业承兑汇票"戳记。按发出委托收款的处理手续,将第二联汇票及委托收款凭证第三、第四、第五联一并寄交中国建设银行广州市天河支行。

2. 付款人开户行收到商业承兑汇票的处理

(1)开户行审查的内容。付款人开户行收到持票人开户行寄来的委托收款凭证及汇票,审查无误后,在委托收款凭证上注明收到日期,逐笔登记"收到委托收款登记簿",将第三、第四联委托收款凭证和汇票专夹保管,将第五联委托收款凭证和汇票及时交承兑付款人签收。

(2)付款人开户行支付汇票款项的处理。付款人收到开户行的付款通知,应在当日通知银行付款。开户行办理汇票划款时,付款人账户有足够金额支付汇票款项的,应全额支付汇票票款。付款人以委托收款凭证第三联作借方记账凭证(商业承兑汇票加盖"转讫章"作附件),并按照委托收款付款的手续办理。

【例 7-24】 承[例 7-23],承付期满,中国建设银行广州市天河支行为开户单位 A 公司办理付款时,会计分录为:

借:吸收存款——单位活期存款——A 公司存款户　　　　　　　　1 500 000
　　贷:存放系统内款项——存广东省分行存款户　　　　　　　　　　1 500 000

同时在"收到委托收款登记簿"上注明转账日期。

如果开户行办理划款时,付款人账户不足支付或无款支付,开户行应向持票人的开户行发出付款人"未付票款通知书",连同第四联委托收款凭证和汇票一起寄持票人开户行转交收款人或持票人。

(3)付款人拒绝付款的处理。付款人拒绝支付的,应在收到银行通知次日起 3 日内,填写一式四联的"拒绝付款理由书",加盖预留银行印鉴,连同委托收款凭证第五联一起送交开户行,开户行在收到付款人的拒绝付款理由书时,在委托收款凭证和"收到委托收款登记簿"上注明"拒绝付款"字样,将拒绝付款理由书连同商业承兑汇票和委托收款凭证第四、第五联一起寄回持票人开户行。

3. 持票人开户行收到划回票款或退回凭证的处理

(1) 持票人开户行收到电子汇划信息生成划收款补充报单时,应与原专夹保管的委托收款凭证第二联核对无误后,销记"发出委托收款凭证登记簿",按照委托收款的款项划回手续处理。

【例7-25】承[例7-23],中国建设银行北京市朝阳支行收到电子汇划信息生成划收款补充报单,为开户单位A工厂收回货款,会计分录为:

  借:存放系统内款项——存北京市分行存款户   1 500 000
    贷:吸收存款——单位活期存款——A工厂存款户   1 500 000

(2) 持票人开户行收到付款人开户行寄来的"未付票款通知书"或付款人的拒绝付款证明和汇票以及委托收款凭证,应与原专夹保管的委托收款凭证第二联核对无误后,销记"发出委托收款登记簿",按照委托收款付款人不足支付退回凭证或拒绝付款退回凭证的手续处理。将第四、第五联委托收款凭证及一联未付票款通知书或拒绝付款证明及汇票退给持票人,并由持票人在银行留底的"未付票款通知书"上签收。

(三) 商业汇票贴现的核算

持票人持未到期的汇票向其开户行申请贴现时,应填制"贴现凭证"。"贴现凭证"(见表7-8)一式五联:第一联为代申请书;第二联作贷方凭证;第三联作利息贷方凭证;第四联为收账通知;第五联为到期卡。在第一联上加盖预留银行印鉴后连同汇票一并送交开户行。业务部门审查同意后将贴现凭证和会审单交主管人员签章后送营业柜台。

表7-8

贴现凭证(贷方凭证)   2

申请日期 年 月 日   第 号

贴现汇票	种类		号码					持票人	名称									
	出票日		年 月 日						账号									
	到期日		年 月 日						开户银行									
汇票承兑人		名称						账号		开户银行								
汇票金额		人民币(大写)									千	百	十	万	千	百	十	元	角	分
贴现率	‰	贴现利息	千	百	十	万	千	百	十	元	角	分	实付贴现金额	千	百	十	万	千	百	十	元	角	分
备注:											科目(贷)								
											对方科目(借)								
											复核 记账								

此联银行作持票人账户贷方凭证

规格:连边10×17.5 cm(白纸红油墨)

营业柜台收到汇票和贴现凭证,经审查无误,办理贴现手续。以贴现凭证第一联作借方记账凭证(会审单作附件),第二、第三联分别作持票人账户和贴现利息收入的贷方记账凭证,第四联加盖"转讫章"交贴现申请人作收账通知,第五联和汇票专夹保管。会计分录为:

借:贴现——贴现票据——××申请人贴现户
贷:吸收存款——单位活期存款——××贴现申请人户
　　贴现利息收入——贴现利息收入户

同时登记"商业汇票贴现登记簿",另填制表外科目收入凭证,登记表外科目明细账:

收入:贴现票据——××承兑汇票××申请人户

第六节 银行本票结算的核算

一、银行本票的概念和特点

银行本票是银行签发的,承诺自己在见票时无条件支付确定的金额给收款人或者持票人的票据。

银行本票结算的特点在于:①它由结算的付款人发起,作为票据申请人向出票银行获取本票作为支付工具。②它的适用范围广泛,单位和个人在同一票据交换区域需要支付各种款项,均可以使用银行本票。③它不受金额起点的限制。④它使用方便、灵活。银行本票见票即付,可以用于转账,注明"现金"字样的银行本票可以用于支取现金;在同一票据交换区域内,用于转账的银行本票可以背书转让,便于更充分地实现支付结算功能。

二、银行本票结算的基本规定

(1) 银行本票的出票人为经中国人民银行当地分支行批准办理银行本票业务的银行机构。银行本票的代理付款人是代理出票银行审核支付银行本票款项的银行。

(2) 银行本票的提示付款期限自出票日起最长不得超过2个月。持票人超过付款期限提示付款的,代理付款人不予受理。

(3) 申请人和收款人均为个人需要支取现金的,可申请签开现金银行本票;申请人或者收款人为单位的,不得申请签发现金银行本票。

(4) 申请人应将银行本票交付给本票上记明的收款人。收款人可以将银行本票背书转让给被背书人。

(5) 银行本票见票即付。在银行开立存款账户的持票人可向开户银行提示付款。未在银行开立存款账户的个人持票人,凭注明"现金"字样的银行本票向出票银行支取现金。

(6) 持票人超过提示付款期限不获付款的,在票据权利时效内向出票银行作出说明,并提供本人身份证件或单位证明,可持银行本票向出票银行请求付款。银行本票丧失,失票人可以凭人民法院出具的其享有票据权利的证明,向出票银行请求付款或退款。

三、银行本票的核算

(一)"开出本票"科目

"开出本票"科目是负债类科目,核算银行接受客户申请为客户签开银行本票时向客户收取的提存款项。收取款项、开出该票时,借记有关科目,贷记该科目;兑付本票款时,借记该科目,贷记有关科目;该科目余额在贷方,表明已出票但尚未解付的本票款。该科目按本票申请人进行明细核算。

(二)银行本票出票的核算

1. 受理"银行本票申请书"的处理

银行本票签发银行受理申请人提交申请书。经审查无误后,收取票款。

转账交付的,出票行以"银行本票申请书"的第二联作借方记账凭证,以第三联作贷方记账凭证。

【例7-26】 在中国建设银行广州天河支行开户的A公司申请签开800 000元银行本票,持往本市交在中国工商银行广州市天河支行开户的A工厂,全额支付购货款。

中国建设银行广州市天河支行受理申请,收取票款时的会计分录为:

借:吸收存款——单位活期存款——A公司存款户　　　　　　　　800 000
　　贷:开出本票——A公司本票户　　　　　　　　　　　　　　　　800 000

现金交付的,经清点现金无误后登记"现金收付清单",以"银行本票申请书"第三联作贷方记账凭证("现金交款单""银行本票申请书"第二联作贷方记账凭证附件)。

2. 出票行签发本票的处理

出票行在办理转账或收妥现金后,根据"银行本票申请书"第三联填写的内容并按一定要求签发银行本票。"银行本票"(见表7-9)一式两联:第一联为卡片;第二联为本票。

表 7-9

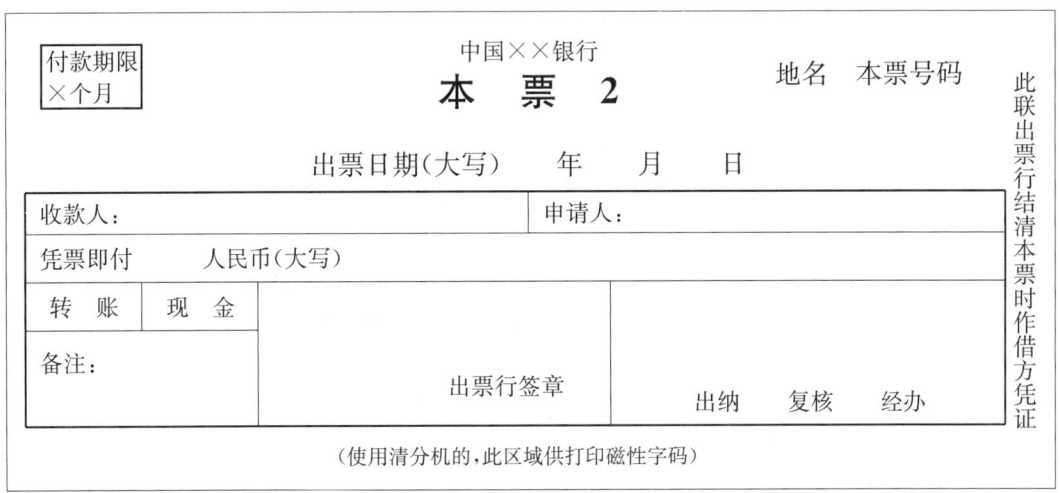

规格:连边 8×17 cm(专用水印纸蓝油墨)

签发银行本票,必须满足下列要求:①银行本票一式两联必须复写填制。②银行本票的出票日期和出票金额必须大写,填写错误的必须作废重填。③用于转账的本票须在银行本票上划去"现金"字样,按照支付结算办法规定可以支取现金的银行本票,须在本票上划去"转账"字样。④申请书备注栏注明"不得转让"的,出票行应当在银行本票正面注明。

填写完毕,经复核无误后在银行本票第二联加盖本票专用章并由经授权的经办人签章。使用压数机在本票"人民币(大写)"栏右端压印小写金额后退申请人,银行本票第一联加盖经办人名章后留存,专夹保管。同时登记"开出本票登记簿""重要空白凭证登记簿",另填制表外科目付出凭证,登记表外科目明细账:

付出:重要空白凭证——在用本票户

(三) 银行本票付款的核算

1. 代理付款行受理在本行开户的持票人交来银行本票的处理

代理付款行收到持票人交来的银行本票和两联进账单时,经审查无误后,进账单第一联加盖"转讫章"退持票人,第二联作贷方记账凭证,在银行本票上加盖"转讫章",通过票据交换向出票行提出交换。

【例7-27】 承[例7-26],中国工商银行广州市天河支行在收到开户单位A工厂提交的银行本票及进账单,为A工厂收款进账。会计分录为:

借:清算资金往来——同城票据交换　　　　　　　　　　　　800 000
　　贷:吸收存款——单位活期存款——A工厂存款户　　　　　　800 000

2. 出票行受理收款人交来填明"现金"字样银行本票的处理

银行本票上未划去"转账"字样的一律按照转账手续处理,注明"现金"字样的银行本票支付款项时,必须到出票行办理。

出票行受理持票人交来的填明"现金"字样的银行本票,抽出专夹保管的银行本票第一联或者存根,审核无误后,登记"现金收付清单",并办理付款手续,销记"开出本票登记簿"。以银行本票第二联作借方记账凭证,银行本票第一联或存根作附件。会计分录为:

借:开出本票——××本票户
　　贷:库存现金——业务现金户

(四) 银行本票结清的核算

1. 持票人、申请人不在同一开户行结清银行本票的处理

出票行收到票据交换提入的银行本票时,抽出专夹保管的银行本票第一联,经核对无误后,以银行本票作借方记账凭证,第一联作附件,结清该笔票款。

【例7-28】 承[例7-26],中国建设银行广州市天河支行通过同城票据交换提回的为本行开户单位A公司签开的银行本票,结清该笔票款。会计分录为:

借:开出本票——A公司本票户　　　　　　　　　　　　　　800 000
　　贷:清算资金往来——同城票据交换　　　　　　　　　　　800 000

同时,销记"开出本票登记簿"。

2. 持票人、申请人在同一行付款和结清本票的处理

出票行受理本行签发的银行本票,除不通过票据交换外,其余手续参照"银行本票付款处理"的程序办理。会计分录为:

借：开出本票——××本票户
　　贷：吸收存款——单位活期存款——××持票人户

（五）银行本票退款的核算

申请人因银行本票超过提示付款期限或者其他原因要求出票行退款时，应填制一式两联的进账单连同银行本票交给出票行。出票行经与原专夹保管的银行本票第一联核对无误后办理退款。

（六）超过付款期限本票的核算

持票人因银行本票超过付款期限或者其他原因不获付款的，在票据时效期内请求出票行付款时，应当向出票行提交书面说明，并填制进账单（一式两联或者一式三联）连同银行本票交给出票行。持票人为个人的，还应交验个人有效身份证件。出票行经与原专夹保管的银行本票第一联或者存根核对无误后，在银行本票上注明"逾期付款"字样，办理付款手续。

【知识链接】

结算原则与结算纪律

1. 结算原则

银行、单位和个人办理支付结算必须遵守3项结算原则：①恪守信用，履约付款。②谁的钱进谁的账，由谁支配。③银行不垫款。

2. 结算纪律

单位和个人办理支付结算的"4个不准"：①不准签发没有资金保证的票据或远期支票，套取银行信用。②不准签发、取得和转让没有真实交易和债权债务的票据，套取银行和他人资金。③不准无理拒绝付款，任意占用他人资金。④不准违反规定开立和使用账户。

银行办理支付结算的"10个不准"：①不准以任何理由压票、任意退票、截留挪用客户和他行资金。②不准无理拒绝支付应由银行支付的票据款项。③不准受理无理拒付、不扣少扣滞纳金。④不准违章签发、承兑、贴现票据，套取他行资金。⑤不准签发空头银行汇票、银行本票和办理空头汇款。⑥不准在支付结算制度之外规定附加条件，影响汇路畅通。⑦不准违反规定为单位和个人开立账户。⑧不准拒绝受理、代理他行正常结算业务。⑨不准放弃对企、事业单位和个人违反结算纪律的制裁。⑩不准逃避向人民银行转汇大额汇划款项。

第七节　银行卡结算的核算

一、银行卡的概念和种类

（一）银行卡的概念

银行卡是指由商业银行向个人和单位发行的，具有消费信用、转账结算、存取现金等全部或者部分功能的信用支付工具。

作为一种现代支付工具,银行卡能满足持卡人如下需要:其一,持卡人可持卡在发卡机构特约商户办理购物消费;其二,持卡人可在发卡机构的指定受理网点或者自动柜员机上存取现金;其三,持卡人可确因临时消费急需,经发卡机构批准,在规定额度和期限内,进行透支性支付消费。

(二)银行卡的种类

(1) 银行卡按使用对象可分为单位卡和个人卡。

(2) 银行卡按载体材料可分为磁条卡和智能卡(IC卡)。

(3) 银行卡按信用基础和清偿方式可分为信用卡和借记卡。前者在受卡时,无须先存款,可以"先消费、后还款",发卡银行可向持卡人提供一个信贷限额使用;后者在领卡时,则须先交存一定备用金,按"先存款、后消费"的原则使用银行卡。

(4) 银行发行的信用卡按信誉等级可分为金卡、银卡和普遍卡。

(5) 银行卡按流通范围可分为国际卡和地区卡。

(6) 银行卡按结算币种不同可分为本币卡、外币卡和双币卡。

(7) 银行卡按发卡主体不同可分为各商业银行独立发卡和联名卡。

二、银行卡的有关规定

(一)银行卡的发行主体

银行卡的发行主体为商业银行,并须经中国人民银行批准。未经中国人民银行批准不得发行银行卡。

(二)银行卡的使用要求

(1) 单位卡。凡在中华人民共和国境内金融机构开立基本存款账户,可申办单位卡。单位卡账户的资金一律从其基本存款账户转账存入,不得交存现金,不得将其他存款账户和销货收入的款项存入单位卡账户。单位卡不得用于支取现金,不得用于10万元以上的交易结算。

(2) 个人卡。凡具有完全民事行为能力的公民可选择申办一张个人卡。个人卡账户的资金只限于其持有人现金存入或者以其工资性款项及属于个人的其他合法收入转账存入。严禁将单位的款项转账存入个人卡账户。

(三)银行卡的申办手续

(1) 申办银行卡应按规定填写申请表,申请表所填的各项资信资料必须真实可靠,经发卡行按规定程序审查后,并提供有效的身份证件,对符合条件的申请人准予办理领用手续,并与申请人签订《领用卡协议》。

(2) 申办相关银行卡须交存备用金的,应按各发卡行规定的金额起点交存备用金,多存不限,并可随时续存。

(3) 申办相关银行卡,申请人须向发卡行提供担保的。担保方式为保证、抵押和质押。

(四)持卡人使用银行卡的规定

(1) 银行卡及其存款账户仅限于合法持卡人本人使用,不得出租或者转借、转让。持卡人在受理银行卡的自动柜员机上存取现金和在特约商户、网点销售终端(POS)上办理转账结算时,必须遵守发卡银行的有关规定。

(2) 持卡人凭有效银行卡可在特约商户办理购物消费和转账结算;个人卡持卡人还可凭卡在发卡银行信用卡部门办理转账结算,在指定的受理网点或者自动柜员机上存取现金。

(3) 发卡银行对贷记卡的取现应当每笔授权。发卡银行应当对持卡人在自动柜员机取款设定交易上限。每卡每日累计提款不得超过 20 000 元人民币。

(五) 银行卡有关计息计费的规定

(1) 银行卡的计息包括计收利息和计付利息,均按照《金融企业财务规则》的规定进行核算。

(2) 发卡银行对准贷记卡及借记卡账户内的存款,按照中国人民银行规定的同期同档次存款利率及计息办法计付利息。对贷记卡账户的存款、储值卡(含 IC 卡的电子钱包)内的币值不计付利息。

(3) 贷记卡持卡人非现金交易享受如下优惠条件:①免息还款期待遇。银行记账日至发卡银行规定的到期还款日之间为免息还款期。免息还款期最长为 60 天。持卡人在到期还款日前偿还所使用全部银行款项即可享受免息还款期待遇,无须支付非现金交易的利息。②最低还款额待遇。持卡人在到期还款日前偿还所使用全部银行款项有困难的,可按照发卡银行规定的最低还款额还款。贷记卡透支按月计收复利,准贷记卡透支按月计收单利,透支利率根据中国人民银行的此项利率调整而调整。

(4) 商业银行办理银行卡收单业务应当按标准向商户收取结算手续费。

(5) 持卡人在 ATM 机跨行取款的费用由其本人承担,并规定的标准收取。

(6) 商业银行代理境外银行卡收单业务应当向商户按规定的标准收取结算手续费。

【知识链接】

截至 2022 年第二季度末银行卡发展的主要指标

截至 2022 年第二季度末,全国累计发行银行卡 92.99 亿张。其中,借记卡 84.93 亿张,信用卡和借贷合一卡 8.07 亿张。全国人均持卡量为 6.58 张。银行卡跨行支付系统联网商户 2 718.27 万户,联网 POS 终端机具 53 670.33 万台,ATM 691.53 万台。

第二季度,全国共发生银行卡交易 71 079.00 亿笔,金额 244.05 万亿元。其中,存现业务 10.98 亿笔,金额 7.68 万亿元;取现业务 15.10 亿笔,金额 7.13 万亿元;转账业务 451.69 亿笔,金额 198.53 万亿元;消费业务 601.23 亿笔,金额 30.71 万亿元。银行卡授信总额 821.75 万亿元,银行卡应偿还信贷余额 8.66 万亿元。

(注:资料来源中国人民银行官网)

三、银行卡的核算

(一) 银行卡开户的核算

1. 个人申请人缴存现金开户的处理

申请人开户时,应填写"银行卡开户申请表",将申请表、有效身份证件连同现金(开户备用金和手续费)一并交经办行。经办行清点现金、审核无误后,办理开户手续。会计分录为:

借：库存现金——××机构业务现金户
　　贷：吸收存款——个人信用卡存款——××持卡人户
　　　　手续费及佣金收入——信用卡手续费收入户

同时登记"开户登记簿"。申请人领卡时，由领卡人签收，经办行登记"重要空白凭证登记簿"，填制表外科目付出凭证，登记表外科目明细账：

付出：重要空白凭证——银行卡在用户

2. 单位申请人转账开户的处理

申请人开户时，应填写"银行卡开户申请表"，填制转账支票及进账单交经办行。经办行审核无误并收妥款项后，办理开户手续。会计分录为：

借：吸收存款——单位活期存款——××单位存款户
　　贷：吸收存款——单位信用卡存款——××申请单位户
　　　　手续费及佣金收入——信用卡手续费收入户

3. 贷记卡开户的处理

申请人开户时，不需交存"信用卡存款"。其他开户手续比照上述手续办理。申请人需要交存信用卡保证金的，经办行在受理申请人办理信用卡开户时，应先办理收取保证金手续，再在开户通知书中写明申请人需交存保证金的金额。使用"个人（单位）保证金存款"科目收取保证金，记入该科目的贷方；申请人以抵押、质押方式提供的担保，担保物的核算，按贷款相关规定处理。

（二）银行卡付款的核算

1. 特约单位开户行的处理

持卡人在特约单位购物消费时，由特约单位打印签购单由持卡人签名确认。每日营业终了，特约单位根据签购单汇总表填制汇计单，计算手续费和净计金额，连同签购单和进账单一并送交开户行办理收账。

特约单位开户行收到特约单位送交的进账单、汇计单及签购单后，经审查无误，区别情况进行收账。

（1）特约单位与持卡人在同一行开户的，直接办理转账并收取手续费。会计分录为：

借：吸收存款——个人（单位）信用卡存款——××持卡人户
或 借：信用卡透支——××持卡人户
　　贷：吸收存款——单位活期存款——××特约单位户
　　　　手续费及佣金收入——信用卡结算手续费收入户

（2）特约单位与持卡人在同一城市不同银行开户的，特约单位开户行应向持卡人开户行提出票据交换，等款项收妥后，处理收款入账。会计分录为：

① 提出票据交换时：

借：清算资金往来——同城票据清算
　　贷：待处理结算款项

② 无退票，收妥款项时：

借：待处理结算款项
　　贷：吸收存款——单位活期存款——××特约单位户
　　　　手续费及佣金收入——信用卡结算手续费收入户

(3) 特约单位与持卡人不在同一城市，需要办理系统行电子汇划或跨系统转划款，进行收账。会计分录为：

　　借：清算资金往来——上级行往来户(或存放系统行款项)
或　借：清算资金往来——同城票据清算等科目
　　　　贷：吸收存款——单位活期存款——××特约单位户
　　　　　　手续费及佣金收入——信用卡结算手续费收入户

2. 持卡人支取现金的处理

持卡人支取现金时，经办行将持卡人提交的银行卡及有效身份证件，经审核无误后，分别情况办理取款手续。

(1) 持卡人在本行开户的，直接办理支付。会计分录为：

　　借：吸收存款——个人(单位)信用卡存款——××持卡人户
或　借：信用卡透支——××持卡人户
　　　　贷：库存现金——业务现金户

(2) 持卡人在同一城市其他银行开户的，向持卡人开户行提出票据交换支付现金，并收取手续费。会计分录为：

　　借：清算资金往来——同城票据清算
　　　　贷：应解汇款——持卡人户
　　借：应解汇款——持卡人户
　　　　贷：库存现金——业务现金户
　　　　　　手续费及佣金收入——信用卡结算手续费收入户

(3) 持卡人在异地系统行开户的，向持卡人开户行办理电子汇划手续。会计分录为：

　　借：清算资金往来——上级行往来户(或存放系统行款项)
　　　　贷：应解汇款——持卡人户
　　借：应解汇款——持卡人户
　　　　贷：库存现金——业务现金户
　　　　　　手续费及佣金收入——信用卡结算手续费收入户

持卡人在异地跨系统行开户的，通过跨系统转划款方式向持卡人开户行办理电子汇划手续。

3. 持卡人开户行的处理

发卡行收到特约单位开户行或付现行有关凭证、信息后，实时进行付款账务处理。会计分录为：

　　借：吸收存款——个人(单位)信用卡存款——××持卡人户
或　借：信用卡透支——××持卡人户
　　　　贷：清算资金往来——同城票据清算
或　　　贷：清算资金往来——上级行往来户(或存放系统行款项)

对于贷记卡透支的利息,应按规定计收利息。

(三)银行卡其他业务的处理

1. 银行卡挂失和补卡、换卡的核算

(1)银行卡挂失的处理。持卡人因遗失、被盗等情况申请办理银行卡挂失时,应提供持卡人本人有效身份证件,并提供银行卡种类、姓名、卡号等情况,向就近的本系统营业机构申请挂失。由持卡人填写"挂失申请书",经办行经审核挂失办理挂失手续,并向申请人收取挂失手续费。会计分录为:

借:库存现金——××机构业务现金户
　　贷:手续费及佣金收入——挂失手续费收入户

(2)银行卡挂失补卡、换卡的处理。挂失后持卡人要求补办新卡,持第二联"挂失申请书"、本人有效身份证件到发卡行办理挂失补卡手续,经办人应与原专夹保管的挂失申请书第一联核对相符后,收取工本费,补办新卡。会计分录为:

借:库存现金——××机构业务现金户
　　贷:手续费及佣金收入——银行卡工本费收入户

新卡的卡号要变更,但原有效期及其他资料不变。同时登记"重要空白凭证登记簿",填制表外科目付出凭证,登记表外科目明细账:

付出:重要空白凭证——××卡在用户

持卡人在银行卡有效期内,因自然磨损、磁条损坏及银行卡到期需要换卡时,发卡行应收回旧卡,发给新卡,原银行卡的卡号不变,其他处理手续按挂失补卡处理。

2. 银行卡销户的核算

持卡人申请销户时,应填写"银行卡销户申请书",连同银行卡及有效身份证件一并交发卡行办理销户。

发卡行在区分借记卡、贷记卡,按规定计付、计收利息,在确认贷记卡持卡人还清透支借款,具备销户条件后办理销账。其中,个人卡销户,可以提取余存现金;单位卡销户要将账户余额转回基本存款户,不得提取现金。会计分录为:

借:吸收存款——个人(单位)信用卡存款——××持卡人户
　　贷:库存现金——业务现金户
或　贷:吸收存款——单位活期存款——××存款人户

登记"销户登记簿",将收回的银行卡剪角作废,登记"作废重要单证(卡)登记簿",填制表外科目收入凭证,登记表外科目明细账:

收入:重要空白凭证——××待销毁户

【关键术语】

结算原则　汇兑结算　委托收款　支票　银行汇票　银行承兑汇票　贴现　银行卡

【问题思考】

1. 汇兑结算有哪些基本规定？汇兑结算的核算手续如何？
2. 异地托收承付结算与委托收款结算方式的异同点是什么？
3. 支票有哪些基本规定？其适用范围如何？若出票人和持票人不在同一银行开户时，转账支票结算的处理与核算手续如何？
4. 银行汇票有哪些基本规定？其适用范围如何？出票行应如何办理出票和结清银行汇票手续？代理付款行应如何办理付款手续？
5. 商业承兑汇票和银行承兑汇票在核算上有何不同？
6. 如何理解银行本票是同城的银行汇票？

【思政园地】

1. 贪污浪费是极大的犯罪。 ——《毛泽东语录》
2. 被名利迷住了心窍的人，理性是无法加以约束的。于是他一头栽进不可抗拒的欲念，召唤他去的地方，他的职业已不再是他自己选择的，而是由偶然机会和假象去决定的了。

——《马克思经典语录》

练 习 题

一、单项选择题

1. 银行是支付结算的(　　)。
   A. 收付主体　　B. 中介机构　　C. 发起者　　D. 垫款人
2. 汇兑在银行实际支付结算业务中一般是通过(　　)进行异地电子划款。
   A. 邮局　　B. 银行汇划系统　　C. 银联系统　　D. 中国人民银行
3. 在汇兑结算中,办理现金汇款的,柜员收妥现金后,先将客户交存现金存入(　　)科目,再从该科目中划出。
   A. "汇出汇款"　　　　　　B. "应解汇款"
   C. "活期存款"　　　　　　D. "定期存款"
4. 汇入行已寄出取款通知,收款人因住址迁移或其他原因,以致该笔汇款超过(　　)仍无人受领的,汇入行可以主动办理退汇。
   A. 10 天　　B. 1 个月　　C. 2 个月　　D. 6 个月
5. 委托收款结算付款人付款的承付期为(　　)。
   A. 3 天　　B. 7 天　　C. 10 天　　D. 1 个月
6. 在托收承付中,付款人开户行负责监督逾期未付款扣付的期限为(　　)。
   A. 3 天　　B. 7 天　　C. 10 天　　D. 3 个月
7. 支票的付款人为支票上记载的(　　)。
   A. 出票人　　　　　　B. 出票人开户行
   C. 结算付款人　　　　D. 收款人开户行
8. 某客户签发金额为 10 000 元的转账支票空头,银行应处以(　　)元的罚款。
   A. 100　　B. 200　　C. 500　　D. 1 000
9. 支票的提示付款期为(　　)。
   A. 7 天　　B. 10 天　　C. 1 个月　　D. 2 个月
10. 银行汇票的(　　)为银行汇票的付款人。
    A. 代理付款银行　　B. 出票银行　　C. 申请人　　D. 承兑人
11. 银行汇票的提示付款期限自(　　)算起,提示付款期为 1 个月。
    A. 提示日　　B. 出票日　　C. 承兑日　　D. 付款日
12. 某汇票的出票日为 1 月 10 日,其提示付款期的到期日为(　　)。
    A. 2 月 10 日　　B. 2 月 11 日　　C. 2 月 28 日　　D. 3 月 1 日
13. 签发"现金银行汇票"要求(　　)。
    A. 收款人为个人　　　　　　B. 申请人为个人
    C. 收款人或申请人为个人　　D. 收款人和申请人均为个人

14. 出票银行签发银行汇票时,应用( )科目核算。
    A. "应解汇款"   B. "汇出汇款"   C. "定期存款"   D. "短期贷款"
15. 商业汇票的付款人为( )。
    A. 出票人   B. 承兑人   C. 担保人   D. 银行
16. 商业汇票的付款期限,最长不得超过( )。
    A. 10 日   B. 1 个月   C. 6 个月   D. 1 年
17. 商业汇票的提示付款期限,自汇票到期日起( )。
    A. 10 日   B. 1 个月   C. 6 个月   D. 年
18. 银行本票的提示付款期限自出票日起最长不得超过( )。
    A. 1 个月   B. 2 个月   C. 6 个月   D. 1 年

二、多项选择题

1. 下列结算中,适用于同城的有( )。
   A. 银行汇票   B. 银行本票   C. 支票   D. 托收承付
2. 下列结算中,由结算的付款人发起的有( )。
   A. 支票   B. 银行汇票   C. 委托收款   D. 托收承付
3. 汇兑结算中,对汇款人提交汇兑凭证的要求包括( )。
   A. 凭证的金额、委托日期、收款人名称不得更改
   B. 委托日期必须为委托银行汇款当日
   C. 大小写金额必须一致
   D. 填明"现金"字样的电汇凭证,汇款人和收款人必须均为个人
4. 委托收款的适用范围包括( )。
   A. 开户单位   B. 同城
   C. 异地   D. 金额在 10 000 元以上
5. 使用托收承付结算方式,应满足的条件有( )。
   A. 款项必须是商品交易款   B. 收付双方签有购销合同
   C. 全额收款   D. 同城
6. 可以背书转让的票据包括( )。
   A. 转账支票   B. 银行汇票   C. 银行本票   D. 现金支票
7. 下述关于支票使用范围的表述中,正确的有( )。
   A. 现金支票只能用于支取现金
   B. 转账支票只能用于转账
   C. 普通支票可以用于支取现金,也可以用于转账
   D. 现金支票可以背书转让
8. 支票的持票人可以( )。
   A. 委托开户行收款   B. 直接向付款人提示付款
   C. 在票据交换范围内背书转让   D. 申请贴现
9. 下述关于银行汇票使用范围的表述中,正确的有( )。
   A. 结算的付款人"持票购物"

B. 不受金额起点和是否在银行开户的限制
C. 异地
D. 既可以按出票金额全额结算,也可以在出票金额内部分支付

10. 出票行签发银行汇票的基本要求包括(　　)。
    A. 银行汇票一式四联必须复写填制
    B. 出票日期和出票金额必须使用中文大写
    C. 一律不填写代理付款行
    D. 加盖汇票专用章

11. 银行承兑汇票的出票人必须具备的条件包括(　　)。
    A. 在承兑银行开立存款账户
    B. 与承兑银行具有真实的委托付款关系
    C. 资信状况良好,具有支付汇票金额的可靠资金来源
    D. 与收款人必须具有真实的交易关系或债权债务关系

12. 商业汇票的持票人向银行办理贴现必须具备的条件包括(　　)。
    A. 在银行开立存款账户的企业法人以及其他组织
    B. 与出票人或者直接前手之间具有真实的商品交易关系,提供与其直接前手之间的增值税发票和商品发运单据复印件
    C. 未到期的商业汇票
    D. 汇票已过提示付款期

13. 下述关于银行本票结算规定的表述中,正确的有(　　)。
    A. 银行本票的出票人,必须经中国人民银行批准
    B. 代理付款人必须是出票银行同一系统的银行
    C. 申请人或收款人为单位的,不得申请签发现金银行本票
    D. 银行本票见票即付

14. 银行卡作为现代支付工具,其应具有的功能有(　　)。
    A. 支付结算　　　　　　　　B. 存取现金
    C. 消费信贷　　　　　　　　D. 清算银行往来资金

15. 下述关于银行卡结算规定的表述中,正确的有(　　)。
    A. 借记卡必须"先存款、后消费"
    B. 单位卡需在银行开立活期存款账户
    C. 发卡银行应当对持卡人在自动柜员机取款设定交易上限
    D. 发卡银行应对持卡人的各类存款计付利息

三、判断题

1. 银行是支付结算的发起机构和组织者。　　　　　　　　　　　　　(　　)
2. 汇兑结算不受金额起点和是否在银行开户的限制。　　　　　　　　(　　)
3. 个人汇款需要在汇入行支取现金的,应在汇兑凭证"汇款金额"大写栏,先填写"现金"字样,再填写汇款金额。　　　　　　　　　　　　　　　　　　　　　　　(　　)
4. 汇款人委托银行汇款时填写的日期必须是委托银行汇款的当日。　　(　　)

5. 委托收款结算可以依据债权单证部分收款。（　）
6. 委托收款结算以银行为付款人的，银行应在接到委托收款凭证及债权单证3天内将款项支付给收款人。（　）
7. 使用托收承付结算，收付款双方必须签有合法的购销合同，并在合同上订明使用这一结算方式。收款人托收时，必须有商品确已发运的单证。（　）
8. 票据是一种表示金钱债权的有价证券。它对债务人来说是一种债务凭证，而对债权人来说，是其债权的一种保证，谁占有票据即占有其所代表的价值。（　）
9. 支票的出票人为在银行机构开立各类存款账户的单位和个人。（　）
10. 各类支票在同一票据交换区域内均可以背书转让。（　）
11. 支票的出票人签发支票的金额，不得超过出票时在付款人处实有的存款金额，禁止签发空头支票。（　）
12. 支票的提示付款期限自出票日起计算，最后一天为法定休假日的，以休假日的次日为最后一天。（　）
13. 持票人持有现金支票仅限于收款人向票据的付款人提示付款。（　）
14. 银行汇票的出票和付款，限于中国人民银行和各商业银行参加"全国联行往来"的银行机构办理。（　）
15. 收款人可以将银行汇票背书转让给被背书人，其背书转让以出票金额为准。（　）
16. 银行签发银行汇票时，一律不填写代理付款行。（　）
17. 银行汇票申请人由于短缺汇票第三联而不能向代理付款行提示付款，应备函向出票行说明短缺原因，并交回其持有的汇票第二联，出票行应于提示付款期满后办理退款。（　）
18. 商业汇票的付款人为承兑人。（　）
19. 贴现银行可持未到期的商业汇票向其他银行再贴现，也可向中国人民银行申请转贴现。（　）
20. 贴现期限为从其贴现之日起至汇票到期日的实际天数。（　）
21. 持票人超过提示付款期限不获付款的，在票据权利时效内向出票银行作出说明，并提供本人身份证件或单位证明，可持银行本票向开户银行请求付款。（　）
22. 银行卡是由商业银行向个人和单位发行的，具有消费信用、转账结算、存取现金等全部功能的信用支付工具。（　）
23. 借记卡是按"先消费、后还款"原则使用的银行卡。（　）
24. 单位卡不得用于支取现金，不得用于10万元以上的交易结算。（　）
25. 对贷记卡账户的存款、储值卡内的币值银行不计付利息。（　）

第八章
中间业务的核算

章前导引

教学目标

本章主要概述了代理收付款、委托贷款、代理证券转账、理财及代保管五种最有代表性的商业银行中间业务核算内容。

通过学习,学生应了解银行相关中间业务的种类、业务内容及特点;掌握中间业务的核算流程及核算手续。

【知识链接】

中间业务的特点及分类

中间业务是指不构成表内资产、表内负债,形成银行非利息收入的业务。商业银行中间业务具有4个特征:一是银行在业务中发挥中间人的角色,如代收水电费,银行在水电费收费机构和消费者之间起到桥梁作用;二是银行在中间业务中仅提供服务,不需要提供资金,所以风险低;三是以收取手续费为主要目的,因为银行办理中间业务要付出一定的成本,需要收费加以补偿;四是银行中间业务产品是一种固化了商业信誉的金融产品,而不仅仅是一种单纯的金融产品。

按照《商业银行中间业务暂行规定》给定的参考分类标准,商业银行中间业务可分为以下几类:①支付结算类中间业务。②银行卡业务。③代理类中间业务。④担保类中间业务。⑤承诺类中间业务。⑥交易类中间业务。⑦基金托管业务。⑧咨询顾问类业务。⑨其他类中间业务。

第一节 代理收付款业务的核算

一、代理收付款业务的种类

代理收付款业务是商业银行利用自身的结算优势,接受单位或个人的委托,代办委托人指定的款项的收付业务。目前,商业银行开办的代收款业务主要有代收税费、代收代缴罚款、代理行政事业性收费、代收水费、代收电费、代收固定电话费、代收移动电话费、代收网络费、代收体育彩票款、代收学校学杂费、代收物业管理费等;代付款业务主要有代发工资、代发养老金、代发失业保险金、代发奖金、代发助学贷款学生生活费、代扣储蓄存款利息所得税等。

商业银行在接受委托人代理收付款业务时,应先与委托人签订代理收付款协议,明确代理收付款的内容、范围、对象、时间、金额、方式及代理手续费等,在收付款之前,委托人要向商业银行出具收付款的合法依据及有关单据;代理付款时,委托人还必须事先将代付款交存商业银行以备支出。商业银行代收的款项在收妥后转入委托单位的银行账户。在代理收付款的过程中,如果遇到业务纠纷,一概由债权人与债务人自行解决,银行不应介入。本节主要介绍财政代收代缴业务、代理国库集中支付业务和批量代理收付业务的核算。

二、批量代理收付业务的有关规定及核算

(一) 批量代理收付业务的方式和规定

随着计算机网络技术的发展,商业银行收取公用事业费和代发工资、股息等代理业务多采取批量处理模式,即通过录入、传输、存储到入账等方式,将代理收付数据上传计算机系统主机,由主机自动批量进行账务处理。根据代理数据来源不同,批量代理收付业务一般分为终端批量代理、数据传输代理和磁盘批量代理。

1. 终端批量代理

终端批量代理即营业网点先通过计算机终端建立被代理单位及代理的明细档案,代理业务发生时,被代理单位将本期应收或应付明细清单提交银行,营业网点在终端批量录入并核对无误后产生批量数据文本,通过批量代理程序上传主机,由主机进行批量入账。

2. 数据传输代理

数据传输代理即被代理单位将符合主机格式的数据明细(包括账号、代理种类、金额、单位代码、总金额、笔数、入账日期等)传输给银行联网计算机,银行联网计算机将数据上传主机后,由主机批量入账。

3. 磁盘批量代理

磁盘批量代理即由被代理单位将本期应收、代付明细,通过磁盘或 Internet 提供给银行,由银行核对相符后通过批量代理传输程序上传主机、主机批量入账。

下面以代收移动话费、代发工资、代收电费 3 种业务为例,介绍磁盘批量代理业务的处理流程。

1) 代收移动话费业务

目前,银行网点均可办理移动电话话费的代收业务,通过柜面的操作,可实现话费查询、缴纳话费、缴费冲正、缴费查询等功能。

2) 代发工资业务

代发工资业务是商业银行利用自身的机构、网络及先进的电子设备,为企、事业单位发放职工工资的业务。商业银行代发工资的方式主要是利用储蓄存款存折,然而随着 ATM 机在全国各大中城市的广泛使用,以银行取款卡和信用卡方式发放职工工资已成为代发工资业务的主要发展方向。

(1) 银行必须与代理单位签订"代发工资协议书",协议书应明确被代理单位性质、代付费

种类、代付费人数、入账时间、数据传递方式和手续费收费标准等,明确双方的责任和义务。

(2) 银行方操作人员必须核对代发工资应付款账户,确保主机批量处理后账户余额为零。

(3) 对于代理单位传送的磁盘和清单,必须建立严格的交接手续,坚持"换人复核、授权提交"的原则。

(4) 对委托账户的分户代理金额及代理户数合计数与代理业务清单等有关凭证上的数据要核对相符。

3) 代收电费业务

代理银行必须与代理单位签订"代收费协议书"。协议书必须明确被代理单位性质、代收费种类、代收费人数、入账时间、数据传递方式和手续费收费标准等,代理单位或银行必须与缴费客户签订委托扣款协议。

(二) 批量代理收付业务的核算

1. 代收移动话费业务的处理

客户到网点用现金缴纳话费时,柜员应先根据客户提供的电话号码进行话费查询,查询内容包括付费户名、缴费月数、应缴金额等相关信息。客户确认姓名和应缴纳金额后用现金方式缴纳话费。银行在收取现金后即办理缴纳话费的账务处理,同时将受理的各类现金缴费业务资金实时转账到各代收类别在归集行开立的集中专户上。

【例 8-1】 中国建设银行某网点收到客户缴纳的话费 300 元。会计分录为:

(1) 代理网点:

借:库存现金——业务现金户　　　　　　　　　　　　　　　　　　　　　300
　　贷:上存辖内备付金户　　　　　　　　　　　　　　　　　　　　　　　　300

(2) 归集网点:

借:上存辖内备付金户　　　　　　　　　　　　　　　　　　　　　　　　300
　　贷:吸收存款——单位活期存款——××存款户　　　　　　　　　　　　300

2. 代发工资业务处理

【例 8-2】 中国工商银行某营业网点发生如下业务:2023 年 9 月 4 日,某小学持反映该校 9 月份工资明细情况的磁盘数据文件到开户银行,委托银行将 9 月份应付工资 100 000 元分别发给 100 个教职员工,每人 9 月份工资均为 1 000 元。营业网点收到该校代发工资磁盘,将磁盘交代理业务服务器操作员。代理业务服务器操作员解读磁盘密码,并审查磁盘数据文件是否符合银行数据格式要求,不符合要求的需进行格式转换。磁盘数据检验正确后上传主机,由主机进行批量处理。会计分录为:

(1) 开户网点:

借:吸收存款——单位活期存款——某小学存款户　　　　　　　　　　100 000
　　贷:其他应付款——代发工资户　　　　　　　　　　　　　　　　　　100 000
借:其他应付款——代发工资户　　　　　　　　　　　　　　　　　　　100 000
　　贷:吸收存款——个人活期存款——甲　　　　　　　　　　　　　　　　1 000
　　　　　　　　　　　　　　　　——乙　　　　　　　　　　　　　　　　1 000
　　　　　　　　　　　　　　　　——丙　　　　　　　　　　　　　　　　1 000
　　　　　　　　　　　　　　　　……

(2) 代办网点：

借：上存辖内备付金　　　　　　　　　　　　　　　　　　　　　100 000
　　贷：吸收存款——个人活期存款——甲　　　　　　　　　　　　　1 000
　　　　　　　　　　　　　　　　——乙　　　　　　　　　　　　　1 000
　　　　　　　　　　　　　　　　——丙　　　　　　　　　　　　　1 000
　　　　　　　　　　　　　　　　……

主机批量处理后，营业网点操作人员必须查询"其他应付款——代发工资"科目，如果其余额不为零，必须查清原因，同时根据代理业务返传文本清单手工转账。

3. 批量代收电费的处理

电力部门根据协议提供给银行标准格式文本，文本内容为代理业务编号、代理种类、扣款账号、金额等，经银行审核后通过批量代理程序由银行计算机系统进行批量处理。

(1) 银行代理网点批量代收电费的会计分录为：

借：吸收存款——个人活期存款——甲
　　　　　　　　　　　　　　——乙
　　　　　　　　　　　　　　——丙
　　　　　　　　　　　　　　……
　　贷：上存辖内备付金

(2) 银行归集网点的会计分录为：

借：上存辖内备付金
　　贷：吸收存款——单位活期存款——代理单位存款户

(3) 收据的打印、查询。代理单位委托银行进行收据打印，客户可凭活期存折或信用卡到网点查询、打印缴费收据。客户到柜面查询电费的扣收情况，柜员通过输入单位代码、代理种类、客户代号、账号、日期等，终端显示可供查询的客户本月缴费情况，并可选择打印缴费收据，打印完成后，柜员核对打印信息，无误后加盖公、私印章，将收据及存折交客户收执。

三、财政代收代缴业务的基本规定及核算

(一) 财政代收代缴业务的基本规定

财政代收代缴业务是指执收或者执罚单位在收取行政事业性收费和依法对违法违章者实施处罚时，向缴款当事人开具"缴款通知书"，由缴款当事人到指定的代理银行缴款，代理银行收妥、归集缴款资金后，按规定缴入国库或者财政专户的业务。

(1) 代理银行和代理单位必须签订代收代缴协议书。

(2) 代收有关凭证和发票必须由代理单位提供，银行方必须妥善保管并按序号使用。

(3) 代理银行只负责办理行政事业性收费和罚款的代收、集中、划缴手续，凡错缴、多缴的行政事业性收费和罚款不得从代收行政事业性收费和罚款中冲退。

(4) 实行主办行制度，主办行归集各代收网点上划的行政事业性收费和罚款时，将行政事业性收费和罚款资金及时划缴国库或者财政专户，并负责编制收缴明细表和收缴汇总表

定期向财政部门及相关单位报送。

(二)财政代收代缴业务核算

1. 代收网点的业务处理

(1)代行行政事业性收费或罚款时,缴款人持执收或执罚部门开具的"缴款通知书"及相应款项到指定的代收网点缴款,代收网点应认真审核,收妥款项,以"缴款通知书"作为收款凭证,区别现金和转账等不同情况进行账务处理。

【例 8-3】 中国建设银行某网点代收行政事业性收费 200 元。会计分录为:

  借:库存现金——业务现金户 200
或 借:吸收存款——单位活期存款——××活期存款户 200
    贷:其他应付款——待划转行政事业性收费或罚款 200

(2)上划行政事业性收费或罚款时,各代收网点按照规定,将收妥的行政事业性收费或罚款及时上划主办网点。

【例 8-4】 承[例 8-3],该网点将收妥的行政事业性收费及时上划主办网点。会计分录为:

  借:其他应付款——待划转行政事业性收费或罚款 200
    贷:存放系统内款项 200

2. 主办网点的业务处理

(1)直接代收行政事业性收费或罚款时,缴款人直接到主办网点缴纳行政事业性收费或罚款,主办网点按照上述代收网点的有关手续处理,会计分录同[例 8-2]。

(2)收到上划的行政事业性收费或罚款时,主办网点收到各代收网点上划的行政事业性收费或罚款,经审核无误后办理转账。

【例 8-5】 承[例 8-3],主办网点的会计分录为:

  借:存放系统内款项 200
    贷:待结算财政款项——××户 200

(3)上缴国库的处理。根据"待结算财政款项"科目各明细科目余额,填制"一般缴款书",按照行政事业性收费或罚款项目及金额,将代收财政资金上缴国库或财政专户。

【例 8-6】 承[例 8-3],主办网点的会计分录如下:

  借:待结算财政款项——××户 200
    贷:存放中央银行款项 200

四、代理国库集中支付业务的有关规定及核算

(一)基本规定

代理国库集中支付业务是指商业银行作为办理国库集中支付业务的代理银行,按照与财政部门签订的代理协议,根据支付指令,通过国库单一账户体系,办理财政资金的支付与清算,协助管理财政资金银行账户的行为。代理国库集中支付业务的基本规定如下:

(1)代理国库集中支付业务遵循安全、及时、准确的原则。

（2）实行主办行制度，主办行负责统一汇总、上报财政部门和预算单位零余额账户、特设专户资金支付信息，代表商业银行与财政部门国库单一账户、预算外资金财政专户进行资金清算。

（3）代理国库集中支付业务使用规范的专用凭证，包括财政直接支付凭证、财政授权支付凭证、代理银行支付申请划款凭证、代理银行支付申请退款凭证、申请财政资金划款清单、财政直接支付入账通知书、财政授权支付汇总清算额度通知单、预算单位财政授权支付明细单、财政授权、支付额度通知单、财政授权支付额度到账通知书等。

（二）账户管理

国库单一账户体系由一些专用账户构成，包括财政部门在中国人民银行开设的国库单一账户，财政部门在商业银行开设的财政零余额账户，预算单位在商业银行开设的预算单位零余额账户，财政部门在商业银行开设的预算外资金财政专户，经政府批准或政府授权财政部门批准，为预算单位开设的特殊过渡性财政专户（简称特设专户）等。

国库单一账户体系中的国库单一账户和预算外资金财政专户按专用存款账户管理。

1. 账户的开立

代理行根据财政部门批准预算单位开设零余额账户的通知文件，依据《人民币银行结算账户管理办法》的规定，为财政部门开设财政零余额账户、预算外资金财政专户；为预算单位开立预算单位零余额账户、特设专户。

代理行在开立账户时必须审核以下资料：

（1）预算单位机构设置的批准文件。

（2）财政部门同意开户的批准文件。

（3）预算单位预留印鉴（与开户批准文件中被批准单位的签章一致）。

（4）《人民币银行结算账户管理办法》中规定的其他证明文件。

2. 预算单位账户报备

代理行为预算单位开设账户、变更账户、撤销账户时，应于当日将账户有关信息（包括单位编码、户名、账号、开户行、单位地址等）上报主办行，由主办行向中国人民银行、财政部门报送。

3. 预算单位账户变更和撤销

预算单位账户名称变更、预留印鉴内容变动，应当及时通过一级预算单位向财政部门提出变更申请，办理预留印鉴更换手续。基层预算单位撤销账户时，要通过一级预算单位向财政部门提出申请，财政部门批准后，代理行依据《人民币银行结算账户管理办理》的规定办理相应手续。

4. 账户的使用和管理

（1）财政零余额账户用于办理财政直接支付业务，可以转账但不得提取现金。财政零余额账户日终余额为零。

（2）代理行要按照《现金管理条例》等规定和财政部批准的用款额度，具体办理预算单位的财政授权支付业务，预算单位的零余额账户日终余额为零。

（3）一个基层预算单位只能开立一个零余额账户。

（4）预算单位零余额账户可以转账和按照国家现金管理的有关规定提取现金，可以向本单位按照账户管理规定保留的相应账户划拨工会经费、住房公积金及提租补贴，以及经财政部门批准的特殊款项,但不得违反规定向本单位其他账户和上级主管单位、所属下级单位账户划拨资金。

(5) 特设专户用于记录、核算和反映预算单位经政府批准或政府授权财政部门批准的特殊专项支出活动。特设专户不得提取现金,如果要提取现金必须报政府批准。预算单位不得将特设专户资金与本单位其他银行账户资金相互划转。

(三) 财政资金支付业务的核算

按照支付主体的不同,财政资金支付分为财政直接支付和财政授权支付两种方式。

1. 财政直接支付业务的处理

财政直接支付是根据财政部门开具的"财政直接支付凭证",通过财政零余额账户将财政资金直接支付到收款人或者用款单位账户,包括工资支出、工程采购支出、物品和服务采购支出。

(1) 一般支付的处理。承办行接到财政部门提交的"财政直接支付凭证"后,应认真审核"财政直接支付凭证"印章与预留银行印鉴是否一致,同时登录财政"国库集中支付系统",核对电子"财政直接支付凭证"与纸质"财政直接支付凭证"的每一个要素是否相符。经业务主管复核确认无误后,根据"财政直接支付凭证"第一联借记财政零余额账户,并在第四联上加盖业务转讫章及经办人名章退财政部门作为回单,第二、第三联按下面不同情况分别处理。

收款人在系统内开户的,将财政资金划入收款人账户。

【例 8-7】 中国建设银行某支行接到财政部门提交的"财政直接支付凭证",金额为 2 000 元,收款人系本行开户单位。会计分录为:

借:财政零余额账户   2 000
    贷:吸收存款——收款人账户   2 000

收款人在系统外银行开户的,同城通过同城票据交换当日提出代收,异地通过联行支付系统划付收款人开户行。会计分录为:

借:财政零余额账户   2 000
    贷:清算资金往来   2 000

办理资金支付后,承办行填制"财政直接支付入账通知书"一式四联,并加盖业务转讫章,其中第一、第二联交预算单位,第三联交财政部门,第四联承办行备查。

(2) 工资支付的处理。承办行接到财政部门提交的"财政直接支付凭证"及工资支付数据信息后,除按一般支付处理要求进行审查外,还应核对代理支付的工资总额与支付凭证所列金额是否一致。审核无误后,承办行以"财政直接支付凭证"第一联借记财政零余额账户,并在第四联凭证上加盖业务转讫章及经办人名章退财政部门作为回单,第二、第三联凭证作为借方凭证附件。同时,将工资支付数据信息按工资代发行分别汇总后,以贷方汇划报单方式发送工资代发行(即负责办理工资代发业务的经办网点,下同)。

【例 8-8】 中国建设银行某支行接到财政部门提交的"财政直接支付凭证"及工资支付数据信息,将工资支付数据信息按工资代发行分别汇总(金额为 50 000 元)后,以贷方汇划报单方式发送负责办理工资代发业务的经办网点。会计分录为:

借：财政零余额账户　　　　　　　　　　　　　　　　　　　　　　　　　50 000
　　　　贷：待清算辖内往来　　　　　　　　　　　　　　　　　　　　　　　　50 000

　　工资代发行收到财政直接支付承办行的贷方汇划报单及代发工资明细清单信息后,应核对报单金额与清单信息中的工资总额是否相符。核对无误后,按本行一般代发工资程序进行处理;同时,在工资支付的次日为各单位出具工资明细表,向各单位传送个人工资支付信息。

　　2. 财政授权支付业务的处理

　　财政授权支付是根据预算单位开具的"财政授权支付凭证",在财政部门批准的授权支付额度内,通过预算单位零余额账户将资金支付到收款人或用款单位账户。财政授权支付适用于未纳入工资支出、工程采购支出、物品和服务采购支出管理的零星支出,具体包括单件物品或单项服务购买额不足10万元人民币的购买支出、年度财政投资不足20万元人民币的工程采购支出(含建设单位管理费)、特别紧急支出和经财政部门批准的其他支出。

　　(1) 授权额度的下达。主办行每月25日前收到财政部门签发的"财政授权支付额度通知单"及其所附的"预算单位授权支付明细单"后,应认真进行审查,核对"财政授权支付额度通知单"与"预算单位授权支付明细单"的内容是否相符,金额是否一致,签章是否齐全。核对无误后,第一联会计部门专夹保管作为清算支付凭证,第二联(回单联)加盖银行印章及经办人名章后退财政部门,第三联由主办行在一个工作日内,将"财政授权支付额度通知单"所确定的各预算单位财政授权支付额度通知所属承办行。

　　各承办行在接到主办行下发"财政授权支付额度通知单"的当日,应打印或填制一式两联的"财政授权支付额度到账通知书",第一联加盖承办行印章后交相关预算单位,第二联专夹保管,用于控制预算单位款项的支付。

　　(2) 授权支付业务的处理。代理行收到预算单位提交的一式两联的"财政授权支付凭证"和结算凭证后,需要审核以下内容:①凭证规定的各种要素是否准确、完整,有无涂改。②支付金额是否在财政部下达的授权支付用款累计额度内。③结算凭证上的印章与预留银行印鉴是否一致,大、小写金额是否相符,"财政授权支付凭证"与相关结算凭证金额、收款人是否一致。④登录财政"国库集中支付系统",核对电子"财政授权支付凭证"与纸质"财政授权支付凭证"的每一个要素是否相符。审核无误后,将财政授权支付凭证第二联加盖代理行转讫章和经办人名章后退给预算单位,第一联作为结算凭证的附件办理财政资金的支付。

　　【例 8-9】 中国建设银行某支行收到预算单位提交的一式两联"财政授权支付凭证"和结算凭证,金额为10 000元,审核无误后,会计分录为:

　　借：预算单位零余额账户　　　　　　　　　　　　　　　　　　　　　　　10 000
　　　　贷：吸收存款——单位活期存款——收款人账户　　　　　　　　　　　　10 000
　或　　贷：待清算辖内往来　　　　　　　　　　　　　　　　　　　　　　　10 000
　或　　贷：库存现金——业务现金户　　　　　　　　　　　　　　　　　　　10 000

　　(四) 代理财政资金清算

　　代理财政资金清算,应遵循"及时清算,日终结平"的原则。财政资金的清算包括主办行与承办行之间系统内资金清算和主办行与中国人民银行之间的资金清算。

　　1. 系统内资金清算的处理

　　(1) 承办行办理财政资金支付的同时向主办行发出借报,并在附言栏注明"财政直接支付与财政授权支付、预算内资金与预算外资金"字样,结清财政零余额账户、预算单位零余额账户。

【例 8-10】 中国建设银行某支行向主办行发出借报,在附言栏注明"财政直接支付与财政授权支付、预算内资金与预算外资金"字样,结清财政零余额账户(余额为 50 000 元)、预算单位零余额账户(余额为 10 000 元)。会计分录为:

借:待清算辖内往来　　　　　　　　　　　　　　　　　　　　　　60 000
　　贷:财政零余额账户　　　　　　　　　　　　　　　　　　　　　　50 000
　　　　预算单位零余额账户　　　　　　　　　　　　　　　　　　　　10 000

(2) 承办行发出借报后,应将直接支付或授权支付信息通过代理财政国库资金收付系统报送主办行。

2. 主办行与中国人民银行间进行财政预算内资金清算的处理

(1) 主办行收到借报,应与承办行发出的"申请财政资金划款清单"支付信息进行核对,并于每日营业终了前汇总各承办行"申请财政资金划款清单"情况,打印或填制一式五联的"代理银行支付申请划款凭证",同时按一级预算单位和预算科目填制"申请财政性预算内资金划(退)款汇总清单",按基层预算单位和预算科目逐笔填制"申请财政性预算内资金划(退)款清单",作为"代理银行支付申请划款凭证"的附件,在规定的时间内提交中国人民银行,与中国人民银行进行资金清算。

【例 8-11】 承[例 8-10],主办行收到借报,与中国人民银行进行资金清算。会计分录为:

借:国库直接支付待结算款项　　　　　　　　　　　　　　　　　　50 000
　　国库授权支付待结算款项　　　　　　　　　　　　　　　　　　10 000
　　贷:待清算辖内往来　　　　　　　　　　　　　　　　　　　　　　60 000

单笔支付额 500 万元以上的(含,下同)或特别紧急支出,由主办行与中国人民银行进行实时资金清算,具体操作办法同[例 8-10]。

(2) 主办行收到中国人民银行加盖印章的"代理银行支付申请划款凭证"第三联,应在当日结平国库直接支付待结算款项账户和国库授权支付待结算款项账户。

【例 8-12】 承[例 8-10],主办行的会计分录为:

　　借:存放中央银行准备金　　　　　　　　　　　　　　　　　　　60 000
或　借:辖内存放备付金　　　　　　　　　　　　　　　　　　　　　60 000
　　　贷:国库直接支付待结算款项　　　　　　　　　　　　　　　　　50 000
　　　　　国库授权支付待结算款项　　　　　　　　　　　　　　　　　10 000

对于形成的财政资金垫款,主办行应通过"其他应收款"科目核算,待查明原因后及时与中国人民银行进行资金清算。会计分录为:

借:其他应收款
　　贷:国库直接支付待结算款项
　　　　国库授权支付待结算款项

3. 主办行进行财政预算外资金清算的处理

主办行收到各承办行划来的财政预算外资金清算借报,其处理手续比照财政预算内资金清算的处理。

第二节 受托贷款业务的核算

一、受托贷款的概念和种类

(一)受托贷款的概念

受托贷款是指受托银行接受委托单位的委托,按委托单位指定的对象、范围或用途发放的贷款。

委托单位须事先将委托贷款资金存入受托行,建立委托贷款基金,由受托行按委托单位的要求,负责办理贷款审查、发放、管理、监督、使用、计算利息和按期收回等事项。

(二)受托贷款的种类

商业银行发放的受托贷款目前主要有政府部门委托贷款、企事业单位委托贷款、人民银行委托贷款等。

二、受托贷款的核算

(一)收到委托人资金的核算

划入时,经办人以收款凭证为借方记账凭证,另填制两联贷方记账凭证,一联记账,另一联交业务部门。

【例 8-13】 2023 年 11 月 15 日,中国建设银行某支行接受甲企业的委托,代为发放 480 000 元的贷款。会计分录为:

借:存放中央银行款项——存××人行存款户(或吸收存款等)　　480 000
　　贷:代理业务负债——甲企业　　　　　　　　　　　　　　　　480 000

(二)受托贷款发放的核算

经办人对"贷款转存凭证(借款借据)"一式四联审核无误后,第一联交业务部门,第二、第三联分别作借、贷方记账凭证,第四联加盖"转讫章"后退借款人。

【例 8-14】 2023 年 11 月 20 日,中国建设银行某支行将受托贷款资金 69 000 元发放给乙企业。会计分录为:

借:代理业务资产——乙企业(本金)　　　　　　　　　　　　　　69 000
　　贷:吸收存款——单位活期存款——乙企业存款户　　　　　　　69 000

(三)受托贷款收回的核算

(1)借款人归还贷款本金时,应提交转账支票和一式三联的进账单,经办人以转账支票作借方记账凭证,进账单第一联加盖"转讫章"后退借款人,第二联作贷方记账凭证办理转账,第三联加盖"业务用公章"交业务部门。

【例 8-15】 承[例 8-14],乙企业归还贷款本金时,会计分录为:

借：吸收存款——单位活期存款——乙企业存款户 69 000
　　贷：代理业务资产——乙企业（本金） 69 000

（2）委托人书面指定经办行直接从借款人账户上扣收贷款本金，经办人根据书面通知填制特种借、贷方记账凭证各两联，一联特种转账借方凭证加盖"转讫章"作回单退借款人，另一联作借方记账凭证；一联特种转账贷方凭证加盖"业务用公章"交业务部门，另一联作贷方记账凭证办理转账，同时增加收回贷款累计。会计分录同［例8-15］。

（四）受托贷款利息的核算

1. 结计利息的处理

（1）经办行根据委托贷款合同规定，分期结计委托贷款利息。收到委托贷款利息时，经办行以"利息清单"或者"利息凭证"第一联作借记账凭证，另填制两联贷方记账凭证，一联作"代收贷款利息"科目记账凭证（"利息清单"或者"利息凭证"第二联作附件），另一联作代扣税金凭证，"利息凭证"第三联退借款人。

【例8-16】 承［例8-14］，中国建设银行某支行根据委托贷款合同规定，按季结计委托贷款利息1 200元。会计分录为：

借：吸收存款——单位活期存款——乙企业存款户 1 200
　　贷：代理业务资产——乙企业（已实现未结算损益） 1 200

经办行按规定将代收贷款利息划入委托人指定账户时，填制特种转账凭证一借两贷，一联特种转账贷方凭证加盖"转讫章"作回单交委托人，另一联特种转账贷方凭证及一联特种转账借方凭证凭以记账。会计分录为：

借：代理业务资产——乙企业（已实现未结算损益） 1 200
　　贷：代理业务负债——甲企业 1 200

（2）未收到借款人利息时，经办行根据"利息清单"填制表外科目收入凭证，以利息清单作附件，登记表外科目明细账：

收入：待收受托贷款利息——××受托贷款××借款人户

待借款人归还欠交利息时，按照上述收取利息方式进行处理，同时填制表外科目付出凭证，登记表外科目明细账：

付出：待收委托贷款利息

2. 收取受托贷款手续费的处理

经办行按规定收取受托贷款手续费时，根据有关凭证办理转账。

【例8-17】 中国建设银行按规定收取乙企业受托贷款手续费500元。会计分录为：

借：代理业务资产——乙企业（已实现未结算损益） 500
　　贷：手续费及佣金收入——××受托贷款手续费收入户 500

（五）受托贷款资金划回的处理

划回时，经办人根据业务部门的书面通知填制特种转账凭证一借两贷，一联特种转账贷方凭证加盖"转讫章"作回单退委托人，其余两联特种转账借、贷方凭证作记账凭证，书面通知作借方记账凭证附件。会计分录与划入受托贷款资金相反。

【例 8-18】 承[例 8-13]，中国建设银行某支行划回该笔受托贷款资金时，会计分录为：

借：代理业务负债——甲企业　　　　　　　　　　　　　　　　480 000
　　贷：存放中央银行款项——存××人行存款户(或吸收存款等)　　480 000

第三节　代理证券转账业务的核算

一、基本规定

(一) 银证转账业务的基本规定

银证转账是指个人证券投资者向证券公司及银行提出申请，银行根据申请资料建立储蓄账户和证券公司保证金账户的对应关系，客户通过电话银行或者柜台交易等服务界面实时进行指定储蓄账户与券商保证金账户间的款项划转。其基本规定如下：

(1) 开办银证转账业务必须遵守有关法律、法规和银行相关的业务规定。

(2) 银证转账业务的服务对象仅限于与银行签订协议的证券公司和个人投资者。证券公司必须在银行开立保证金账户并存有足够的清算资金，个人投资者必须在银行开立本、外币活期储蓄账户。

(3) 个人投资者用于银证转账业务的指定活期储蓄账户可以提取现金和转账，但不得超过当日可提资金的余额。该账户挂失后，终止从银行向证券公司单向转账功能。

(4) 证券公司用于银证转账的同业存款账户(清算资金户)应根据银证转账客户转账的资金额，确定一个清算账户余额的最低警戒线，当证券公司清算账户的余额低于警戒线时，银行方面将主动停止个人投资者将资金从证券公司向银行的单向转账。

(二) "银证通"业务的基本规定

"银证通"业务是指在银行服务系统与证券公司交易系统相连接的基础上，个人投资者通过虚拟银行(如电话银行、手机银行、网上银行等)或者证券公司的各种交易方式(网上交易、电话交易等)，使用证券公司交易系统进行证券交易，并利用个人投资者在银行开立的活期储蓄账户进行资金清算的一种金融服务业务。根据银行服务系统提供的功能，银行可同时为投资者开通虚拟银行和券商的自助交易(以下简称"双向发起")，也可为投资者只开通虚拟银行(以下简称"单向发起")，"双向发起"或者"单向发起"由券商确定，个人投资者自行选择。

开办"银证通"业务必须遵守有关法律、法规和银行相关的业务规定，坚持"银行管资金，证券公司管证券"的原则，即银行负责资金的划拨、查询等业务，证券公司负责证券的交易、清算等业务。

二、代理证券转账业务的核算

(一) 银证转账业务的核算

1. 银证转账的开户处理

(1) 投资者必须持本人有效身份证件、证券账户卡、资金账户卡和活期账户存折或者卡到银行,并填写申请书申请办理银证转账业务。

(2) 银行收到投资者本人有效身份证件、证券账户卡、资金账户卡、活期账户存折或卡和申请书,应认真核对客户身份证件是否真实有效、身份证件号码和活期账户的原登记内容是否一致,无误后为投资者开立银证转账资金账户。如果投资者需更改银证转账资金账户,则必须持本人有效身份证件、证券账户卡和新的活期储蓄账户,填写申请书申请办理更改银行账号;如果投资者要取消银证转账,则持本人有效身份证件、证券账户卡、活期账户存折或者卡,填写申请书,申请取消银证转账服务。

2. 银证转账的账务处理

银行银证转账柜面可以办理银行与证券公司之间资金的转出、转入、查询等业务。

1) 从证券方转入银行

【例 8-19】 中国工商银行某网点收到某证券公司转入的资金 100 000 元。会计分录为:

(1) 代理网点:

借:上存辖内备付金 100 000
 贷:吸收存款——个人活期存款——某客户 100 000

(2) 主办网点:

借:证券保证金户 100 000
 贷:上存辖内备付金 100 000

2) 从银行转入证券方

【例 8-20】 某客户委托银行将资金 80 000 元转入某证券公司。会计分录为:

(1) 代理网点:

借:吸收存款——个人活期存款——某客户 80 000
 贷:上存辖内备付金 80 000

(2) 主办网点:

借:上存辖内备付金 80 000
或 借:吸收存款——个人活期存款——某客户 80 000
 贷:证券保证金户 80 000

(二)"银证通"业务的核算

1. "银证通"专户的开户处理

"银证通"专户是银行"银证通"服务系统为个人投资者设置的临时账户,该账户余额在营业开始时置零,当日卖出证券成交所得资金暂存入该账户,当日买入证券所需资金先在该账户中扣除,不足部分在活期储蓄账户中冻结。

(1) 客户申请开办"银证通"业务必须持本人身份证件、证券账户卡(同时提交本人身份证件、证券账户卡复印件一式两份)、活期储蓄存折及银行卡(以下简称"三证"),填写《××银行"银证通"业务申请书》(以下简称《申请书》);同时,必须与银行、券商签订《"银证通"证券交易委托交易协议书》(以下简称《协议书》),以明确和规范双方的行为,履行应尽的义务,承担相应的责任。

(2) 客户到银行营业网点柜面办理银证通专户开户时,应详细阅读《申请书》《协议书》

的有关内容和条款,营业网点根据客户的申请项目,按照"银证通"业务操作规程要求,认真审核《申请书》中所填身份证号、证券账户卡号、活期储蓄账号、客户签名与所提供的原件要素是否相符,审核无误后,方可办理银证通专户开户业务。

(3) 开通"银证通"必须是商业银行的虚拟银行注册客户,如果客户没有在虚拟银行注册,则必须先为客户开通虚拟银行功能,才能再开通"银证通"功能。

(4) 个人投资者在开户的次日可办理"银证通"业务。

2."银证通"账户中委托买卖交易的账务处理

(1) 委托买入(含新股申购、二级配售缴款)。银行根据个人投资者的委托买入证券数量、委托买入价格计算所需资金(含手续费、印花税等费用),在"银证通"专户资金余额中扣减,不足部分在活期储蓄账户中冻结。计算公式为:

委托买入所需资金＝买入证券数量×委托买入价格＋手续费及印花税等费用

(2) 委托卖出。银行根据个人投资者委托卖出证券成交回报增加"银证通"专户资金余额。

3. 营业终了资金清算处理

营业终了,银行应进行以下两方面的资金清算:一是根据投资者当日证券交易资金差额借记或者贷记活期储蓄存折账户。证券交易资金差额＝卖出证券所得资金－买入证券所付资金－手续费、印花税等其他费用。二是主办网点与各家证券公司开户行进行资金清算。

1) 主办网点与个人投资者之间的资金清算

(1) 若个人投资者当日证券交易资金差额为贷方(即卖出证券所得资金大于买入证券所付资金加上手续费、印花税等费用):

【例8-21】 某客户在中国工商银行某网点开通了"银证通"业务,2024年10月22日证券交易资金差额为10 000元。

该投资者储蓄账户开户网点的会计分录为:

借:上存辖内备付金   10 000
    贷:吸收存款——个人活期存款——某客户   10 000

网点管辖行的会计分录为:

借:待清算过渡垫款——"银证通"待清算应收款账户   10 000
    贷:辖内存放备付金   10 000

(2) 若个人投资者当日证券交易资金差额为借方(即卖出证券所得资金小于买入证券所付资金加上手续费、印花税等费用):

个人投资者储蓄账户开户网点的会计分录为:

借:吸收存款——个人活期存款——某客户   10 000
    贷:上存辖内备付金   10 000

网点管辖行的会计分录为:

借:辖内存放备付金   10 000
    贷:其他应付款项——"银证通"待清算应付款项账户   10 000

2) 主办网点与证券公司开户行的资金清算

（1）若证券公司当日证券交易结算资金差额为贷方（即卖出证券所得资金大于买入证券所付资金加上手续费、印花税等费用）：

主办网点与证券公司开户行进行资金清算的会计分录为：

借：辖内存放备付金　　　　　　　　　　　　　　　　　　　8 000 000
　　贷：待清算过渡垫款——"银证通"待清算应收款账户　　　　　8 000 000

证券公司开户行收到清算款项的会计分录为：

借：同业存款——××证券公司　　　　　　　　　　　　　　8 000 000
　　贷：上存辖内备付金　　　　　　　　　　　　　　　　　　8 000 000

（2）若证券公司当日证券交易资金差额为借方（即卖出证券所得资金小于买入证券所付资金加上手续费、印花税等费用）：

主办网点与证券公司开户行进行资金清算的会计分录为：

借：其他应付款项——"银证通"待清算应付款项账户　　　　　6 000 000
　　贷：辖内存放备付金　　　　　　　　　　　　　　　　　　6 000 000

证券公司开户行收到清算款项的会计分录为：

借：上存辖内备付金　　　　　　　　　　　　　　　　　　　6 000 000
　　贷：同业存放存款——××证券公司　　　　　　　　　　　　6 000 000

第四节　理财业务的核算

一、理财业务的性质和种类

（一）理财业务的性质

理财业务是指商业银行为企业和个人客户提供的财务分析、财务规划、投资顾问、资产管理等专业化服务活动。

20世纪90年代末，我国一些商业银行开始尝试向客户提供专业化的投资顾问和个人外汇理财服务，此后商业银行理财业务快速发展，理财产品日益丰富，理财资金规模日益壮大。2005年，中国银行监督管理委员会（以下简称"银监会"）先后颁布《商业银行个人理财业务管理暂行办法》和《商业银行个人理财业务风险管理指引》。这是中国银行业理财业务规范发展的重要标志。

理财业务对商业银行的积极作用体现在以下几个方面：

（1）理财业务有利于充分发挥商业银行现有的渠道优势和客户优势，拓展商业银行的创新发展空间，改善商业银行的资产债结构，有效节约资本，使之满足资本充足率监管要求。

（2）理财业务可以增加商业银行中间业务收入来源，提高银行盈利水平。相对于传统的资产负债业务而言,商业银行为获取该类业务收入需要承担的风险比较低。同时,商业银行在设计和销售理财产品的同时也推广了银行传统产品,可带动银行其他类业务的发展。

(3) 由各种产品组成的理财计划使各类金融业务之间的关系更为密切,为商业银行向多元化、全能化方向发展奠定基础。

(4) 商业银行理财业务的实质是商业银行现代服务方式,有利于提高客户的忠诚度,吸引高端客户,改善商业银行的客户结构。

(二) 理财业务的种类

1. 按照管理运作方式不同,理财业务可以分为理财顾问服务和综合理财服务

理财顾问服务是商业银行向客户提供的财务分析与规划、投资建议、投资产品推介等专业化的服务。在理财顾问服务活动中,客户根据商业银行提供的理财顾问服务管理和运用资金,并承担由此产生的收益和风险。

综合理财服务是商业银行在向客户提供理财顾问服务的基础上,接受客户委托和授权,按照与客户事先约定的投资计划和方式进行投资和资产管理的业务活动。在综合理财服务活动中,客户授权银行代表客户按照合同约定的投资方向和方式,进行投资和资产管理,投资收益和风险由客户承担或根据客户与银行按照约定方式承担。

2. 按理财结构不同,理财业务可以分为结构性理财产品、代理理财产品和信用联结理财产品

结构性理财产品是指商业银行运用国际金融市场的相关工具,特别是衍生工具技术,对企业或个人等客户的存款进行结构化组合所构成的理财产品,如光大银行的阳光理财 A 计划、A+计划等。

代理理财产品是指面向企业或个人客户发行的,投资于资金市场上流通的某种单一金融工具的代客理财产品,其中金融工具包括但不限于国债、金融债券、央行票据、银行承兑汇票、信托计划、协议存款回购等,如中国光大银行的阳光理财 B 计划、T 计划。

信用联结理财产品是指面向企业或个人客户发行的,收益与某一或某组信用体的信用状况表现挂钩的本金不保证的理财产品,如中国光大银行的阳光理财 C 计划及 A+VIP 计划。

此外,还有一些商业银行将储蓄品种进行整合构成新的储蓄组合,如交通银行的"理财宝"。

3. 按服务对象不同,理财业务可以分为个人理财业务和公司理财业务

个人理财业务是指商业银行为个人客户提供的财务分析、财务规划、投资顾问、资产管理等专业化的服务活动。

公司理财业务是指商业银行为企业客户提供的财务分析、财务规划、投资顾问、资产管理等专业化的服务活动。

个人理财业务与公司理财业务的区别主要体现在:①服务对象不同。个人理财业务的服务对象是个人,其独立承担所有经济行为的后果,风险承受能力相对较弱,在风险收益权衡时往往更强调安全性;公司理财业务的服务对象是企业,其一般拥有相对雄厚的财力,对经济行为承担有限责任,为追求更高的利润,有时候可能选择承担较高的风险。②理财目标不同。个人理财业务以提高个人生活质量,规避经济危机,保障终身的生活为目标;公司理财业务则通常以资金募集和合理使用,规避财务风险,达到企业价值最大化为目标。③理财决策影响因素不同。由于风险承受能力的不同,影响个人理财业务决策的因素主要来自个人自身的偏好和家庭状况等;影响公司理财决策的因素来自公司自身理念、治理结构和财务

状况等。④依据的法律、法规不同。个人理财业务主要依据的是我国《个人所得税法》和社会保障、保险、遗产等方面的法规;公司理财业务遵守的是我国《公司法》《证券法》和税收、会计等方面相关的法律、法规。⑤理财时间周期长短不同。个人理财业务是以个人的生命周期为时间基础,在时间上一直计划到个人的生命终止;公司理财业务往往基于公司持续经营的假设,即在可预计的将来企业不会终止营业。

二、理财业务的核算

(一) 对公理财业务的核算

1. 单位代理理财产品的会计核算

1) 核算科目

单位代理理财产品是指面向企业客户发行的,投资于资金市场上流通的某种单一金融工具的代客理财产品,其中的金融工具包括但不限于国债、金融债券、央行票据、银行承兑汇票、信托计划、协议存款回购等。例如,光大银行开展的B计划加T计划,就是一种对公代理债券理财业务;T计划是一种对公代理信托基金理财业务。

对公理财业务一般使用"代理单位理财投资""代理单位理财基金""存放中央银行款项""系统内理财资金存放"等科目进行核算。

2) 账务处理

(1) 总行代理单位理财投资的处理。资金部门按照分行计划募集金额做代理理财投资成交后,会计部门根据交易单和确认书,填制借、贷方凭证出账,借记"代理单位理财投资"科目,贷记"存放中央银行款项"科目或者相关科目。

(2) 募集期的处理。募集期的处理包括以下几种情况:

发售理财产品的处理:发售行与客户签订《××银行单位理财协议》一式两联,收妥客户交易保证金后,填制借、贷方记账凭证各一联。该协议第一联专夹保管,第二联加盖业务用公章后退交客户。会计分录为:借记"吸收存款——单位活期存款"科目或者相关科目,贷记"代理对公理财基金"科目。

理财产品起息日对活期利息的处理:理财产品起息日日终,银行电脑系统自动将客户购买日至起息日的活期存款利息按照起息日时的挂牌活期利率划入客户指定的收息账户。会计分录为:借记"应付单位活期存款利息"科目,贷记"吸收存款——单位活期存款"科目或者相关科目。

理财资金上存的处理:经办行将募集资金上划时,在"系统内理财资金存放"科目下设置"××机构××产品××期次"专户核算,上级行在"系统内理财资金存放"科目下设置"××机构××产品××期次"专户核算。理财产品起息日日终,银行系统自动将各行发售理财产品所募集资金全额上划总行。会计分录为:借记"系统内理财资金存放——发售行"科目,贷记"系统内理财资金存放——总行"科目。

到期兑付的处理:付款日初,银行系统自动进行损益计提,有关会计分录从略。当日系统自动进行系统内资金清算,收到总行的分配贷报单时,按协议收益率分别计算应支付给客户的收益和本行留存收入,不足部分作为其他营业支出。根据收益分配贷记报单和收益计算结果,填制借方记账凭证和贷方记账凭证,办理划转。会计分录为:借记"系统内理财资金存放——总行"科目,贷记"系统内理财资金存放——发售行"科目。

待客户办理兑付手续时,填制借、贷方凭证进行理财产品销户及本息的实际支付。本息兑付的会计分录为:借记"代理对公理财基金""待兑付对公理财资金"科目,贷记"吸收存款——单位活期存款"科目或者相关科目。

【例8-22】 A银行"人民币理财月计划2号"产品的投资币种为人民币,投资期限为1个月,投资起点金额5 000元。该投资收益与B现金富利基金收益相关,年收益为2.1%,客户××公司于2024年4月1日投资20万元,购买人民币理财月计划2号,月底银行将收益和本金自动派发到投资者指定的活期存款账户。会计分录为:

4月2日购买时:

  借:吸收存款——单位活期存款——××公司存款户   200 000
    贷:代理对公理财基金   200 000

月底支付本息时:

  借:代理对公理财基金   200 000
    待兑付对公理财资金(200 000×1×2.1%÷12)   350
    贷:吸收存款——单位活期存款——××公司存款户   200 350

2. 单位结构性理财产品的会计核算

1) 核算科目

单位结构性理财产品是指商业银行运用国际金融市场的相关工具,特别是衍生工具技术,对企业等非金融机构客户的存款进行结构化组合所构成的理财产品,如光大银行阳光理财A计划、A+计划。结构性理财业务中涉及的与境外交易对手及客户的衍生金融交易均由各商业银行总行按照有关衍生金融工具的会计核算办法进行账务处理。

单位结构性理财产品使用"单位结构性存款""应付单位活期存款利息""待兑付对公理财资金""系统内理财资金存放"等科目核算。"待兑付对公理财资金"科目用于核算代理对公结构性理财产品支付给单位的收益。

2) 募集期的处理

(1) 发售理财产品的处理:发售行与客户签订《××银行单位结构性理财协议》一式两联,收妥客户交易资金后,填制借、贷记账凭证各一联。该协议第一联专夹保管,第二联加盖业务用公章后退交客户。会计分录为:借记"吸收存款——单位活期存款"科目或者相关科目,贷记"单位结构性存款"科目。

(2) 理财产品起息日对活期利息的处理:理财产品起息日终,银行系统自动将客户购买日至起息日的活期存款利息按照起息日时的挂牌活期利率划入客户指定的收息账户。会计分录为:借记"应付单位活期存款利息"科目,贷记"吸收存款——单位活期存款"科目或者相关科目。

(3) 理财资金上存的处理:理财产品起息日终了,系统自动将各行发售理财产品所募集资金全额上划总行。填发贷报,会计分录为:借记"系统内理财资金存放——发售行"科目,贷记"系统内理财资金存放——总行"科目。

(4) 到期兑付的处理:兑付日日初,系统自动进行损益计提,有关会计分录从略。当日系统自动进行系统内资金清算,根据上级行发来的贷报单,填制借、贷方凭证进行账务处理。会计分录为:借记"系统内理财资金存放——总行"科目,贷记"系统内理财资金存放——发售行"科目。客户办理兑付手续时,根据客户提交的协议,抽出留底核对无误后,填制借、贷方凭证进行理财产品销户及本息的实际支付。本息兑付的会计分录为:借记"单位结构性存款""待兑付对公理财资金"科目,贷记"吸收存款——单位活期存款"科目或者相关科目。

(5)提前终止的处理:提前终止分为全部客户提前终止与部分客户提前终止两种情况,有关处理均与到期兑付相同,只是在部分客户提前终止情况下,损益补提是在下一计提日进行,而不是终止日。如涉及向客户收取提前终止手续费的,由系统自动扣收,并上划总行。会计分录为:借记"待兑付对公理财资金——发售行"科目,贷记"代理理财手续费收入(对公)——总行"科目。

3. 单位信用联结理财产品会计核算

1)核算科目

单位信用联结理财产品是指面向企业等非金融机构客户发行的,收益与某一或某组信用体的信用状况表现挂钩的本金不保证的理财产品,如中国光大银行的阳光理财C计划、A+VIP计划。

单位信用联结理财产品使用"信用联结理财定期保证金""应付单位活期存款利息""系统内理财资金存放"及"待兑付对公理财资金"等科目核算。

2)募集期的处理

(1)发售理财产品的处理:发售行与客户签订《××银行单位信用联结理财产品协议》一式两联,收妥客户交易资金转入保证金账户,填制借、贷方记账凭证各一联记账。该协议第一联专夹保管,第二联加盖业务用公章后退交客户。会计分录为:借记"吸收存款——单位活期存款"科目或者相关科目,贷记"信用联结理财定期保证金"科目。

(2)理财产品起息日对活期利息的处理:理财产品起息日日终,系统自动将客户购买日至起息日的活期存款利息按照起息日时的挂牌活期利率划入客户指定的收息账户。会计分录为:借记"应付单位活期存款利息"科目,贷记"吸收存款——单位活期存款"科目或者相关科目。

(3)理财资金上存的处理:理财产品起息日日终,系统自动将各行发售理财产品所募集资金全额上划总行,填制贷报单。会计分录为:借记"系统内理财资金存放——发售行"科目,贷记"系统内理财资金存放——总行"科目。

(4)到期兑付的处理(未出现信用违约事件):若理财产品存续期内未发生关联债务的违约事件,到期兑付时将向客户支付约定收益及全部本金。兑付日初,系统自动进行损益计提,有关账务处理从略。当日系统自动进行系统内资金清算,填制转账借、贷方凭证。会计分录为:借记"系统内理财资金存放——总行"科目,贷记"系统内理财资金存放——发售行"科目。

待客户来办理兑付手续时,抽出留底的协议进行核对,无误后填制转账借、贷方凭证,办理理财产品销户及本息的实际支付。会计分录为:借记"信用联结理财定期保证金""待兑付对公理财资金"科目,贷记"吸收存款——单位活期存款"科目或者相关科目。

(5)出现信用违约事件的处理:若理财产品存续期内发生关联债务的违约事件,该理财产品在下一付息日自动终止,终止时将向客户支付约定收益,并根据本金损失比例扣收客户保证金。

终止日初,系统自动进行损益计提,有关账务处理从略。当日系统自动进行系统内资金清算,同时将应付客户基本存款利息部分结转至"待兑付理财资金"科目,以本金损失与应付客户担保费(和/或佣金)的差额计算应扣收客户保证金,并上划总行。待客户办理兑付手续时进行理财产品销户及本息的实际支付。

(6) 系统内的处理:终止日初,系统自动结清系统内理财资金本金、基本存款利息及手续费。会计分录为:借记"系统内理财资金存放——总行"科目,贷记"系统内理财资金存放——发售行"科目。

(7) 对客户端的处理:系统自动归集待兑付理财资金,填制转账借、贷方凭证支付基本存款利息部分。会计分录为:借记"应付单位定期存款利息"科目,贷记"待兑付对公理财资金"科目。

本金损失与担保费(和/或佣金)差额部分。会计分录为:借记"待兑付对公理财资金——发售行"科目,贷记"其他待处理贷方结算款项——总行"科目。

向客户兑付理财资金时,借记"信用联结理财定期保证金"科目,贷记"待兑付对公理财资金""吸收存款——单位活期存款"科目或者相关科目。

【例8-23】 某人民币理财产品最高收益率为2.2%,该投资产品收益与相关信用主体的信用挂钩,××公司于2023年5月6日投资该产品500 000元,在有效期内相关主体没有发生信用违约事件,公司可以获得2.2%的年收益。会计分录为:

(1) 购买该产品时:

借:吸收存款——单位活期存款——××公司存款户　　　　　　　　500 000
　　贷:信用联结理财定期保证金　　　　　　　　　　　　　　　　　　500 000

(2) 得到收益时:

借:信用联结理财定期保证金　　　　　　　　　　　　　　　　　　　500 000
　　贷:待兑付对公理财资金　　　　　　　　　　　　　　　　　　　　 11 000
　　　　吸收存款——单位活期存款——××公司存款户　　　　　　　 511 000

(二) 个人理财业务的核算

1. 对私代理理财产品会计核算办法

1) 核算科目

对私代理理财产品是指面向个人客户发行的,投资于资金市场上流通的某种单一金融工具的代客理财产品,其中金融工具包括但不限于国债、金融债券、央行票据、银行承兑汇票、信托计划、协议存款回购等,如中国光大银行阳光理财B计划(含E计划中的人民币产品,下同)、T计划。

会计科目一般使用"代理个人债券理财基金""代理个人信托理财基金""存放中央银行款项""系统内理财资金存放"进行核算。

2) 账务处理

(1) 总行代理投资的处理。资金部门按照分行计划募集金额做代理理财投资成交后,会计部门根据交易单和确认书填制借、贷方凭证出账,借记"代理个人理财投资"科目,贷记"存放中央银行款项"科目或者相关科目。

(2) 募集期的处理。募集期的处理分为以下几种情况:

a. 发售理财产品的处理:发售行与客户签订《个人代理理财产品协议》一式两联,收妥客户交易资金转入保证金账户,填制借、贷方记账凭证各一联记账。该协议第一联专夹保管,第二联加盖业务用公章后退交客户。会计分录为:借记"吸收存款——个人活期存款"科目或者相关科目,贷记"代理个人理财基金"科目。

b. 理财产品起息日对活期利息的处理：理财产品起息日终了，系统自动将客户购买日至起息日的活期存款利息按照起息日时的挂牌活期利率划入客户指定的收息账户，借记"应付储蓄活期存款利息"科目，贷记"吸收存款——个人活期存款"科目或者相关科目"代扣利息税"等科目。

c. 理财资金上存的处理：理财产品起息日终了，系统自动将各行发售理财产品所募集资金全额上划总行。会计分录为：借记"系统内理财资金存放——发售行"科目，贷记"系统内理财资金存放——总行"科目。

（3）到期兑付的处理。兑付日初，系统自动进行损益计提。当日系统自动进行系统内资金清算，对于卡内理财产品，系统自动将应付客户本息划入客户指定账户；对于以权利凭证为介质的理财产品，系统待客户办理兑付手续时进行理财产品销户及本息的实际支付。系统内的会计分录为：借记"系统内理财资金存放——总行"科目，贷记"系统内理财资金存放——发售行"科目；客户端的会计分录为：借记"代理个人理财基金"科目，贷记"吸收存款——个人活期存款"科目或者相关科目。总行收到理财投资本金的会计分录为：借记"存放中央银行款项"科目或者相关科目，贷记"代理个人理财投资"科目。

（4）提前终止的处理。提前终止分为全部客户提前终止与部分客户提前终止两种情况，有关处理均与到期兑付相同，只是在部分客户提前终止情况下，损益补提是在下一计提日进行，而不是在终止日。

如涉及向客户收取提前终止手续费的，由系统自动扣收，并上划总行。会计分录为：借记"待兑付对私理财资金——发售行"科目，贷记"代理理财手续费收入（对私）——总行"科目。

2. 对私结构性理财产品会计核算办法

1）核算科目

为了规范对私结构性理财产品的会计核算，根据有关业务管理办法和业务开展的实际情况，本章所称的对私结构性理财产品是指商业银行运用国际金融市场的相关工具，特别是衍生工具技术，对个人客户的存款进行结构化组合所构成的理财产品，如中国光大银行阳光理财A计划、A+计划。结构性理财业务中涉及的与境外交易对手及客户的衍生金融交易均由总行按照有关衍生金融工具的会计核算办法进行账务处理。

2）募集期的处理

（1）发售理财产品的处理。发售行与客户签订《个人代理理财产品协议》一式两联，收妥客户交易资金转入保证金账户，填制借、贷方记账凭证各一联做账。该协议第一联专夹保管，第二联加盖业务用公章后退交客户。会计分录为：借记"吸收存款——个人活期存款"科目或者相关科目，贷记"吸收存款——个人定期存款——个人结构性存款"科目。

（2）理财产品起息日对活期利息的处理。理财产品起息日终了，系统自动将客户购买日至起息日的活期存款利息按照起息日时的挂牌活期利率划入客户指定的收息账户，借记"应付储蓄活期存款利息"科目，贷记"吸收存款——个人活期存款"科目或者"代扣利息税"等相关科目。

（3）理财资金上存的处理。理财产品起息日终了，系统自动将各行发售理财产品所募集资金全额上划总行。会计分录为：借记"系统内理财资金存放——发售行"科目，贷记"系统内理财资金存放——总行"科目。

3）到期兑付的处理

兑付日初，系统自动进行损益计提，当日系统自动进行系统内资金清算，对于卡内理财产品系统自动将应付客户本息划入客户指定账户；对于以权利凭证为介质的理财产品，待客户办理兑付手续时进行理财产品销户及本息的实际支付。系统内的会计分录为：借记"系统内理财资金存放——总行"科目，贷记"系统内理财资金存放——发售行"科目。客户端的会计分录为：借记"吸收存款——个人定期存款——个人结构性存款"科目，贷记"吸收存款——个人活期存款"科目或者相关科目。

4) 提前终止的处理

提前终止分为全部客户提前终止与部分客户提前终止两种情况，有关处理均与到期兑付相同，只是在部分客户提前终止情况下，损益补提是在下一计提日进行，而不是在终止日。

如涉及向客户收取提前终止手续费的，由系统自动扣收，并上划总行。会计分录为：借记"待兑付对私理财资金——发售行"科目，贷记"代理理财手续费收入——总行"科目。

3. 对私信用联结理财产品会计核算办法

1) 核算科目

为了规范对私信用联结理财产品的会计核算，本章所称对私信用联结理财产品是指面向个人客户发行的，收益与某一或某组信用体的信用状况表现挂钩的本金不保证的理财产品，如中国光大银行阳光理财 C 计划及 A＋VIP 计划。

2) 募集期的处理

（1）发售理财产品的处理：发售行与客户签订《个人代理理财产品协议》一式两联，收妥客户交易资金转入保证金账户，填制借、贷方记账凭证各一联做账。该协议第一联专夹保管，第二联加盖业务用公章后退交客户。会计分录为：借记"吸收存款——个人活期存款"科目或者相关科目，贷记"个人信用联结理财保证金（定期）"科目。

（2）理财产品起息日对活期利息的处理：理财产品起息日日终，系统自动将客户购买日至起息日的活期存款利息按照起息日时的挂牌活期利率划入客户指定的收息账户。会计分录为：借记"应付储蓄活期存款利息"科目，贷记"吸收存款——个人活期存款"科目或者相关科目"代扣利息税"等科目。

（3）理财资金上存的处理：理财产品起息日日终，系统自动将各行发售理财产品所募集资金全额上划总行。会计分录为：借记"系统内理财资金存放——发售行"科目，贷记"系统内理财资金存放——总行"科目。

3) 到期兑付的处理（未出现信用违约事件）

若理财产品存续期内未发生关联债务的违约事件，到期兑付时将向客户支付约定收益及全部本金。兑付日初，系统自动进行损益计提，当日系统自动进行系统内资金清算，对于卡内理财产品，系统自动将应付客户本息划入客户指定账户；对于以权利凭证为介质的理财产品，系统待客户办理兑付手续时进行理财产品销户及本息的实际支付。系统内的会计分录为：借记"系统内理财资金存放——总行"科目，贷记"系统内理财资金存放——发售行"科目。客户端的会计分录为：借记"个人信用联结理财保证金（定期）"科目，贷记"吸收存款——个人活期存款"科目或者相关科目。

4) 出现信用违约事件的处理

若理财产品存续期内发生关联债务的违约事件，该理财产品在下一付息日自动终止，终止时将向客户支付约定收益，并根据本金损失比例扣收客户保证金。

终止日初，系统自动进行损益计提。当日系统自动进行系统内资金清算，同时将应付客户基本存款利息部分结转至"待兑付理财资金"科目,以本金损失与应付客户担保费(和/或佣金)的差额计算应扣收客户保证金,并上划总行。对于卡内理财产品,系统自动将应付客户本息划入客户指定账户;对于以权利凭证为介质的理财产品,系统待客户办理兑付手续时进行理财产品销户及本息的实际支付。

(1) 系统内的处理:终止日初,系统自动结清系统内理财资金本金、基本存款利息及手续费,会计分录为:借记"系统内理财资金存放——总行"科目,贷记"系统内理财资金存放——发售行"科目。

(2) 客户端的处理:系统自动归集待兑付理财资金,会计分录为:基本存款利息部分,借记"应付定期储蓄存款利息"科目,贷记"待兑付对私理财资金"科目;本金损失与担保费(和/或佣金)差额部分,借记"待兑付对私理财资金——发售行"科目,贷记"其他待处理贷方结算款项——总行"科目。

向客户兑付理财资金时,会计分录为:借记"个人信用联结理财保证金(定期)"科目,贷记"待兑付对私理财资金""吸收存款——个人活期存款"科目或者相关科目。

(3) 总行的处理:总行收到平盘对手支付的担保费(和/或佣金),借记"存放中央银行款项"科目或者相关科目,贷记"其他待处理贷方结算款项——客户收益部分""应收对私理财产品收益(系统内点差)""应收对私理财产品收益(总行点差)"等科目。

总行向平盘对手支付应承担的违约事件损失时,会计分录为:借记"其他待处理贷方结算款项"科目,贷记"存放中央银行款项"科目或者相关科目。

5) 提前终止的处理

非因信用违约事件而发生的提前终止分为全部客户提前终止与部分客户提前终止两种情况,有关处理均与到期兑付相同,只是在部分客户提前终止情况下,损益补提是在下一计提日进行,而不是终止日。

如涉及向客户收取提前终止手续费的,由系统自动扣收,并上划总行。会计分录为:借记"待兑付对私理财资金——发售行"科目,贷记"代理理财手续费收入(对私)——总行"科目。

第五节 代保管业务的核算

一、代保管业务的概念和有关规定

代保管业务是商业银行利用自身安全设施齐全、管理手段先进等有利条件,接受单位和个人的委托,代理保管各种贵重物品,并按照代保管物品的种类、数量和期限收取手续费的中间业务。代保管业务应执行如下规定:

(1) 代保管物品的主要品种有:各种贵重金属、文物古董、珠宝首饰、各种货币;各种有价证券、票据;各种珍宝、纪念性物品;各种重要的合同、契约文件、证件、名人书画、图纸、遗嘱等。

(2) 代保管的物品应是不易损坏、腐蚀、变质的物品。

(3) 代保管行在代理保管期限内不能损坏代保管物品,要保持原物原样。

(4) 代保管当事人双方必须事先签订好代保管协议,明确操作程序、代理保管期限和委托人及代保管人双方责任等有关事项。委托人及代保管人必须严格按规定的操作程序办理,不得擅自变动。

(5) 代保管是有偿的,委托方必须按照规定的标准,按期付给代保管方报酬。

二、代保管业务的核算

(一) 有价单证代保管业务的核算

1. 代保管有价单证的受理

商业银行受理客户代保管有价单证时,应按规定办理各种手续,并向客户收取代保管手续费。

【例8-24】 中国工商银行某营业网点受理客户张某代保管债券20 000元,收取手续费50元。会计分录为:

借:库存现金　　　　　　　　　　　　　　　　　　　　　50
　　贷:手续费收入　　　　　　　　　　　　　　　　　　　　50

同时,登记代保管有价单证表外科目明细账:

收入:代保管有价值品——××户　　　　　　　　　　20 000

2. 代保管有价单证的提取

委托人到期提取代保管有价单证时,应提交"委托代保管有价单证收据"和有关身份证件,经办员审查无误后,办理提取手续。同时,销记表外科目明细账:

付出:代保管有价值品——××户　　　　　　　　　　20 000

(二) 保管箱业务的核算

1. 租用保管箱时的处理

经办人收到申请人提交的申请书、支款凭证及有关证件审核无误后,按规定预留租用人印鉴(密码),填制"业务收费凭证"一式三联和"保管箱押金收据"一式三联,向租用人收取押金和租金。第一联押金收据与申请书一起专夹保管,以有关支款凭证等作借方记账凭证,收费凭证第一联作借方记账凭证附件;第二联作"保管箱业务收入"科目贷方记账凭证,另填制一联贷方记账凭证作"其他应付款"科目记账凭证,押金收据作附件;第三联收费凭证和第三联押金收据退申请人。

【例8-25】 中国工商银行××机构收到某客户交来保管箱的租金1 000元,押金50元。会计分录为:

借:库存现金——××机构业务现金户　　　　　　　　1 050
　　贷:业务收入——出租保管箱收入户　　　　　　　　　1 000
　　　　其他应付款——保管箱押金户　　　　　　　　　　50

同时登记"保管箱租箱、退箱登记簿"。填制表外科目付出凭证,登记表外科目明细账:

付出:重要空白凭证——印鉴卡在用户

2. 续租和退租

(1) 续租。经办人收到租用人提交的申请书及有关证件等审核无误后,取出原申请书留存联,加盖"续租"戳记,登记"保管箱租箱、退箱登记簿";同时,填制"业务收费凭证"一式三联向租用人收取租金。其余核算手续按"租用保管箱时的处理"进行办理。

(2) 退租。经办人收到租用人提交的申请书、押金收据第二联及有关证件等审核无误，与原申请书留存联核对一致后，登记"保管箱租箱、退箱登记簿"。实际退还押金金额按原押金余额扣除逾期租金计算；提前退租的，租金不予退还。待租用人将保管箱物品全部取出并交还两把保管箱钥匙后，将押金退承租人，填制一联借方记账凭证，以押金收据第一、第三联和申请书留存联等有关资料作借方记账凭证附件，另填制贷方记账凭证办理转账(如有扣收租用人逾期租金情况，则另填制"业务收费凭证"一式三联，第三联作借方记账凭证附件；第二联作"保管箱业务收入"科目贷方记账凭证；第三联退租用人)。

【例8-26】 承[例8-25]，某客户退租保管箱，逾期租金20元。会计分录为：

借：其他应付款——保管箱押金户　　　　　　　　　　　　　　　50
　　贷：业务收入——出租保管箱收入户(扣收逾期租金)　　　　　20
　　　　库存现金——××机构业务现金户　　　　　　　　　　　30

3. 更换印鉴和挂失的处理

租用人因印鉴更换、钥匙丢失申请挂失的，应填写"保管箱印鉴、钥匙挂失申请书"(以"挂失申请书"代)，并出具有关证明及有效身份证件。经办人根据留存资料进行审查，同意受理后即在规定的时间内冻结开箱。挂失申请书加盖"业务用公章"后，第一联专夹保管，第二联退租用人，第三联交业务部门，并按规定收取挂失手续费。填制"业务收费凭证"一式三联，第一联作借方记账凭证或者借方记账凭证的附件，第二联作贷方记账凭证，第三联交租用人收执。

【例8-27】 承[例8-25]，某客户因保管箱钥匙丢失，申请挂失，收取挂失手续费10元。会计分录为：

借：库存现金——××机构业务现金户　　　　　　　　　　　　10
　　贷：业务收入——出租保管箱收入户　　　　　　　　　　　　10

4. 凿箱和换锁的处理

(1) 挂失凿箱或换锁。挂失期满，需要办理凿箱或换锁的租用人，凭挂失申请书办理凿箱或换锁手续，并缴纳专用锁成本和换锁费用。经办行填制"业务收费凭证"一式三联，第一联作借方记账凭证附件，第二联作"保管箱业务收入"科目贷方记账凭证，第三联交由租用人收执；另填制一联贷方记账凭证作"库存物资"科目记账凭证，有关凭证作借方记账凭证办理转账。

【例8-28】 承[例8-27]，某客户凭挂失申请书办理换锁手续，并缴纳专用锁成本200元、换锁费用10元。会计分录为：

借：库存现金——××机构业务现金户　　　　　　　　　　　　210
　　贷：业务收入——出租保管箱收入户　　　　　　　　　　　　10
　　　　库存物资——保管箱专用锁　　　　　　　　　　　　　　200

(2) 非正常凿箱。非正常凿箱是租用人因故逾期而发生的凿箱、司法执行凿箱及公证凿箱等。

发生非正常凿箱时，经办人凭非正常凿箱证明，填制"业务收费凭证"一式三联，第一联作借方记账凭证附件，第二联作"保管箱业务收入"科目贷方记账凭证，第三联退租用人；另填制一联贷方记账凭证作"库存物资"科目记账凭证；如经办行支用保管箱押金时，填制两联特种转账借方凭证，一联作借方记账凭证，另一联交租用人作扣款通知。

【例8-29】承[例8-25]，某客户因故逾期发生非正常凿箱，专用锁成本200元、换锁费用10元，经办行支用保管箱押金50元。会计分录为：

借：其他应付款——保管箱押金户　　　　　　　　　　　　　　50
或 借：库存现金——××机构业务现金户　　　　　　　　　　　160
　　贷：保管箱业务收入——出租保管箱收入户　　　　　　　　　　10
　　　　库存物资——保管箱专用锁　　　　　　　　　　　　　　200

(3) 收取赔偿金。租用人因损坏箱体、丢失钥匙应缴纳赔偿金时，经办行填制"业务收费凭证"一式三联，第一联作借方记账凭证或借方记账凭证的附件，第二联作贷方记账凭证，第三联交租用人收执。如经办行支用保管箱押金时，应填制两联特种转账借方凭证，一联作借方记账凭证，另一联交租用人作扣款通知。

【例8-30】承[例8-25]，某客户因损坏箱体、丢失钥匙应缴纳赔偿金100元，经办行支用保管箱押金50元。会计分录为：

借：其他应付款——保管箱押金户　　　　　　　　　　　　　　50
或 借：库存现金——××机构业务现金户　　　　　　　　　　　　50
　　贷：营业外收入——其他营业外收入——其他收入户　　　　　100

5. 收取滞纳金的处理

当超过保管期限而未办理退租或续租手续时，租用人应缴纳滞纳金。收取滞纳金时，经办行填制"业务收费凭证"一式三联，第一联作借方记账凭证或者借方记账凭证的附件，第二联作贷方记账凭证，第三联交由租用人收执。

【例8-31】承[例8-25]，某客户超过保管期限而未办理退租或续租手续，应缴纳滞纳金60元。会计分录为：

借：库存现金——××机构业务现金户　　　　　　　　　　　　60
　　贷：营业外收入——其他收入户　　　　　　　　　　　　　　60

【关键术语】

受托贷款　代理收付款　代理证券转账　理财产品　保管箱

【问题思考】

1. 银行目前开办的中间业务主要有哪些？
2. 什么是受托贷款？其在核算上与银行用自身信贷资金发放的贷款有何不同？
3. 代理收付款业务的种类、基本规定和核算手续如何？
4. 什么是理财业务？其种类有哪些？
5. 用保管箱办理代客保管业务的基本规定和核算手续如何？

【思政园地】

1. 凡事都要脚踏实地去做，不驰于空想，不骛于虚声，而惟以求真的态度作踏实的工夫。
——李大钊
2. 凡做一件事，便忠于一件事，将全副精力集中到这事上头，一点不旁骛。——梁启超

练 习 题

一、单项选择题

1. 受托贷款的贷款资金是由委托人提供的，受托银行收取（　　）。
   A. 佣金　　　　　　B. 滞纳金　　　　　　C. 贷款利息　　　　　　D. 手续费
2. 按规定结计受托贷款利息的会计分录为（　　）。
   A. 借：吸收存款　　贷：代收贷款利息
   B. 借：吸收存款　　贷：贷款利息收入
   C. 借：吸收存款　　贷：代理业务资产
   D. 借：吸收存款　　贷：委托贷款
3. 理财业务按照运作方式不同，分为理财顾问服务和（　　）。
   A. 结构性理财产品　　　　　　　　B. 个人理财服务
   C. 公司理财业务　　　　　　　　　D. 综合理财服务
4. 下列理财产品中，（　　）属于结构性理财产品。
   A. 中国光大银行阳光理财 B 计划　　B. 中国光大银行阳光理财 C 计划
   C. 中国光大银行阳光理财 A 计划　　D. 中国交通银行理财宝

二、多项选择题

1. 下列各项中，属于受托贷款特点的有（　　）。
   A. 贷款对象、范围和用途等由委托单位指定
   B. 受托银行一般不承担风险
   C. 受托银行按规定收取手续费
   D. 受托银行负责办理贷款的审查、发放、管理、监督、使用、计算利息和按期收回
2. 理财业务对商业银行的积极作用在于（　　）。
   A. 扩展商业银行创新发展空间
   B. 提高银行盈利水平
   C. 为商业银行向多元化、全能化方向发展奠定了基础
   D. 改善商业银行的客户结构
3. 按理财结构不同，理财业务可分为（　　）。
   A. 结构性理财产品　　　　　　　　B. 综合理财服务
   C. 代理理财产品　　　　　　　　　D. 个人理财业务
   E. 信用联结理财产品
4. 个人理财业务与公司理财业务的主要区别在于（　　）。
   A. 理财目标不同　　　　　　　　　B. 理财时间周期长短不同

C. 服务对象不同　　　　　　　　D. 财务规划不同
5. 下列金融工具中,可以作为对公理财产品的有(　　)。
   A. 国债　　　　　　　　　　　B. 中央银行票据
   C. 银行承兑汇票　　　　　　　D. 银行汇票
   E. 协议存款回购

三、判断题

1. 受托贷款和自营贷款都属于商业银行的资产业务。　　　　　　　　(　)
2. 商业银行发放受托贷款时,收取手续费,必要时也可代垫资金。　　(　)
3. 受托贷款和自营贷款都要按规定计提贷款损失准备。　　　　　　　(　)
4. 在综合理财服务活动中,投资收益和风险由商业银行承担。　　　　(　)
5. 某银行新推出的专门投资于央行票据的理财产品应当属于信用联结理财产品。(　)
6. 交通银行的"理财宝"实际就是将储蓄品种进行整合构成的新的储蓄组合。(　)
7. 个人理财业务是以个人的生命周期为时间基础,在时间上一直计划到个人的生命终止。
   (　)
8. "待兑付对公理财资金"科目属于负债类会计科目。　　　　　　　　(　)
9. 在个人理财业务核算中,由于客户原因导致提前终止的,应向客户收取提前终止手续费。　　　　　　　　　　　　　　　　　　　　　　　　　　　　　　(　)

第九章
财务损益的核算

教学目标

本章主要介绍银行财务收支的构成及核算手续,以及银行利润结计方法及分配程序。

通过学习,学生应重点掌握银行财务收支的构成项目,银行利润的结计、分配方法及核算手续。

第一节 收入的核算

一、收入及其构成

收入是指企业在日常活动中形成的、会导致所有者权益增加的、与所有者投入资本无关的经济利益的总流入。收入不包括为第三方或者客户代收的款项。

商业银行在日常活动中形成的经济利益为营业收入,包括主营业务取得的收入和其他业务取得的收入(含投资取得的收入);在日常活动以外取得的经济利益为利得,即营业外收入。

二、收入的确认

收入的确认是收入会计核算的起点,包括两个过程:一是确定某一经济事项是否符合收入的定义;二是确定该经济事项是否达到实际确认的标准。只有经过上述两个过程,该经济事项才得以真正确认为收入。

(一)收入确认的标准

(1)可定义性,即应予确认的项目必须符合收入的定义。
(2)可计量性,即应予确认的项目必须能以货币来计量。
(3)相关性,即应予确认的项目所提供的会计信息必须是有用的。
(4)可靠性,即应予确认的项目所反映的信息必须是真实可靠的。

(二) 收入确认的条件

在一般情况下,银行提供金融产品服务取得的收入,应当在以下条件均能满足时予以确认:①与交易相关的经济利益能够流入企业。②收入的金额能够可靠地计量。

三、收入的核算

(一) 利息收入的核算

利息收入是银行发放各种贷款、存款、贴现和转贴现融出资金、信用卡透支、与其他金融机构资金往来等业务实现的利息收入,其具体包括贷款利息收入、银行存款利息收入、金融企业往来利息收入、贴现利息收入等。利息收入应按让渡资金使用权的时间和适用利率计算确定。

利息收入在银行营业收入中占有较大的比重,在银行财务成果中也占有重要的地位,在核算时,设置"利息收入"科目,并按业务类别进行明细核算。在资产负债表日,商业银行按合同利率计算确定的应收未收利息,借记"应收利息"等科目;按摊余成本和实际利率计算确定的利息收入,贷记"利息收入"科目;按其差额,借记或者贷记相关科目;期末,应将"利息收入"科目余额转入"本年利润"科目,结转后,"利息收入"科目无余额。

1. 贷款利息收入

贷款利息收入是指商业银行发放的各项贷款,按贷款本金、规定的利率及计息期限计算的应收利息。它是利息收入中的主要部分。

2. 金融企业往来利息收入

金融企业往来利息收入是指金融企业的系统内资金往来、金融企业之间的同业资金往来、金融企业与中央银行之间的资金往来而发生的利息收入。

3. 贴现利息收入

贴现利息收入是商业银行办理商业汇票等票据贴现业务收到的贴现利息收入。贴现利息收入应按让渡资金使用权的时间和适用利率计算确定。

4. 银行存款利息收入

银行存款是指银行业日常用于公杂费等财务开支,而在本行营业部门开立的存款,以及非银行金融机构存在银行中的款项。银行存款与其他单位存放在银行的款项一样,也应计息。

具体核算手续参见前述各章具体业务核算。

(二) 手续费及佣金收入的核算

手续费及佣金收入主要是指商业银行在提供服务时向客户收取的费用,包括办理结算业务、咨询业务、担保业务、代保管等代理业务,以及受托贷款及投资业务等取得的手续费及佣金收入。手续费及佣金收入应当在向客户提供相关服务时确认收入。

商业银行应设置"手续费及佣金收入"科目,并按其种类分设明细账进行核算。

(三) 投资收益的核算

投资收益是指商业银行对外投资取得的收益,包括对外投资的利息收入、证券出售及转让的净收益、分得的股利收入等。

（1）商业银行取得交易性金融资产、持有至到期投资、可供出售金融资产期间取得的投资收益和处置交易性金融资产、交易性金融负债、指定为以公允价值计量且其变动计入当期损益的金融资产或金融负债，比照"交易性金融资产""持有至到期投资""可供出售金融资产"等科目的相关规定进行处理。

（2）长期股权投资采用成本法核算的，企业应按被投资单位宣告发放的现金股利或者利润中属于本企业的部分，借记"应收股利"科目，贷记"投资收益"科目。属于被投资单位在取得本企业投资前实现的净利润分配额，应作为投资成本的回收额，借记"应收股利"科目，贷记"长期股权投资"科目。

（3）长期股权投资采用权益法核算的，应根据被投资单位实现的净利润或经调整的净利润计算应分享的份额，借记"长期股权投资——损益调整"科目，贷记"投资收益"科目。被投资单位发生亏损的，作相反的会计分录。

（4）处置长期股权投资时，按实际取得的收益或损失，记入"投资收益"科目的贷方或者借方。处置采用权益法核算的长期股权投资，除上述规定外，还应结转原记入资本公积的相关金额，借记或者贷记"资本公积"科目，贷记或者借记"投资收益"科目。

（四）汇兑收益的核算

汇兑收益是指商业银行因外币兑换、汇率变动等原因而产生的收益，是汇兑损益的一个方面。汇兑损益包括交易损益和折算损益。

1. 交易损益

交易损益是指不同货币兑换时，由商业银行买卖价差而产生的汇兑损益，如商业银行结汇时，银行要以低于中间价的买入价购入外汇；售汇时，银行要以高于中间价的卖出价卖出外汇。买入价或者卖出价与中间价的差额就是因交易产生的汇兑损益，这从银行的角度来说是汇兑收益，从其他金融企业来说是汇兑损失。

2. 折算损益

折算损益是指商业银行的各项外币资产和负债因期末汇率和记账汇率不同而产生的折算为记账本位币的差额，即各个外币资产和负债科目的外币期末余额按期末市场汇率折合为记账本位币的金额与原账面记账本位币金额的差额。当期末汇率高于记账汇率时，这个差额对于外币资产来说是汇兑收益，对于外币负债来说是汇兑损失；当期末汇率低于记账汇率时，这个差额对于外币负债来说是汇兑收益，对于外币资产来说是汇兑损失。

商业银行发生的汇兑收益通过"汇兑损益"科目进行核算，同时按外汇买卖币种分设明细账。发生汇兑收益时，应借记"货币兑换"科目，贷记"汇兑损益"科目；期末结转利润时，则应借记"汇兑损益"科目，贷记"本年利润"科目。

（五）其他业务收入的核算

其他业务收入是指商业银行除上述各项收入以外的其他营业性收入。商业银行在核算业务收入时应依据自身业务特点，区分主营业务和非主营业务进行核算。

对于其他业务收入的核算，商业银行应设置"其他业务收入"科目，并按其种类设置明细账。发生其他业务收入时，应借记"库存现金""银行存款"等有关科目，贷记"其他业务收入"科目；期末结转利润时，则应借记"其他业务收入"科目，贷记"本年利润"科目。

第二节 费用的核算

一、费用及其构成

费用作为会计要素和会计报表要素的构成内容之一,是与收入相对应而存在的。费用是指银行在日常活动中所发生的,会导致所有者权益减少的,与向所有者分配利润无关的经济利益的总流出。

商业银行在从事业务经营活动中,不仅需要支付吸收资金相应的利息,而且还需要支付业务经营和管理人员的工资等项费用,同时耗费一定的物品,所有这些以货币价值形式表现出来的耗费,就构成了成本和费用。

成本和费用是两个并行使用的概念,两者之间既有联系又有区别。成本是按一定对象所归集的费用,即按所发生的特定业务归集的费用,是对象化了的费用。也就是说,成本是相对于一定的业务而言所发生的费用,是按照企业所发生的业务等成本计算对象对当期发生的费用进行归集而形成的。而费用是资产的耗费,它与一定的会计期间相联系,与发生哪种业务无关;成本与所发生的一定种类和数量的业务相联系,而不论发生在哪一个会计期间。

商业银行的营业成本是指在业务经营过程中发生的与业务经营有关的支出,包括利息支出、手续费及佣金支出、营业税金及附加、业务及管理费、资产减值损失等。

二、费用的确认

(一)费用确认的原则

费用就其实质来说就是资产的耗费,但并不是所有的耗费都是费用。一般来说,费用的确认应遵循划分收益性支出与资本性支出原则、权责发生制原则、配比原则。

(1)划分收益性支出与资本性支出原则。按照划分收益性支出与资本性支出原则,某项支出的效益涉及几个会计年度,该项支出应予以资本化,不能作为当期费用;如果某项支出的效益仅涉及本会计年度,就应作为收益性支出,在一个会计期间内确认为费用。划分两类支出原则为费用的确认提供了一个时间上的总体界限,保证了正确地计量资产的价值和正确地计算各期的成本、费用及损益。

(2)权责发生制原则。划分收益性支出与资本性支出原则,只是为费用的确认作出时间上的大致区分,而权责发生制原则规定了具体在什么时点上确认费用。《金融企业会计制度》规定,凡是当期已经发生或者应当分担的费用,不论款项是否支付,都应作为当期的费用;凡是不属于当期的费用,即使款项已在当期支付,也不应当作为当期的费用。

(3)配比原则。按照配比原则,为产生当期收入所发生的费用,应当确认为该期的费用。配比原则的基本含义在于当收入已经实现时,某些业务已经发生,已发生的业务成本应当在确认有关收入的期间予以确认。如果收入要到未来期间实现,相应的费用就应递延分配到未来的实际受益期间。因此,费用的确认,要根据费用与收入的相关程度,确认哪些资产耗费或者负债的增加应从本期收入中扣减。

另外，银行确认费用时，还应当注重重要性原则和谨慎性原则的运用。

（二）费用确认的标准

根据上述费用确认原则，在确认费用时，一般应遵循以下三个标准：

（1）按费用与收入的直接联系（或者称因果关系）加以确认。凡是与本期收入有直接因果关系的耗费，就应当确认为该期间的费用。这种因果关系具体体现在以下两个方面：一是经济性质上的因果性，即应予以确认的费用与期间收入项目具有因果关系，也就是有所得必有所费，不同收入的区分是由于发生了不同的费用；二是时间上的一致性，即应予以确认的费用与某项收入同时或者结合起来加以确认，这一过程也就是收入与费用配比的过程。例如，如果从事证券业务的金融企业代理客户买卖证券是直接与所产生的手续费收入相联系的，那么，该项代理业务的成本就可以随同本期实现的手续费收入实现而作为该期的费用。

（2）直接作为当期费用确认。在企业中，有些支出不能提供明确的未来经济利益，并且，如果对这些支出加以分摊也没有意义，这时，这些费用就应采用这一标准，直接作为当期费用予以确认，如固定资产日常修理费等。这些费用虽然与跨期收入有联系，但由于存在不确定因素，往往不能肯定地预计其收益所涉及的期间，因而就直接列作当期的费用。

（3）按系统、合理的分摊方式确认。如果费用的经济效益有望在若干个会计期间发生，并且只能大致和间接地确定其与收益的联系，该项费用就应当按照合理的分配程序，在利润表中确认为一项费用，如固定资产的折旧和无形资产的摊销都属于这一情况。一般地，我们将这类费用称为折旧或者摊销。

费用是通过所使用或者所耗费的资产或者发生的业务所耗用的劳动的价值来计量的，通常的费用计量标准就是实际成本。

三、费用的核算

（一）利息支出的核算

利息支出是指商业银行发生的各项利息支出，包括吸收的各种存款（如单位存款、个人存款、信用卡存款、特种存款、转贷款资金等）、其他金融机构（中央银行、同业等）之间发生的资金往来业务、卖出回购金融资产等产生的利息支出。

商业银行为了核算利息支出，设置"利息支出"科目，并按支出项目设置明细科目。期末，应将该科目余额转入"本年利润"科目，结转后该科目无余额。

1. 吸收各种存款的利息支出

（1）预提应付利息的核算。按照权责发生制原则，属于本期的利息支出，虽然款项尚未付出，仍应作本期费用处理。例如，本期发生的存款利息，要在下期付出，则本期预提应付利息。

（2）实际支付利息的核算。实际支付利息是指银行按利随本清和约定期限实际支付的利息。

2. 金融企业往来利息支出

金融企业往来利息支出是指各金融企业系统内以及金融企业与中央银行、同业之间资金往来发生的利息支出。它包括金融企业借入中央银行款项利息支出、同业拆入、同业存放款项利息支出、系统内存放款项利息支出等。

具体核算手续参见前述各章具体业务核算。

(二)手续费及佣金支出的核算

手续费及佣金支出是指商业银行发生的与其经营活动相关的各项手续费、佣金等支出。

为了核算手续费及佣金支出,商业银行应设置"手续费及佣金支出"科目,并按支出类别进行明细核算。期末,应将该科目余额转入"本年利润"科目,结转后该科目无余额。

(1)发生手续费及佣金支出的核算。手续费及佣金支出一般有现金和转账两种方式,其支付时借记"手续费及佣金支出"科目,贷记"库存现金"科目或者"吸收存款"等科目。

(2)期末结转手续费及佣金支出的核算。期末应将"手续费及佣金支出"科目的借方余额结转到"本年利润"科目中,结转后,"手续费及佣金支出"科目无余额。结转时借记"本年利润"科目,贷记"手续费及佣金支出"科目。

(三)税金及附加的核算

按照我国税法规定,商业银行应向国家税务机关交纳增值税及其他税金,包括增值税、城市维护建设税和教育费附加等。

增值税属于价外税,商业银行应按主营业务收入的6%计缴增值税。增值税应纳税额=销项税额-进项税额。销项税额=含税应税收入÷(1+税率)×税率。城市维护建设税是以增值税额乘以一定的税率而求得。教育费附加也是增值税额乘以一定的税率而求得。

为了核算税金及附加,商业银行应设置"税金及附加"科目,并按税费类别进行明细核算。计提应交未交税费时,借记该科目,贷记"应交税费"科目;实际交纳税费时,借记"应交税费"科目,贷记"存放中央银行款项"等科目。期末,应将该科目余额转入"本年利润"科目,结转后该科目无余额。

(四)业务及管理费的核算

业务及管理费是指商业银行在业务经营及管理工作中发生的各项费用。它包括:固定资产折旧、业务宣传费、业务招待费、电子设备运转费、安全防卫费、企业财产保险费、邮电费、劳动保护费、外事费、印刷费、公杂费、低值易耗品摊销、职工薪酬、差旅费、水电费、租赁费(不包括融资租赁费)、修理费、职工教育经费、工会经费、房产税、车船税、土地使用税、印花税、会议费、诉讼费、公证费、咨询费、无形资产摊销、长期待摊费用摊销、待业保险费、劳动保险费、取暖费、审计费、技术转让费、研究开发费、绿化费、董事会费、上交管理费、广告费、银行结算费等。

商业银行的业务及管理费与利息支出、手续费及佣金支出有很明显的区别,因为这种费用与商业银行的业务处理过程没有直接联系,但它又是商业银行经营及管理中必不可少的,为银行进行金融活动提供了条件。

商业银行应设置"业务及管理费"科目归集发生的各种业务及管理费,同时按费用项目进行明细核算。下面对主要项目作简要说明:

(1)业务宣传费的核算:业务宣传费是指银行开展业务宣传活动所支付的费用。按《金融保险企业财务制度》规定:业务宣传费在营业收入(扣除金融企业往来利息收入)的规定比例内掌握使用,银行为2‰,业务宣传费应一律据实列支,不得预提。

(2) 职工薪酬、职工福利费、工会经费和职工教育经费的核算：其中，职工薪酬是指在职职工的工资、奖金、津贴和补贴。职工薪酬的核算设置"应付职工薪酬"科目，每月月初按照规定的开支渠道，将本月应发放的薪酬按不同的开支项目或者来源进行分配。职工福利费是指用于商业银行职工福利方面的费用。职工福利费的核算也在"应付职工薪酬"科目中，按职工所在的岗位据实列支。工会经费是商业银行按职工工资总额的2%计提的，拨交工会使用的经费。职工教育经费是商业银行按照职工工资总额的1.5%计提的，用于职工教育方面开支的费用。

(3) 劳动保险费的核算：劳动保险费是指离退休职工的退休金、价格补贴、医药费（含离退休人员参加医疗保险的医疗保险基金）、异地安家补助费、职工退职金、6个月以上病假人员工资、职工死亡丧葬补助费、抚恤费、按规定支付给离休干部的各项经费以及实行社会统筹办法的企业按规定提取的退休统筹基金。发生劳动保险费支出时，银行应借记"业务及管理费——劳动保险费"科目，贷记"存放中央银行款项"科目或者其他有关科目。

(4) 待业保险费的核算：待业保险费是为了解决职工在待业期间的基本生活需要而建立的职工待业保险基金。银行按照国家规定缴纳的待业保险基金由开户银行代为扣款，在接到开户行扣缴通知时，借记"业务及管理费——待业保险费"科目，贷记"存放中央银行款项"科目或者其他有关科目。

(5) 税金的核算：由业务及管理费列支的税金包括房产税、车船税、城镇土地使用税和印花税，计提时，应通过"应交税费"科目进行核算。印花税核算，可以不通过"应交税费"科目。因为银行交纳的印花税，是由纳税人根据规定自行计算应纳税额，以购买并一次贴足印花税票的方法交纳税款，银行交纳印花税，既不存在应付未付税款的情况，不需预计应纳税额；又不存在与税务机关结算或清算问题，所以不用通过"应交税费"科目核算，银行交纳印花税票款时，应借记"业务及管理费——××税金"科目，贷记"库存现金"科目或者其他有关科目。如金额较大，银行可将其先记入"待摊费用"科目，在以后各期摊销。

除上列项目之外，业务及管理费还包括固定资产折旧、无形资产摊销、递延资产摊销、差旅费、会议费、水电费、邮电费、印刷费、钞币运送费、劳动保护费、保险费、咨询费等。

期末应将"业务及管理费"科目的借方余额结转到"本年利润"科目中，结转后，"业务及管理费"科目无余额。

第三节 利润的核算

一、利润及其构成

银行的利润是指银行在一定会计期间的经营成果，它是银行在一定会计期间内实现的收入减去费用后的净额。对利润进行核算，可以及时反映银行在一定会计期间的经营业绩和获利能力，反映银行的投入产出效率和经济效益，有助于银行投资者和债权人据此进行盈利预测，评价银行经营绩效，作出正确的决策。

银行的利润核算包括营业利润、利润总额和净利润三个不同的核算阶段。而从这三个不同的阶段,可以看到利润的构成。

(1) 营业利润。营业利润是指银行营业收入减去营业成本、税金及附加、各项期间费用(销售费用、管理费用、财务费用)、资产减值损失加上公允价值变动收益和投资净收益后的净额。

(2) 利润总额。利润总额是指银行营业利润加上营业外收入,减去营业外支出后的金额。

(3) 净利润。净利润是指银行利润总额减去所得税费用后的金额。

计算公式为:

$$营业利润 = 营业收入 - 营业成本 - 税金及附加 - 期间费用 - 资产减值损失 + 公允价值变动收益 + 投资净收益$$

$$利润总额 = 营业利润 + 营业外收入 - 营业外支出$$

$$净利润 = 利润总额 - 所得税费用$$

二、利润的核算

(一) 利润结计的核算

1. 营业外收入与支出的核算

1) 营业外收入的核算

商业银行营业外收入是指与其经营业务活动无直接联系的各项收入,其包括非流动资产处置利得、非货币性资产交换利得、债务重组利得、政府补助、盘盈利得、捐赠利得等。

(1) 处置固定资产利得:处置固定资产利得是指商业银行在固定资产不需用或不适用时将其处置所得的净收益。其会计分录为:借记"固定资产清理"科目,贷记"营业外收入——处置固定资产利得"科目。

(2) 处置无形资产利得:处置无形资产利得是指商业银行在出售无形资产时,按实际取得的转让收入扣除无形资产账面余额和相关税费后所得的净收益。其会计分录为:借记"银行存款"科目,贷记"无形资产""营业外收入——处置无形资产利得""应交税费——应交营业税"等科目。

(3) 罚款、罚没收入。罚款、罚没收入是指商业银行在有关方面违反合同、协议或者纪律的规定时向其收取的各种形式的罚款收入。收取违纪方的罚金时,会计分录为:借记"吸收存款"(或者"库存现金")科目,贷记"营业外收入——罚款收入户"科目。

(4) 出纳长款收入。出纳长款即多出账面记载的现金。出纳长款发生时,应及时查明退还原主,如当天未能查明,经会计主管批准,会计分录为:借记"库存现金"科目,贷记"其他应付款——待处理出纳长款"科目。经过查找,确实无法退还的出纳长款,经过一定的审批手续,转为商业银行收益。会计分录为:借记"其他应付款——待处理出纳长款"科目,贷记"营业外收入——出纳长款收入"科目。

(5) 接受政府补助利得。接受政府补助利得,其会计分录为:借记"银行存款""递延收益"科目,贷记"营业外收入"科目。

2) 营业外支出的核算

营业外支出是指发生在银行业务经营以外又与银行经营活动无直接联系的各项支出。

它包括固定资产盘亏、处置固定资产净损失、处置无形资产净损失、抵债资产保管费用、处置抵债资产净损失、债务重组损失、罚款支出、捐赠支出、非常损失等。银行发生的营业外支出应通过"营业外支出"科目核算,该科目借方登记发生的各项营业外支出数,平时余额在借方,期末将其结转到"本年利润"科目后,该科目无余额。

(1) 固定资产盘亏和毁损、报废和出售净损失的核算。发生固定资产盘亏时,会计分录为:借记"营业外支出"科目,贷记"待处理财产损溢——待处理固定资产损溢"科目。固定资产毁损、报废和出售净损失发生时,会计分录为:借记"营业外支出——固定资产清理损失"科目,贷记"固定资产清理"科目。

(2) 出纳短款的核算。出纳短款是指银行在办理现金收付业务活动中发生的短款支出。发生短款经当天未能查清和找回时,要经过一定的审批手续,其会计分录为:借记"其他应收款——应收出纳短款"科目,贷记"库存现金"科目。经调查确认属于责任事故的短款并确实无法找回时,按照规定的审批权限,将出纳短款转为银行损失。会计分录为:借记"营业外支出——出纳短款"科目,贷记"其他应收款——应收出纳短款"科目。但查明短款原因是贪污时,应追回全部短款,并按贪污案件处理。

(3) 证券交易差错损失的核算。银行发生的证券交易差错损失核算比照出纳短款处理。

(4) 职工子弟学校和技校经费支出的核算。银行如果自办职工子弟学校,其学校经费支出大于收入的差额和自办技工学校的经费支出,均属营业外支出,但兴建校舍不应列为营业外支出。发生上述经费支出时,银行的会计分录为:借记"营业外支出——××户"科目,贷记"存放中央银行款项——××户"科目。

(5) 非常损失的核算。非常损失是指非正常的、出乎意外的自然灾害造成的各项资产净损失,即受损资产扣除保险公司赔偿金及废料残值后的差额。发生损失时,报经批准后,应将扣除残值和过失人、保险公司赔款后的净损失列作银行损失。其会计分录为:借记"营业外支出——非常损失"科目,贷记"待处理财产损溢——××户"科目。

(6) 公益救济性捐赠的核算。公益救济性捐赠是指国内重大救灾或慈善事业的救济性捐赠支出。发生该项支出时,银行的会计分录为:借记"营业外支出——救济性捐赠支出"科目,贷记"库存现金"科目或者其他有关科目。

(7) 赔偿金、违约金的核算。赔偿金、违约金是指银行因未履行经济合同、协议而向其他单位支付的赔偿金、违约金等罚款性支出。发生该项支出时,银行的会计分录为:借记"营业外支出——违约金及赔偿金"科目,贷记"存放中央银行款项"科目或者其他有关科目。

2. 所得税费用的核算

所得税费用是银行根据所得税准则确认的应从当期利润总额中扣除的所得税费用。

《企业会计准则第18号——所得税》明确规定:企业应于资产负债表日,分析比较资产、负债的账面价值与其计税基础,两者之间存在差异的,确认递延所得税资产、递延所得税负债及相应的递延所得税费用(或者收益)。所得税会计的关键在于确定资产、负债的计税基础。在确定资产、负债的计税基础时,应严格遵循税收法规中对于资产的税务处理和可税前扣除的费用等规定进行。

资产的计税基础是指企业收回该项资产的账面价值过程中,计算应纳税所得额时按照税法规定可以自应税经济利益中抵扣的金额,即该资产未来计税时按照税法规定可以税前扣除的金额,即不需要缴税的资产价值。

负债的计税基础是指未来不可以扣税的负债价值,即负债的账面价值减去未来期间计算应纳税所得时按照税法规定可予抵扣的金额。

资产负债表债务法是从暂时性差异产生的本质出发,分析暂时性差异产生的原因和对期末资产、负债的影响,要求所得税进行跨会计期间核算,从而确认递延所得税负债或者递延所得税资产的一种方法。

暂时性差异则是从资产负债表出发,于资产负债表日通过分析比较资产、负债的账面价值与其计税基础,两者之间的差异即为暂时性差异,根据该差异属于应纳税暂时性差异或者可抵扣暂时性差异据以确认相应的递延所得税资产、递延所得税负债,递延所得税资产和递延所得税负债的确认需调整当期计入利润表的所得税费用,成为递延所得税费用(或者收益)。

企业核算所得税,主要是为确定当期应交所得税和利润表中应确认的所得税费用。采用资产负债表债务法核算所得税的情况下,利润表中的所得税费用由两个部分组成:当期所得税和递延所得税。计算公式为:

所得税费用(或者收益)=当期所得税+递延所得税费用(-递延所得税收益)
递延所得税费用=递延所得税负债增加额+递延所得税资产减少额
递延所得税收益=递延所得税负债减少额+递延所得税资产增加额

1) 当期所得税

当期所得税是指企业按照税法规定计算确定的针对当期发生的交易或者事项,应交纳的所得税金额,即应交所得税,当期所得税应以适用的税收法规为基础计算确定。

企业在确定当期所得税时,对于当期发生的交易或者事项,会计处理与税收处理不同的,应在会计利润的基础上,按照适用税收法规的规定进行调整,计算出当期应纳税所得额,再按照应纳税所得额与适用的所得税税率计算确定当期应交所得税。在一般情况下,应纳税所得额可在会计利润的基础上,考虑会计与税收之间的差异(包括永久性差异和暂时性差异),按照以下公式计算确定:

应纳税所得额=会计利润
　　　　　　+按照会计准则规定计入利润表但计税时不允许税前扣除的费用
　　　　　　±计入利润表的费用与税法规定可予前抵扣的费用金额的差额
　　　　　　±计入利润表的收入与税法规定应计入所得额的收入的差额
　　　　　　-税法规定的不征税收入
　　　　　　±其他需要调整的因素
应交所得税=应纳税所得额×适用的所得税税率

2) 递延所得税

递延所得税是指按照《企业会计准则》规定应予确认的递延所得税资产和递延所得税负债在期末应有的金额相对于原已确认金额之间的差额,即递延所得税资产及递延所得税负债当期发生额的综合结果。计算公式为:

$$\text{递延所得税} = \left(\text{期末递延所得税负债} - \text{期初递延所得税负债}\right) - \left(\text{期末递延所得税资产} - \text{期初递延所得税资产}\right)$$

采用资产负债表债务法应设置"所得税费用""递延所得税资产""递延所得税负债""应交税费——应交所得税"四个相关科目。

资产负债表日,银行按照税法规定计算确定的到期应交所得税金额,借记"所得税费用——当期所得税费用"科目,贷记"应交税费——应交所得税"科目。

资产负债表日,根据《企业会计准则第18号——所得税》的规定应予以确认的递延所得税资产大于"递延所得税资产"科目余额的差额,借记"递延所得税资产"科目,贷记"所得税费用""资本公积"等科目。

若应予以确认的递延所得税资产小于"递延所得税资产"科目余额的差额,作相反的会计分录。

企业应予确认的递延所得税负债,应当比照上述原则调整"所得税费用""递延所得税负债"科目及有关科目。

3. 结转损益的核算

每个会计年度终了,银行都要结转利润,将各损益类科目余额全部结转到"本年利润"科目中去,即将收益类科目余额结转到"本年利润"科目的贷方,而成本费用类科目余额结转到"本年利润"科目的借方。"本年利润"科目如为贷方余额,即为本期利润总额;"本年利润"科目如为借方余额,则为本期亏损总额。前两节为了说明每一收入和支出科目核算的全过程,对每个损益类科目期末结转的会计分录都分别列示,但在实际工作中,银行对损益类科目是于年末结转的。

年度终了时,将"本年利润"科目结平,转到"利润分配——未分配利润"科目。

盈利时,会计分录为:

借:本年利润
    贷:利润分配——未分配利润

亏损时,作相反的会计分录。

(二) 利润分配的核算

银行董事会或者类似机构决议提请股东大会或者类似机构批准的年度利润分配方案。股东大会或者类似机构批准的利润分配方案,与董事会或者类似机构提请批准的报告年度利润分配方案不一致时,其差额应当调整报告年度会计报表有关项目的年初余额。

1. 可供分配的利润及其分配

商业银行当期实现的净利润,加上年初未分配利润(或减去年初未弥补亏损)和其他转入后的余额,为可供分配的利润,并作下列分配:

(1) 弥补以前年度亏损(税后弥补部分)。

(2) 提取法定盈余公积,提取比例一般为当年实现净利润的10%,但以前年度累计的法定盈余公积达到注册资本的50%时,可以不再提取。

(3) 提取的一般风险准备金。

2. 可供投资者分配的利润及其分配

可供分配的利润减去提取的法定盈余公积、一般风险准备金后,为可供投资者分配的利润。可供投资者分配的利润,按下列顺序分配:

(1) 应付优先股股利,即商业银行按照利润分配方案分配给优先股股东的现金股利。

(2) 提取任意盈余公积,即商业银行按规定提取的任意盈余公积。

（3）应付普通股股利，即商业银行按照利润分配方案分配给普通股股东的现金股利。商业银行分配给投资者的利润，也在本项目核算。

（4）转作资本（或者股本）的普通股股利，即商业银行按照利润分配方案以分派股票股利的形式转作的资本（或者股本）。商业银行以利润转增的资本，也在本项目核算。

3. 未分配利润

可供投资者分配的利润经过上述分配后，为未分配利润（或者未弥补亏损）。未分配利润可留待以后年度进行分配。商业银行如发生亏损，可以按规定由以后年度利润进行弥补。

4. 利润分配的核算

商业银行未分配的利润（或者未弥补的亏损）应当在资产负债表的"所有者权益"项目中单独反映。

商业银行实现的利润和利润分配应当分别核算，利润的构成及利润分配各项目应当设置明细账，进行明细核算。商业银行提取的法定盈余公积、一般风险准备金、分配的优先股股利、提取的任意盈余公积、分配的普通股股利、转作资本（或股本）的普通股股利，以及年初未分配利润（或未弥补亏损）、期末未分配利润（或未弥补亏损等）均应当在利润表中分别列项予以反映。

为了加强利润分配的核算，商业银行应设置"利润分配"科目。该科目属于所有者权益类科目，借方登记各种利润分配事项；贷方登记抵减利润分配的事项；年末借方余额表示未弥补的亏损总额，贷方余额表示累计未分配总额。该科目设置"提取盈余公积""盈余公积补亏""一般风险准备金""一般风险准备金补亏""应付利润""未分配利润"等明细科目。商业银行从税后利润提取盈余公积，会计分录为：借记"利润分配——提取法定盈余公积"科目，贷记"盈余公积——法定盈余公积"科目；商业银行用盈余公积弥补亏损时，借记"盈余公积——法定盈余公积"科目，贷记"利润分配——盈余公积补亏"科目；商业银行按规定提取一般风险准备金时，借记"利润分配——提取一般风险准备金"科目，贷记"一般风险准备金"科目；商业银行用一般风险准备金弥补亏损时，借记"一般风险准备金"科目，贷记"利润分配——一般风险准备金补亏"科目；一般商业银行计算应付投资者或者其他单位个人的利润时，借记"利润分配——应付利润"科目，贷记"应付利润"科目；股份有限公司制商业银行发放现金股利时，借记"利润分配——应付普通股股利"科目，贷记"应付股利"科目；股份有限公司制商业银行经批准分配股票股利时，借记"利润分配——转作股本的普通股股利"科目，贷记"股本"科目；年度终了将"利润分配"科目下所有明细科目的余额转到"利润分配——未分配利润"明细科目中，经过利润分配后，如"利润分配"科目还有贷方余额，即为当年未分配利润；如有借方余额，表示未弥补的亏损。

【知识链接】

营业税改增业税

经国务院批准，自2016年5月1日起，我国在全国范围内全面推开营业税改增值税（即营改增）试点，将建筑业、房地产业、金融业、生活服务业等全部营业税纳税人纳入试点范围，由交纳营业税改为交纳增值税。

【关键术语】

收入　费用　所得税费用　利润　利润分配

【问题思考】

1. 银行收入、费用是如何构成的?
2. 银行营业外收入、营业外支出各由哪些项目构成?
3. 银行的利润是如何构成的? 利润分配的程序如何?

【思政园地】

1. 财有限,费用无穷,当量入为出。　　　　　　　——颜之推《颜氏家训》
2. 取之有度,用之有节,则常足。　　　　　　　——司马光《资治通鉴》

练 习 题

姓名_____
学号_____
分数_____

扫二维码获得更多
本章习题及案例

一、单项选择题

1. 银行对外投资取得的收入属于(　　)。
   A. 主营业务收入　　　　　　B. 其他业务收入
   C. 营业外收入　　　　　　　D. 利得收入
2. 银行发生的业务宣传费属于(　　)。
   A. 手续费及佣金支出　　　　B. 业务及管理费支出
   C. 人力费用支出　　　　　　D. 长期待摊费用
3. 银行净利润是指(　　)。
   A. 利润总额减去所得税费用后的金额
   B. 收入总额减去费用后总额的金额
   C. 营业利润加上营业外收入减去营业外支出的金额
   D. "本年利润"科目的余额

二、多项选择题

1. 收入的特点有(　　)。
   A. 日常活动中形成的经济利益总流入
   B. 会导致所有者权益增加的经济利益总流入
   C. 与所有者投入资本无关的经济利益的总流入
   D. 日常活动和非日常活动中形成的经济利益总流入
2. 银行收入的确认应当满足的条件包括(　　)。
   A. 与交易相关的经济利益能够流入企业
   B. 收入的金额能够可靠地计量
   C. 符合权责发生制要求
   D. 符合收付实现制要求
3. 商业银行的汇兑收益包括(　　)。
   A. 交易损益　　　　　　　　B. 折算损益
   C. 汇兑结算手续费　　　　　D. 国际结算手续费
4. 银行费用的确认应遵循的原则有(　　)。
   A. 划分收益性支出与资本性支出原则
   B. 权责发生制原则
   C. 收付实现制原则
   D. 配比原则

三、判断题

1. 银行的收入不包括为第三方或者客户代收的款项。（ ）
2. 利息收入应按让渡资金使用权的时间和适用利率计算确定。（ ）
3. 手续费及佣金收入应当在向客户实际收取时确认。（ ）
4. 利润总额是指银行营业利润加上营业外收入，减去营业外支出后的金额。（ ）
5. 可供分配的利润减去提取的法定盈余公积、一般风险准备金后，为可供投资者分配的利润。（ ）

第十章
财务会计报告

章前导引

教学目标

本章主要介绍银行的财务会计报告的构成内容,重点阐述银行资产负债表、利润表、现金流量表的作用、结构内容及编制原理。

通过学习,学生应重点掌握商业银行资产负债表、利润表的项目构成内容及表内项目的填列方法;理解现金流量表的作用及编制基础。

【知识链接】

商业银行财务会计报告的构成

财务会计报告是指企业对外提供的反映企业特定日期的财务状况和某一会计期间的经营成果和现金流量等会计信息的文件。

商业银行财务会计报告作为完整的法律文件,具体包括会计报表、会计报表附注和其他应当在财务会计报告中披露的相关信息资料。其中,会计报表是财务会计报告的主体,主要有资产负债表、利润表、现金流量表、所有者权益变动表等。

第一节 资产负债表

一、资产负债表的意义和作用

商业银行资产负债表是反映商业银行某一特定日期财务状况的报表。它是根据"资产=负债+所有者权益"这一会计基本等式,按照一定的分类标准和一定的程序,将商业银行一定时期的资产、负债和所有者权益项目予以适当的排列编制而成,用于总括反映资产、负债和所有者权益及其构成情况的会计报表。

商业银行资产负债表的作用在于:其一,披露商业银行某一特定日期的资产总额和构成情况,表明商业银行掌握的经济资源的数量、分布情况及运用其经济资源的能力。其二,披露商业银行某一特定日期的负债总额和构成情况,表明商业银行未来需要用多少资产或者劳务清偿债务。其三,披露商业银行某一特定日期的所有者权益和构成情况,表明所有者在资产中所占的份额,了解所有者权益的构成情况。其四,通过对三个会计要素的构成及关系分析,便于分析检查商业银行资产、负债和所有者权益的构成是否合理;了解商业银行的偿债能力和支付能力;通过分析比较前后期项目变化,了解商业银行资金变化和资本的保值增值情况,了解财务状况的变动趋向等。

二、资产负债表的编制原理

(1) 资产负债表是依照"资产=负债+所有者权益"这一会计恒等式各项目的方向和平衡关系设计的。资产项目列在左方,负债和权益项目列在右方,左、右方项目的余额合计数相等。资产和负债应当分别以流动资产和非流动资产、流动负债和非流动负债的顺序列示。

(2) 资产负债表各项目要按照年初余额和期末余额作两列数据列示。

"上年年末余额"栏内各项数字根据上年年末资产负债表"期末余额"填列。如本年度资产负债表规定项目的名称和内容同上年度不一致,应对上年年末资产负债表各项目的名称和数据按照本年度的规定进行调整,填入本表"年初余额"栏内。

"期末余额"栏内的各项数字,按所分类归集的会计科目期末数编制。具体填列时,各项数字的来源主要通过以下几种方式取得:①根据总账或明细账科目余额直接填列。②根据总账或者明细账科目余额合并填列。③根据总账或者明细账科目余额分别填列。

三、资产负债表的格式内容及编制方法

(一) 资产负债表的格式内容

商业银行资产负债表是反映商业银行某一特定日期财务状况的报表。资产负债表的格式,目前国际上通常采用报告式和账户式两种。账户式资产负债表的具体格式内容见表 10-1。

表 10-1　　　　　　　　　　　资 产 负 债 表　　　　　　　　　会商银 01 表
编报单位:　　　　　　　　　　　　年　月　日　　　　　　　　　　　单位:元

资　产	期末余额	上年年末余额	负债和所有者权益（或股东权益）	期末余额	上年年末余额
资　产:			负　债:		
现金及存放中央银行款项			向中央银行借款		
存放同业款项			同业及其他金融机构存放款项		
贵金属			拆入资金		
拆出资金			交易性金融负债		
交易性金融资产			衍生金融负债		
衍生金融资产			卖出回购金融资产款		
买入返售金融资产			吸收存款		
应收利息			应付职工薪酬		

(续表)

资　　产	期末余额	上年年末余额	负债和所有者权益（或股东权益）	期末余额	上年年末余额
发放贷款和垫款			应交税费		
债权投资			应付利息		
其他债权投资			预计负债		
长期股权投资			应付债券		
其他权益工具投资			递延所得税负债		
其他非流动金融资产			其他负债		
投资性房地产			负债合计		
固定资产			所有者权益（或股东权益）：		
无形资产			实收资本（或股本）		
递延所得税资产			资本公积		
其他资产			减：库存股		
			盈余公积		
			一般风险准备		
			未分配利润		
			所有者权益（或股东权益）合计		
资产总计			负债和所有者权益（或股东权益）总计		

法定代表人、董事长：　　　　　　　　　　　　　　　财务管理部总经理：

（二）资产负债表项目列示说明

（1）"现金及存放中央银行款项"项目，反映银行期末拥有的现金及存放中央银行款项等总额，应根据"库存现金""银行存款""存放中央银行款项"等科目的期末余额合计填列。

（2）"存放同业款项"项目，反映银行存放同业机构的存款，应根据"存放同业款项"科目的期末余额填列。

（3）"贵金属"项目，反映银行期末持有的按成本与可变现净值孰低计量的黄金、白银等贵金属价值，应根据"贵金属"科目期末余额填列。

（4）"拆出资金"项目，反映银行拆放给境内外其他金融机构的款项，应根据"拆出资金"科目的期末余额减去"贷款损失准备"科目所属的相关明细科目期末余额后的金额分析计算填列。

（5）"交易性金融资产"项目，反映银行持有的以公允价值计量且其变动计入当期损益的为交易目的所持有的债券投资、股票投资、基金投资、权证投资等金融资产，应根据"交易性金融资产"科目的期末余额填列。

（6）"衍生金融资产"项目，反映银行期末持有的衍生工具、套期工具、被套期项目中属于衍生金融资产的金额，应根据"衍生工具""套期工具""被套期项目"等科目的期末借方余额分析计算填列。

(7)"买入返售金融资产"项目,反映商业银行按返售协议约定先买入再按固定价格返售给卖出方的票据、证券、贷款等金融资产所融出的资金,应根据"买入返售金融资产"科目期末余额填列。

(8)"应收利息"项目,反映商业银行发放贷款、持有至到期投资、可供出售金融资产、存放中央银行款项、拆出资金、买入返售金融资产等应收取的利息,应根据"应收利息"科目的期末余额填列。

(9)"发放贷款和垫款"项目,反映商业银行按规定发放的各种贷款,包括质押贷款、抵押贷款、保证贷款、信用贷款等,还包括按规定发放的银团贷、贸易融资、协议透支、信用卡透支、转贷款以及垫款等,应根据"发放贷款和垫款"科目所属明细科目的期末余额分析填列。

(10)"债权投资"项目,反映资产负债表日银行以摊余成本计量的长期债权投资的期末账面价值,应根据"债权投资"科目的相关明细科目期末余额,减去"债权投资减值准备"科目中相关减值准备的期末余额后的金额分析填列。自资产负债表日起1年内到期的长期债权投资的期末账面价值,在"一年内到期的非流动资产"项目反映。银行购入的以摊余成本计量的1年内到期的债权投资的期末账面价值,在"其他流动资产"项目反映。

(11)"其他债权投资"项目,反映资产负债表日银行分类为以公允价值计量且其变动计入其他综合收益的长期债权投资的期末账面价值,应根据"其他债权投资"科目的相关明细科目期末余额分析填列。自资产负债表日起1年内到期的长期债权投资的期末账面价值,在"一年内到期的非流动资产"项目反映。银行购入的以公允价值计量且其变动计入其他综合收益的一年内到期的债权投资的期末账面价值,在"其他流动资产"项目反映。

(12)"长期股权投资"项目,反映商业银行持有的采用成本法和权益法核算的长期股权投资,应根据"长期股权投资"科目的期末余额抵减"长期股权投资减值准备"科目的期末余额后的净值填列。

(13)"其他权益工具投资"项目,反映资产负债表日银行指定为公允价值计量且其变动计入其他综合收益的非交易性权益工具投资的期末账面价值,应根据"其他权益工具投资"科目的期末余额填列。

(14)"投资性房地产"项目,反映商业银行持有的投资性房地产的价值,包括采用成本模式计量的投资性房地产和采用公允价值模式计量的投资性房地产,应根据"投资性房地产"科目的期末余额抵减"投资性房地产减值准备"科目期末余额后的净值填列。

(15)"固定资产"项目,反映商业银行持有的固定资产的价值,应根据"固定资产"科目的期末余额抵减"累计折旧"和"固定资产减值准备"备抵科目余额后的净值填列。

(16)"无形资产"项目,反映商业银行持有的无形资产的价值,应根据"无形资产"科目的期末余额减去"累计摊销"和"无形资产减值准备"备抵科目余额后的净值填列。

(17)"递延所得税资产"项目,反映商业银行根据《企业会计准则第18号——所得税》确认的可抵扣暂时性差异产生的所得税资产,应根据"递延所得税资产"科目的期末余额填列。

(18)"其他资产"项目,反映商业银行除上述以外的各项资产,如长期待摊费用、存出保证金、应收股利、抵债资产等,应根据所发生的其他资产科目期末余额合计数分析填列。

(19)"向中央银行借款"项目,反映商业银行向中央银行借入的款项,应根据"向中央银行借款"科目的期末余额填列。

(20)"同业及其他金融机构存放款项"项目,反映商业银行与同业进行资金往来而发生的同业存放于本行的款项以及吸收的境内外金融机构的存款,应根据"同业存放款项"科目所属明细科目的期末余额填列。

(21)"拆入资金"项目,反映商业银行从境外金融机构拆入的款项,应根据"拆入资金"科目的期末余额填列。

(22)"交易性金融负债"项目,反映商业银行承担的交易性金融负债的公允价值,应根据"交易性金融负债"科目的期末余额填列。

(23)"衍生金融负债"项目,反映银行期末衍生工具、套期工具、被套期项目中属于衍生金融负债的金额,应根据"衍生工具""套期工具""被套期项目"等科目的期末贷方余额分析计算填列。

(24)"卖出回购金融资产款"项目,反映商业银行按回购协议卖出票据、证券、贷款等金融资产所融入的资金,应根据"卖出回购金融资产款"科目的期末余额填列。

(25)"吸收存款"项目,反映商业银行吸收的除同业存放款项以外的其他各种存款,包括单位存款、个人存款、信用卡存款、特种存款、转贷款资金和财政性存款等,应根据"吸收存款"科目所属的"本金""利息调整"等明细科目期末余额计算填列。

(26)"应付职工薪酬"项目,反映商业银行根据有关规定应付给职工的各种薪酬,应根据"应付职工薪酬"科目的期末余额填列。

(27)"应交税费"项目,反映商业银行按照税法规定计算应交纳的各种税费,应根据"应交税费"科目的期末余额填列。

(28)"应付利息"项目,反映商业银行按照合同约定应支付的利息,包括吸收存款、分期付息到期还本的长期借款、企业债券等应支付的利息,应根据"应付利息"科目的期末余额填列。

(29)"预计负债"项目,反映商业银行根据《企业会计准则第13号——或有事项》等相关具体会计准则确认的各项预计负债,包括对外提供担保、未决诉讼、产品质量保证、重组义务、亏损性合同等产生的预计负债,应根据"预计负债"科目的期末余额填列。

(30)"应付债券"项目,反映商业银行为筹集长期资金而发行的债券本金和利息,应根据"应付债券"科目的明细科目期末余额分析填列。

(31)"递延所得税负债"项目,反映商业银行根据《企业会计准则第18号——所得税》确认的应纳税暂时性差异产生的所得税负债,应根据"递延所得税负债"科目的期末余额填列。

(32)"其他负债"项目,反映商业银行除上述以外的各项负债,如"长期应付款""存入保证金""应付股利""其他应付款"等,应根据所发生的其他负债科目期末余额合计数分析填列。"长期应付款"科目应减去"未确认融资费用"科目期末余额后的净值填列。

(33)"实收资本"(或"股本")项目,反映商业银行实际收到的资本总额,应根据"实收资本"(或"股本")科目期末余额填列。

(34)"资本公积"项目,反映商业银行收到投资者出资超出其在注册资本或者股本中所占的份额以及直接计入所有者权益的利得和损失等,应根据"资本公积"科目期末余额减去"库存股"期末借方余额后的净值填列。

(35)"盈余公积"项目,反映商业银行的盈余公积的期末余额,应根据"盈余公积"科目期末余额填列。

(36)"一般风险准备"项目,反映商业银行按规定从净利润中提取的一般风险准备,应根据"一般风险准备"科目的期末余额填列。

(37)"未分配利润"项目,反映商业银行盈利中尚未分配的部分,应根据"本年利润""利润分配"科目的余额计算填列,未弥补的亏损应用"一"号表示。

【例10-1】 ××商业银行2024年9月30日相关科目的余额如表10-2所示。按商业银行会计报表格式,编制该商业银行第三季度的资产负债表,如表10-3所示。

表10-2　　　　　　　　　××商业银行科目余额表

2024年9月30日　　　　　　　　　　　　　　　　　　单位:万元人民币

一、资产类	借方金额	二、负债类	贷方金额
库存现金	30 673	向中央银行借款	55 590
存放中央银行款项	1 002 000	同业存放款项	571 235
存放同业款项	47 257	拆入资金	276 564
贵金属	41 290	交易性金融负债	45 287
拆出资金	368 570	衍生金融工具负债	41 512
衍生金融资产	58 565	卖出回购金融资产款	1 402
交易性金融资产	45 323	吸收存款	4 425 034
买入返售金融资产	248 348	应交税费	23 928
应收利息	30 978	应付职工薪酬	17 642
贷款	2 771 482	应付利息	52 329
贷款损失准备	−20 000	预计负债	1 961
债权投资	694 877	应付债券	66 152
其他债权投资	590 196	其他负债	39 174
长期股权投资	69 637	负债合计	5 617 810
投资性房地产	1 239	三、所有者权益类	
固定资产	55 227	股本	253 839
累计折旧	−3 000	资本公积	83 604
无形资产	11 132	盈余公积	22 080
递延税款借项	16 425	一般风险准备	37 839
其他资产	13 628	未分配利润	58 675
		所有者权益类合计	456 037
合　计	6 073 847	合　计	6 073 847

表 10-3　　　　　　　　　　　　　　　资产负债表　　　　　　　　　会商银 01 表
编报单位:××商业银行　　　　　　　2024 年 9 月 30 日　　　　　　　单位:万元人民币

资　产	期末余额	上年年末余额	负债和所有者权益（或股东权益）	期末余额	上年年末余额
资　产：			负　债：		
现金及存放中央银行款项	1 032 673	（略）	向中央银行借款	55 590	（略）
存放同业款项	47 257		同业及其他金融机构存放款项	571 235	
贵金属	41 290		拆入资金	276 564	
拆出资金	368 570		交易性金融负债	45 287	
交易性金融资产	45 323		衍生金融负债	41 512	
衍生金融资产	58 565		卖出回购金融资产款	1 402	
买入返售金融资产	248 348		吸收存款	4 425 034	
应收利息	30 978		应付职工薪酬	17 642	
发放贷款和垫款	2 751 482		应交税费	23 928	
债权投资	694 877		应付利息	52 329	
其他债权投资	590 196		预计负债	1 961	
长期股权投资	69 637		应付债券	66 152	
其他权益工具投资			递延所得税负债		
其他非流动金融资产			其他负债	39 174	
投资性房地产	1 239		负债合计	5 617 810	
固定资产	52 227		所有者权益（或股东权益）：		
无形资产	11 132		实收资本（或股本）	253 839	
递延所得税资产	16 425		资本公积	83 604	
其他资产	13 628		减:库存股		
			盈余公积	22 080	
			一般风险准备	37 839	
			未分配利润	58 675	
			所有者权益（或股东权益）合计	456 037	
资产总计	6 073 847		负债和所有者权益（或股东权益）总计	6 037 847	

法定代表人、董事长:　　　　　　　　　　　　　　　　　　　　　　　财务管理部总经理:

第二节 利润表

一、利润表的意义和作用

商业银行利润表是反映商业银行一定会计期间的经营成果的会计报表,是一种动态报表。

商业银行利润表的作用在于:其一,它可以总括反映商业银行在该会计期间里的业务经营成果,提供盈亏信息;其二,报表使用者可根据该表所提供的具体内容,分析盈亏形成的原因,对商业银行的经营业绩作出恰当的评价;其三,它可以为财务管理人员及领导者提供财务预测资料。

二、利润表的编制原理

(一)利润表的格式

国际上,利润表的格式通常采用单步式和多步式两种。我国商业银行利润表采用上下多步式结构,根据构成利润的主要内容分为"营业收入""营业支出""营业利润""利润总额""净利润""每股收益"6大项目,各项目之间通过分步式的加减关系计算得出。

(二)利润表的填制方法

利润表各项目需要分为"本期金额"和"上期金额"两栏分别填列。"本期金额"栏反映各项目的本期实际发生数;"上期金额"栏反映各项目的上期实际发生数。

三、利润表的格式内容及编制方法

(一)利润表的格式内容

我国银行利润表采用上下多步式结构(见表10-4)。

表10-4　　　　　　　　　　　利润表　　　　　　　　　　会商银02表
编报单位:　　　　　　　　　　　年　月　　　　　　　　　　单位:元

项　目	本期金额	上期金额
一、营业收入		
利息净收入		
利息收入		
利息支出		
手续费及佣金净收入		
手续费及佣金收入		
手续费及佣金支出		

(续表)

项　　目	本期金额	上期金额
投资收益(损失以"－"号填列)		
其中:对联营企业和合资企业的投资收益		
公允价值变动收益(损失以"－"号填列)		
资产处置收益(损失以"－"号填列)		
汇兑收益(损失以"－"号填列)		
其他业务收入		
二、营业支出		
税金及附加		
业务及管理费		
资产减值损失		
信用减值损失		
其他业务成本		
三、营业利润(亏损以"－"号填列)		
加:营业外收入		
减:营业外支出		
四、利润总额(亏损总额以"－"号填列)		
减:所得税费用		
五、净利润(净亏损以"－"号填列)		
六、其他综合收益的税后净额		
(一)不能重分类进损益的其他综合收益		
(二)将重分类进损益的其他综合收益		
七、综合收益总额		
八、每股收益:		
(一)基本每股收益		
(二)稀释每股收益		

法定代表人:董事长：　　　　　　　　　　　财务管理部经理：

(二)利润表项目列示说明

(1)"营业收入"项目,反映商业银行经营业务取得的各种收入的总额,应根据"利息净收入""手续费及佣金净收入""投资收益""公允价值变动收益""汇兑收益""其他业务收入"等项目的汇总计算填列。

(2)"利息收入"项目,反映商业银行贷出款项的利息收入和本行银行存款的利息收入,应根据"利息收入"科目所属明细科目的发生额合计数填列。

(3)"利息支出"项目,反映商业银行吸收的各项存款和本行各项借款的利息支出,应根据"利息支出"科目所属明细科目的发生额合计数填列。

(4)"手续费及佣金收入"项目,反映商业银行发生的与其经营活动相关的各项手续费、佣金等收入,应根据"手续费及佣金收入"科目所属明细科目的发生额合计数填列。

(5)"手续费及佣金支出"项目,反映商业银行发生的与其经营活动相关的各项手续费、佣金等支出,应根据"手续费及佣金支出"科目所属明细科目的发生额合计数填列。

(6)"投资收益"项目,反映商业银行进行债券投资、股权投资、基金投资等获得的收入或损失,应根据"投资收益"科目发生额填列,如为净损失,以"—"号填列。

(7)"公允价值变动收益"项目,反映商业银行进行交易性金融资产、交易性金融负债,以及采用公允模式计量的投资性房地产、衍生工具、套期保值业务中公允价值变动形成的应计入当期损益的利得或者损失,应根据"公允价值变动收益"科目发生额填列,如为净损失,以"—"号填列。

(8)"资产处置收益"项目,反映银行出售划分为持有待售的非流动资产(金融工具、长期股权投资和投资性房地产除外)或处置组时确认的处置利得或损失,以及处置未划分为持有待售的固定资产及无形资产而产生的处置利得或损失。债务重组中因处置非流动资产产生的利得或损失也包括在本项目内。本项目应根据在损益类科目新设置的"资产处置损益"科目的发生额分析填列;如为处置损失,以"—"号填列。

(9)"汇兑收益"项目,反映商业银行发生外币交易因汇率变动而产生的汇兑净收益或者净损失,应根据"汇兑收益"科目发生额填列,如为净损失,以"—"号填列。

(10)"其他业务收入"项目,反映商业银行确认的除主营业务以外的其他经营活动实现的收入,包括开办咨询服务等业务收取的其他营业收入等,应根据"其他业务收入"科目所属明细科目发生额合计数填列。

(11)"营业支出"项目,反映商业银行各项营业支出的总额,应根据"税金及附加""业务及管理费""资产减值损失""其他业务成本"等科目汇总计算填列。

(12)"税金及附加"项目,反映商业银行按规定交纳应由经营收入负担的税金及附加费,应根据"税金及附加"科目的发生额填列。

(13)"业务及管理费"项目,反映商业银行在业务经营和管理过程中所发生的各项费用,应根据"业务及管理费"科目的发生额填列。

(14)"资产减值损失"项目,反映商业银行根据《企业会计准则第8号——资产减值》等具体会计准则计提各项资产减值所形成的损失,应根据"资产减值损失"科目的发生额填列。

(15)"信用减值损失"项目,反映商业银行按照《企业会计准则第22号——金融工具确认和计量》(2017年修订)的要求计提的各项金融工具减值准备所形成的预期信用损失,应根据"信用减值损失"科目的发生额分析填列。

(16)"其他业务成本"项目,反映商业银行除主营业务活动以外的其他经营活动所发生的支出、采用成本模式计量的投资性房地产的累计折旧或累计摊销等,应根据"其他业务成本"科目的发生额填列。

(17)"营业利润"项目,反映商业银行当期的经营利润,如发生经营亏损也在本项目反映,以"—"号填列。

(18)"营业外收入"项目,反映商业银行发生的与其经营活动无直接关系的各项净收入,应根据"营业外收入"科目所属明细科目的发生额合计数填列。

(19)"营业外支出"项目,反映商业银行发生的与其经营活动无直接关系的各项净支出,应根据"营业外支出"科目所属明细科目的发生额合计数填列。

(20)"利润总额"项目,反映商业银行当期实现的全部利润总额(即营业收入减营业支出加营业外收入减营业外支出),如发生亏损也在本项目反映,以"一"号填列。

(21)"所得税费用"项目,反映商业银行根据《企业会计准则第18号——所得税》确认的应从当期利润总额中扣除的所得税费用,应根据"所得税费用"科目的发生额填列。

(22)"净利润"项目,反映商业银行的利润总额减去所得税费用后的余额。

(23)"综合收益总额"项目,反映银行净利润与其他综合收益的合计金额,应根据"净利润"项目和"其他综合收益"项目的金额相加后填列。

(24)"基本每股收益"项目,反映银行只考虑当期实际发行在外的营通股股份,按照归属普通股股份的当期利润除以当期实际发行在外普通股的加权平均数计算确定的每股收益,应根据有关会计资料分析计算填列。

(25)"稀释每股收益"项目,反映银行以基本每股收益为基础,假设企业所有发行在外的稀释性潜在普通股均已转换为普通股,从而分别调整归属于普通股股东的当期净利润以及发行在外普通股的加权平均数而确定的每股收益,应根据有关会计资料分析计算填列。

【例10-2】 ××商业银行2024年9月30日损益类科目的余额如表10-5所示。按商业银行会计报表格式,编制该商业银行第三季度的利润表,如表10-6所示。

表10-5　　　　　　　　　　××商业银行损益类科目余额表

2024年9月30日　　　　　　　　　　　　　　　　　　　　单位:万元人民币

科 目 名 称	借方余额	贷方余额
利息收入		257 953
手续费及佣金收入		34 951
投资收益		45 433
公允价值变动收益		1 424
汇兑损益		(24 242)
其他业务收入		6 176
营业外收入		959
利息支出	113 807	
手续费及佣金支出	1 136	
税金及附加	11 256	
业务及管理费	61 189	
资产减值损失	32 504	
其他营业支出	4 877	
营业外支出	1 167	
所得税费用	19 536	

表 10-6 利润表 会商银 02 表

编报单位：某商业银行　　2024 年三季度　　单位：万元人民币

项　目	本期金额	上期金额
一、营业收入	206 752	（略）
利息净收入	144 146	
利息收入	257 953	
利息支出	(113 807)	
手续费及佣金净收入	33 815	
手续费及佣金收入	34 951	
手续费及佣金支出	(1 136)	
投资收益（损失以"－"号填列）	45 433	
其中：对联营企业和合资企业的投资收益		
公允价值变动收益（损失以"－"号填列）	1 424	
资产处置收益（损失以"－"号填列）		
汇兑收益（损失以"－"号填列）	(24 242)	
其他业务收入	6 176	
二、营业支出	(109 826)	
税金及附加	(11 256)	
业务及管理费	(61 189)	
资产减值损失	(32 504)	
信用减值损失		
其他业务成本	(4 877)	
三、营业利润（亏损以"－"号填列）	96 926	
加：营业外收入	959	
减：营业外支出	(1 167)	
四、利润总额（亏损总额以"－"号填列）	96 718	
减：所得税费用	(19 536)	
五、净利润（净亏损以"－"号填列）	77 182	
六、其他综合收益的税后净额		
（一）不能重分类进损益的其他综合收益		
（二）将重分类进损益的其他综合收益		
七、综合收益总额	77 182	
八、每股收益：		
（一）基本每股收益		
（二）稀释每股收益		

法定代表人、董事长：　　　　　　　　　　　　　　财务管理部总经理：

【知识链接】

银行分部报告和法人报告

企业财务会计报告按照编制单位的主体层次分类,可分为分部报告和法人报告。

分部报告是指企业内部以各独立核算的会计主体为单位,在自身会计核算的空间主体范围内,依据自身的核算资料,加工而编制成的,反映会计主体单位财务状况和经营成果的报告,如商业银行一级、二级分行编制的报告。

法人报告是指各法人企业经过将企业内部各会计主体的分部报告进行逐级汇总后,最终在法人单位形成的,反映全企业财务状况和经营成果情况的报告,如商业银行总行编制的报告。

第三节 现金流量表

一、现金流量表的意义和作用

现金流量表是反映商业银行在一定会计期间现金和现金等价物流入和流出的报表。它是以现金为基础编制的财务状况变动表,它以现金的流入和流出反映企业在一定期间内的经营活动、投资活动和筹资活动的动态情况;反映企业现金流入和流出的全貌,表明企业获取现金和现金等价物的能力。

现金流量表的作用在于:其一,它提供的经营活动净现金流量的信息,可以分析和评价银行对外筹资能力、清偿能力和支付投资者利润的能力;其二,通过分析本期净利润与经营活动现金流量之间的差异及其产生原因,它还可以合理预测银行未来的现金流量;其三,通过该表提供的报告期内投资活动和筹资活动产生的现金净流量信息,报表使用者可以了解银行经营规模是否扩大。

二、现金流量表的编制基础

编制现金流量表的基础是现金及现金等价物。现金是指库存现金和存放中央银行款项、存放同业款项、存入本行存款等可随时支用的存款;现金等价物是指银行持有的期限短(指3个月以内到期)、活动性强、易于转换为已知金额现金、价值变动风险很小的投资。

现金流量表所称的现金流量,是指某一段时期内企业现金和现金等价物流入、流出的数量。按照金融企业经营业务发生的性质,将一定期间内产生的现金流量归为三部分:经营活动产生的现金流量、投资活动产生的现金流量和筹资活动产生的现金流量。

三、现金流量表的格式内容和编制方法

(一)现金流量表的格式和内容

按我国《企业会计准则第31号——现金流量表》的规定,现金流量表的格式为报告式格

式。商业银行现金流量表的格式见表10-7。

表10-7　　　　　　　　　现 金 流 量 表　　　　　　　会商银03表

编报单位：　　　　　　　　　　年　月　日　　　　　　　　单位：元

项　目	本期金额	上期金额
一、经营活动产生的现金流量：		
客户存款和同业存放款项净增加额		
向中央银行借款净增加额		
向其他金融机构拆入资金净增加额		
收取利息、手续费及佣金的现金		
收到其他与经营活动有关的现金		
经营活动现金流入小计		
客户贷款及垫款净增加额		
存放中央银行和同业款项净增加额		
支付手续费和佣金的现金		
支付给职工以及为职工支付的现金		
支付的各项税费		
支付其他与经营有关的现金		
经营活动现金流出小计		
经营活动产生的现金流量净额		
二、投资活动产生的现金流量：		
收回投资收到的现金		
取得投资收益收到的现金		
收到其他与投资活动有关的现金		
投资活动现金流入小计		
投资支付的现金		
购建固定资产、无形资产和其他长期资产支付的现金		
支付其他与投资活动有关的现金		
投资活动现金流出小计		
投资活动产生的现金流量净额		
三、筹资活动产生的现金流量：		
吸收投资收到的现金		
发行债券收到的现金		
收到其他与筹资活动有关的现金		
筹资活动现金流入小计		
偿还债务支付的现金		

(续表)

项　　目	本期金额	上期金额
分配股利、利润或偿付利息支付的现金		
支付其他与筹资活动有关的现金		
筹资活动现金流出小计		
筹资活动产生的现金流量净额		
四、汇率变动对现金及现金等价物的影响		
五、现金及现金等价物净增加额		
加:期初现金及现金等价物余额		
六、期末现金及现金等价物余额		

(二)现金流量表项目填列说明

1. 经营活动产生的现金流量

(1)"客户存款和同业存放款项净增加额"项目,反映商业银行本期吸收的境内外金融机构和非同业存放款项以外的各种存款的净增加额。

(2)"向中央银行借款净增加额"项目,反映商业银行本期向中央银行借入款项的净增加额。

(3)"向其他金融机构拆入资金净增加额"项目,反映商业银行本期从境内外金融机构拆入款项所取得的资金减去拆借给境内外金融机构款项所支付现金后的净额。

(4)"客户贷款及垫款净增加额"项目,反映商业银行本期发放的各种客户贷款,以及办理商业票据贴现、转贴现融出及融入资金等业务款项的净增加额。

(5)"存放中央银行和同业款项净增加额"项目,反映商业银行本期存放于中央银行和境内外金融机构的款项的净增加额。

2. 筹资活动产生的现金流量

"发行债券收到的现金"项目,反映商业银行以发行债券方式筹集资金实际收到的款项,减去直接支付给其他商业银行的佣金、手续费、宣传费、咨询费、印刷费等发行费用后的净额。

除上述项目以外的项目,商业银行可比照一般企业填列。

各商业银行可以根据本行现金流量实际情况,合理确定现金流量项目。

(三)现金流量表的编制方法

商业银行现金流量一般应分别按现金流入和流出的总额反映。但是,下列各项可以按照净额列报:短期贷款发放与收回的贷款本金、活期存款的吸收与支付、同业存款和存放同业款项的存取、向其他商业银行拆借资金、证券的买入与卖出等。

根据《企业会计准则第31号——现金流量表》的规定,企业应当采用直接法列示经营活动产生的现金流量。

直接法是通过现金流入和流出的主要类别反映来自企业经营活动的现金流量,一般是以利润表中的营业收入为起算点,调整与经营活动有关的项目的增减变动,然后计算出经营活动的现金流量。在具体编制现金流量表时,企业可以采用工作底稿法或者 T 形账户法作为技术手段,也可以根据有关科目记录分析填列。

就银行来说,经营活动产生的现金流量包括两大类:其一是与经营损益有关的现金流量,如利息收入、手续费收入、其他营业收入等收到的现金,利息支出、手续费支出、营业支出、其他营业支出等付出的现金;其二是在业务活动中发生的与损益无关的现金流量,如吸收存款、收回贷款、拆入资金等流入的现金,提出存款、发放贷款、拆出资金等流出现金。对于后者,它属于商业银行的经营范畴,其现金流量是随经营业务的发生而产生的,因此在编制现金流量表时,这部分现金流量只是根据各项业务的发生及增减变动填列即可;对于前者,由于损益项目是按权责发生制原则确认的,而现金流量表中的流量则是以收付实现制为标准的,这就需要进行调整。

企业应当采用间接法在现金流量表附注中披露将净利润调节为经营活动现金流量的信息。间接法是银行以利润表上的本期净利润为起算点,调整不涉及现金的收入、费用、营业外收支和应收应付等有关项目的增减变动,将权责发生制下的收益转换为现金收付实现制下的收益。

第四节 所有者权益变动表

一、所有者权益变动表的概念和作用

所有者权益变动表是指反映构成所有者权益各组成部分当期增减变动情况的报表。

所有者权益变动表的作用在于:其一,它可以提供所有者权益变动的原因信息。比如实收资本(或者股本)的本年增加数有多少是来源于资本公积转入、多少是盈余公积转入、多少是利润分配转入、多少是增发新股的股本等。盈余公积的本年减少数有多少是弥补亏损、有多少是转增资本、有多少是分配现金股利或者利润、有多少是分配股票股利。其二,它可以提供所有者权益变动的结构信息。所有者权益变动表能够全面反映一定时期所有者权益变动的情况,不仅包括所有者权益总量的增减变动,还包括所有者权益增减变动的重要结构性信息,特别是反映直接计入所有者权益的利得和损失,让报表使用者准确理解增减变动的根源。其三,它可以提供商业银行的发展战略信息。报表使用者可以将所有者权益变动表中的"提取盈余公积""提取一般风险准备""对所有者权益(或股东)的分配"与"未分配利润"的数额相比较,分析出商业银行是运用"高积累的股利"政策,还是运用"高分配的股利"政策,从而可以从自身发展角度出发,选择其发展战略适合自己需要的商业银行。

二、所有者权益变动表的内容

在所有者权益变动表中,至少应当单独列示反映下列信息的项目:①净利润。②直接计入所有者权益的利得和损失项目及其总额。③会计政策变更和差错更正的累积影响金额。

④所有者投入资本和向所有者分配利润等。⑤按照规定提取的盈余公积。⑥实收资本(或股本)、资本公积、盈余公积、一般风险准备、未分配利润的期初和期末余额及其调节情况。

三、所有者权益变动表的基本结构和填列方法

(一)所有者权益变动表的基本结构

为了清楚地表明构成所有者权益的各组成部分当期的增减变动情况,所有者权益变动表应当以矩阵的形式列示:一方面,列示所有者权益变动的交易或者事项,改变了以往仅仅按照所有者权益的各组成部分反映所有者权益变动情况,而是从所有者权益变动的来源对一定时期所有者权益变动进行全面反映;另一方面,按照所有者权益的各组成部分(包括实收资本、资本公积、盈余公积、一般风险准备、未分配利润和库存股)及其总额列示交易或者事项对所有者权益变动的影响。此外,商业银行还需要提供比较所有者权益变动表,所有者权益变动表还就各项目再分为"本年金额"和"上年金额"两栏分别填列。

(二)所有者权益变动表的填列方法

1. "上年金额"栏的填列方法

所有者权益变动表中的"上年金额"栏内数字,应根据上年度所有者权益变动表"本年金额"栏内所列数字填列。如果本年度所有者权益变动表规定的各个项目的名称和内容同上年度不相一致,应对上年度所有者权益变动表各项目的名称和数字按照本年度的规定进行调整,填入本表"上年余额"栏内。

2. "本年金额"栏的填列方法

所有者权益变动表中的"本年金额"栏内数字,一般应根据"实收资本""资本公积""盈余公积""一般风险准备""利润分配""库存股""以前年度损益调整"等科目的发生额分析填列。

【知识链接】

一般企业财务报表格式的修订

根据财政部财会〔2019〕6号文的规定,为解决执行企业会计准则的企业在财务报告编制中的实际问题,规范企业财务报表列报,提高会计信息质量,针对2019年1月1日起分阶段实施的《企业会计准则第21号——租赁》(财会〔2018〕35号,简称新租赁准则),2018年1月1日起分阶段实施的《企业会计准则第22号——金融工具确认和计量》(财会〔2017〕7号)、《企业会计准则第23号——金融资产转移》(财会〔2017〕8号)、《企业会计准则第24号——套期会计》(财会〔2017〕9号)、《企业会计准则第37号——金融工具列报》(财会〔2017〕14号)(以上四项简称新金融准则)和《企业会计准则第14号——收入》(财会〔2017〕22号,简称新收入准则),以及企业会计准则实施中的有关情况,财政部对一般企业财务报表格式进行了修订。本次修订包含两套财务报表格式,分别适用于尚未执行新金融工具准则、新收入准则和新租赁准则的非金融企业和已执行新金融工具准则、新收入准则和新租赁准则的非金融企业。执行企业会计准则的金融企业应当按照《财政部关于修订印发2018年度金融企业财务报表格式的通知》(财会〔2108〕36号)的要求编制财务报表,结合财会〔2019〕6号文的格式对金融企业专用项目之外的相关财务报表项目进行相应调整。财政部于

2018年6月15日发布的《关于修订印发2018年度一般企业财务报表格式的通知》（财会〔2018〕15号）同时废止。

第五节 会计报表附注及相关信息

一、会计报表附注及相关信息的含义和作用

（一）会计报表附注及相关信息的含义

会计报表附注是指在会计报表中列示项目所作的文字描述或者明细资料所作的进一步说明，以及对未能在这些报表中列示项目的说明等。

财务会计报告中应当披露的相关其他信息和资料，是指无法包含在会计报表及会计报表附注中进行披露说明的非财务信息，如企业可以在财务会计报告中披露其承担的社会责任、可持续发展能力等信息。

（二）会计报表附注及相关信息的作用

会计报表附注是会计报表的重要组成部分，由若干附表和对有关项目的文字性说明组成。它主要是为了便于会计报表使用者理解会计报表的内容，而对会计报表的编制基础、编制依据、编制原则和方法及主要项目等所作的进一步解释和补充说明。

财务会计报告中应当披露的相关其他信息和资料，尽管属于非财务信息，无法包括在会计报表中，但对于会计信息使用者的决策也是相关的和重要的。

二、会计报表附注及相关信息的内容

（一）会计报表附注应列示的内容

商业银行会计报表附注一般应当按照下列顺序披露有关内容。

1. 商业银行的基本情况

（1）商业银行注册地、组织形式和总部地址。

（2）商业银行的业务性质和主要经营活动。

（3）母公司和集团最终母公司的名称。

（4）会计报表的批准报出者和会计报表批准报出日。

2. 会计报表的编制基础

商业银行应当说明会计报表是否根据持续经营基础编制；如果未按持续经营编制，应说明不能持续经营的原因。

3. 遵循《企业会计准则》的声明

商业银行应当声明编制的会计报表符合《企业会计准则》的要求，真实、完整地反映商业银行的财务状况、经营成果和现金流量等相关信息。

4. 重要会计政策和会计估计

商业银行应当披露采用的重要会计政策和会计估计,不重要的会计政策和会计估计可以不披露。在披露重要会计政策和会计估计时,商业银行应当披露重要会计政策的确定依据和会计报表项目的计量基础,以及会计估计所采用的关键假设和不确定因素。

5. 会计政策和会计估计变更以及差错更正的说明

商业银行应当按照《企业会计准则第28号——会计政策、会计估计变更和差错更正》及其应用指南的规定,披露会计政策和会计估计变更及其差错更正的有关情况。

6. 报表重要项目的说明

商业银行对报表重要项目的说明,应当按照资产负债表、利润表、现金流量表、所有者权益变动表及其项目列示的顺序,采用文字和数字描述相结合的方式进行披露。报表重要项目的明细金额合计,应当与报表项目金额相衔接。

报表重要项目要求按规范的格式披露如下事项:

(1) 重点披露的主要资产事项。如商业银行需要重点说明:①现金及存放中央银行款项。②列示拆出资金。③交易性金融资产。④衍生工具。⑤买入反售金融资产。⑥发放贷款和垫款:贷款和垫款按个人和单位分布情况;贷款和垫款按行业分布情况;贷款和垫款按地区分布情况;贷款和垫款按担保方式分布情况;逾期贷款情况;贷款损失准备情况。⑦可供出售金融资产。⑧持有至到期投资。⑨抵债资产等其他资产。

(2) 重点披露的主要负债事项。如商业银行需要重点说明:①分别借入中央银行款项、国家外汇存款等披露期末账面余额和年初账面余额。②分别同业和其他金融机构存放款项披露期末账面余额和年初账面余额。③分别银行拆入、非银行金融机构拆入披露期末账面余额和年初账面余额。④交易性金融负债。⑤卖出回购金融资产款。⑥吸收存款:活期存款、定期存款和其他存款等。⑦应付债券。⑧存入保证金等其他负债。

(3) 重点披露的主要财务事项。如商业银行需要重点说明:①一般风险准备的期末、年初余额和计提比例。②利息净收入(分别利息收入和利息支出项目)披露本期发生额和上期发生额。③手续费和佣金净收入(分别手续费和佣金收入和手续费和佣金支出项目)披露本期发生额和上期发生额。④投资收益。⑤公允价值变动收益。⑥业务及管理费。

(4) 重点披露的其他事项。如商业银行需要重点说明:①分部报告。主要按地区分行披露重要信息。②担保物。③金融资产转移。

7. 或有事项

商业银行除比照一般企业进行披露外,还应对按贷款承诺、开出信用证、开出保函、银行承兑汇票等承诺事项披露期末合同金额和年初合同金额。存在经营租赁承诺、资本支出承诺、证券承销及债券承兑承诺的,还应披露有关情况。

8. 资产负债表日后事项

(1) 每项重要的资产负债表日后非调整事项的性质、内容,及其对财务状况和经营成果的影响。无法作出估计的,应当说明原因。

(2) 资产负债表日后公司利润分配方案中拟分配的、经审议批准宣告发放的股利或者利润。

9. 关联方关系及其交易

(略)

10. 风险管理

（略）

（二）相关信息应当披露的内容

财务会计报告中应当披露的相关其他信息和资料，具体可以根据有关法律、法规的规定和企业外部信息使用者的需求而定。就一般需求而言，商业银行至少需要提供财务状况说明书。

财务状况说明书是以文字来补充说明财务经营状况、利润实现和分配情况以及商业银行的财产物资发生重大变动情况的书面文件。以文字为主来叙述这些情况和变化，可以补充财务会计报告的不足，使财务会计报告的阅读者可以更好地理解报告中的数字，更确切地掌握企业的各种情况，以便作出各种正确的决策。

商业银行财务情况说明书至少应对下列情况作出说明。

1. 商业银行经营的基本情况

商业银行通常需要反映以下有关商业银行经营的基本情况：商业银行主营业务范围及经营情况；商业银行所处的行业和在本行业中的地位；商业银行员工的数量和专业素质情况；经营中出现的问题与困难及解决方案；对商业银行业务有影响的知识产权的有关情况；经营环境的变化；新年度的业务发展计划，如经营的总目标及措施；开发、在建项目的预期进度；配套资金的筹措计划；需要披露的其他业务情况与事项。

2. 利润实现和分配情况

利润实现和分配情况主要是指商业银行本年度实现的净利润及其分配情况，如实现的利润是多少；在利润分配中，提取的法定盈余公积是多少；累计可分配利润是多少；资本公积转增实收资本（或者股本，下同）的情况等。如果在本年度内没有发生利润分配情况或者资本公积转增实收资本情况，则商业银行需要在财务情况说明书中明确说明。商业银行利润的实现和分配情况，对于判断商业银行未来发展至关重要，所以，商业银行需要披露有关利润实现和分配的信息。

3. 资金增减和周期情况

资金增减和周转情况主要反映年度内商业银行各项资产、负债、所有者权益、利润构成项目的增减情况及其原因，这对于财务会计报告使用者了解商业银行的资金变动情况具有非常重要的意义。

【知识链接】

商业银行财务会计报告的编报时间

按照企业财务会计报告的编制时间分类，企业财务会计报告可以分为月度财务会计报告、季度财务会计报告、半年度财务会计报告和年度财务会计报告。其中，月份、季度、半年度财务会计报告统称为中期财务会计报告。

商业银行至少应当按年编制财务报表。对外提供中期财务会计报告的，还应遵循《企业会计准则第32号——中期财务报告》的规定。月度财务会计报告应当于月度终了后6天内（节假日顺延，下同）对外提供；季度财务会计报告应当于季度终了后15天内对外提供；半年度财务会计报告应当于年度中期结束后60天内（相当于2个连续的月度）对外提供；年度财务会计报告应当于年度终了后4个月内对外提供。

【关键术语】

财务会计报告　资产负债表　利润表　现金流量表　会计报表附注

【问题思考】

1. 财务会计报告的构成内容如何?
2. 资产负债表有哪些作用?银行资产负债表的格式内容和编制方法如何?
3. 利润表有哪些作用?银行利润表的格式内容和编制方法如何?
4. 什么是现金流量表?其编制基础如何?

【思政园地】

1. 因天下之力,以生天下之财;取天下之财,以供天下之费。　　——(宋)王安石
2. 英雄不问出处,富贵当思原由。　　——(明)杨基

练 习 题

姓名＿＿＿＿
学号＿＿＿＿
分数＿＿＿＿

扫二维码获得更多
本章习题及案例

一、单项选择题

1. 商业银行的分部报告,是以(　　)为单位编制的财务会计报告。
   A. 总行　　　　　B. 一级分行　　　　C. 核算主体行　　　D. 经办行
2. 资产负债表是反映金融企业某一(　　)财务状况的报表。
   A. 会计期间　　　B. 会计年度　　　　C. 会计中期　　　　D. 特定日期
3. 利润表是反映金融企业一定(　　)的经营成果的会计报表。
   A. 会计期间　　　B. 会计年度　　　　C. 会计中期　　　　D. 特定日期
4. 现金等价物是指银行持有的期限短(　　)、活动性强、易于转换为已知金额现金、价值变动风险很小的投资。
   A. 即1个月以内到期　　　　　　　　B. 即3个月以内到期
   C. 即6个月以内到期　　　　　　　　D. 即1年以内到期
5. 根据我国《企业会计准则第31号——现金流量表》的规定,现金流量表的格式为(　　)。
   A. 账户式　　　　B. 报告式　　　　　C. 多步式　　　　　D. 分部式
6. 根据《企业会计准则第31号——现金流量表》的规定,企业应当采用(　　)列示经营活动产生的现金流量。
   A. 直接法　　　　B. 间接法　　　　　C. 多步式　　　　　D. 分部式
7. 商业银行对外提供的季度财务会计报告应当于季度终了后(　　)内对外提供。
   A. 6天　　　　　 B. 15天　　　　　　C. 60天　　　　　　D. 4个月

二、多项选择题

1. 商业银行财务会计报告作为完整的法律文件,具体包括(　　)。
   A. 会计报表
   B. 会计报表附注
   C. 财务分析报告
   D. 应当在财务会计报告中披露的相关信息资料
2. 会计报表是财务会计报告的主体,主要有(　　)。
   A. 资产负债表　　　　　　　　　　　B. 利润表
   C. 财务状况变动表　　　　　　　　　D. 所有者权益变动表
3. 下列关于资产负债表的表述中,正确的有(　　)。
   A. 资产负债表是期间报表
   B. 资产负债表是依照"资产＝负债＋所有者权益"平衡关系设计的

C. 资产负债表是用于总括反映资产、负债和所有者权益及其构成情况的会计报表

D. 资产负债表中的资产、负债项目按流动性进行排列

4. 资产负债表各项目要按照（　　）作两栏数据列示。

　　A. "年初余额"　　B. "期末余额"　　C. "总账余额"　　D. "账户余额"

5. 资产负债表"期末余额"栏内的各项数字，具体的填列方式有（　　）。

　　A. 根据总账或明细账科目余额直接填列

　　B. 根据总账或明细账科目余额合并填列

　　C. 根据总账或明细账科目余额分别填列

　　D. 年初数字与年末数字计算填列

三、判断题

1. 商业银行的各级经营机构都要按规定对外披露财务会计报告。（　　）
2. 资产负债表"年初余额"栏内各项数字根据上年年末资产负债表"期末余额"填列。（　　）
3. "发放贷款和垫款"项目反映商业银行按规定发放的各种贷款，应根据"发放贷款和垫款"科目所属明细科目的期末余额分析填列。（　　）
4. "长期股权投资"项目应根据"长期股权投资"科目的期末余额抵减"长期股权投资减值准备"科目的期末余额后的净值填列。（　　）
5. 利润表的格式通常采用账户式和报告式两种。（　　）
6. 利润表各项目之间通过分步式的加减关系计算得出。（　　）
7. "利息收入"项目反映商业银行贷出款项的利息收入和本行银行存款的利息收入。（　　）
8. "汇兑收益"项目反映商业银行发生兑换本币和外币的净收益或者损失。（　　）
9. 现金流量表是反映金融企业在一定日期现金流入和流出的报表。（　　）
10. 企业应当采用直接法在现金流量表附注中披露将净利润调节为经营活动现金流量的信息。（　　）
11. 所有者权益变动表是指反映构成所有者权益各组成部分不同期间增减变动情况的报表。（　　）
12. 会计报表附注是对有关项目的文字性说明。（　　）
13. 财务会计报告中"应当披露的相关其他信息和资料"，具体可以根据有关法律、法规的规定和企业外部信息使用者的需求而定。就一般要求而言，商业银行至少需要提供财务状况说明书。（　　）
14. 商业银行半年度财务会计报告应当于年度中期结束后15天内对外提供。（　　）

第十一章 会计组织及管理

章前导引

教学目标

本章以银行会计岗位设置及职责、管理为主线,分别介绍了银行会计的任务及组织、会计岗位设置及岗位职责;会计主要内部控制制度与人员管理要求;业务用章、重要空白凭证、有价单证、会计电算化等日常管理事项;会计档案的管理要求等内容。

通过学习,学生应重点掌握银行会计前后台岗位设置及职责,了解主要内部控制制度与人员管理要求,掌握会计主要日常管理事项的基本要求。

第一节 银行会计的任务及组织

一、银行会计的任务

为充分发挥会计的职能作用,银行会计就是要按照国家统一的会计准则,结合银行的业务经营实际,全面执行会计要素的确认、计量和报告的会计核算标准,全面完成相关工作任务。

(1) 严格执行企业会计准则和会计制度,真实、完整、及时地记录和反映银行业务经营情况。

(2) 办理资金收付和划拨清算等结算业务,做好资金结算和现金出纳工作,认真执行结算制度,遵守结算纪律,准确收付款项。

(3) 按财经法规,实施会计监督,维护国家利益,确保国家资产安全、完整。

(4) 强化成本核算与管理,努力增收节支,降低成本,提高经营效益。

(5) 真实编制财务会计报告,并运用会计数据和资料,分析经营业务和财务状况,努力参与经营,积极提供改善经营管理的建议。

(6) 加强会计管理,强化内部控制,建立良好的会计工作秩序,使会计工作达到制度化、规范化和科学化。

二、银行的会计制度

会计制度是组织和从事会计工作所必须遵循的规范和规则。制定会计制度,是组织会计工作的一项重要内容。银行的会计制度是由总行依据国家统一颁布的《中华人民共和国会计法》(以下简称《会计法》)《企业财务会计报告条例》《企业会计准则》《银行财务规则》等财会法规制定的,由各级经营行具体贯彻执行。凡属全行性的基本会计制度和核算办法,由总行制定;分行可根据辖内的具体情况和需要,作必要的补充和修订,但不能与总行的规定相抵触。各经办机构在执行制度过程中,对不妥之处,应及时反映,积极建议上级研究解决。在上级未同意批复之前,不能擅自更改,以保证会计制度的统一性和严肃性。

三、银行的会计机构

健全的会计机构,是有效组织和进行银行会计工作的重要条件。银行一般是在总行、一二级分行等会计主体机构设置专司会计管理和核算的会计部。在基层经办机构等非会计主体单位也应设置专职的会计机构,各级会计机构都是独立的业务职能部门,在组织管理会计核算中,具有明确的分工,负责全辖机构各种业务的全部会计核算工作,根据会计制度,建立科学岗位分工体系,严密核算手续,保证会计核算工作有条不紊地进行。各级会计机构除全面接受本级的业务管理外,还应接受上级会计部门的领导。

银行按照"统一核算,分级管理"的原则组织会计核算。统一核算,即由总行统一制定对交易或者事项进行会计确认、计量和报告的核算制度和标准;统一代表法人单位,合并编制企业财务会计报告,统一对外披露;统一进行资本和收益的管理和核算。分级管理,即根据企业内部分级经营管理需要、外部监管要求和信息技术应用水平等,对分行合理确定会计核算主体的级次,明确划分核算主体单位,逐级实行目标责任制,核算主体单位按企业统一的会计制度组织本单位会计核算,向上级机构报送分部报告。

四、银行的会计人员

银行的会计人员,按其工作性质划分,有从事各项现金收付及记录保管业务的出纳人员,有从事登记各种账簿工作的记账人员,也有具体从事有关资产和资金成本管理的核算人员;按其业务岗位划分,在管辖机构的核算中心、清算中心、稽核中心中,一般设有综合管理岗、财务管理岗、业务核算岗、出纳管理岗等;在经办机构一般设有柜员、复核、结算、清算、票据交换、综合、内部稽核、出纳等岗位;按其会计人员技术职务序列划分,又分为会计员、助理会计师、会计师和高级会计师。

银行的各级各类会计人员,都要按照《会计法》《会计人员职权条例》和银行的有关规定,认真履行自己的职责,正确行使国家赋予的权限。要按有关财会制度的规定,认真编好并严格执行财务计划和预算;做好记账、算账、报账和用账工作;认真办理好有关的存款、贷款和结算等经营业务;妥善保管证、账、表等档案资料,并利用有关资料分析全行经营状况,为改善经营管理提出建议,当好参谋。同时,会计人员还要自觉宣传和遵守国家的财经法纪,严守各项收入制度、费用开支范围和开支标准,抵制和制止一切违法乱纪行为,维护和保证国家财产的安全和完整。

第二节 会计岗位设置与职责

一、营业机构的会计岗位设置

（一）营业机构的一般会计岗位设置

1. 营业柜员岗

营业柜员岗是在银行营业机构的会计前台岗位，直接面向客户具体办理对公存贷款业务、个人存贷款业务、外汇收支业务、支付结算业务、中间业务等会计核算的业务柜员。

营业机构柜员一般按岗位职责具体分设为前台会计主管、接柜审核岗、记账岗、复核岗、印押证管理岗、结算专管岗、综合岗等。

2. 电子汇划岗

电子汇划岗是在银行营业机构前台，具体负责办理系统行和跨系统行异地汇划业务处理与核算的业务岗位。

电子汇划岗一般按岗位职责具体分设为汇划主管、汇划记账、汇划复核、汇划编押核押、汇划信息传输、汇划清算等。

3. 票据交换岗

票据交换岗是在银行营业机构前台，具体负责办理系统行和跨系统行间同城往来业务处理与核算的业务岗位。

票据交换岗一般按岗位职责具体分设为交换票据员、票据清分清算记账、复核员等。

4. 稽核岗

稽核岗是营业机构负责前台的事中实时监督和事后稽核业务岗位。

基层营业网点的稽核岗责任人是其会计负责人或业务主管。稽核责任人事中主要对账户开立、大额授权、挂失冻结等业务进行实时监督。稽核责任人事后主要对当日凭证、现金和重要单证、重点账务等进行全面稽核。

（二）前台综合柜员制

1. 前台综合柜员制的组织方式

综合柜员制是指银行营业机构前台，在规定业务范围内，按照相应的业务处理权限和操作流程，由单一柜员或者多个柜员组合，通过临柜窗口为客户综合办理本外币、对公会计、出纳、储蓄、信用卡等多种金融业务，并独立承担相应责任的一种劳动组合方式。

综合柜员制营业机构每个柜台都可以办理现金收付、转账结算、通存通兑的各种业务。柜员办理现金收付业务，实行柜员个人负责制；柜员办理非现金业务、个人业务由综合员进行实时监督，需要授权的由综合员或业务主管或行长授权；对公业务由综合员实行实时授权（复核）或者批量授权（复核），需要授权的业务由业务主管或行长授权后办理。

综合柜员制是一种集约化、高效率的银行会计劳动组合方式，因而在各银行的会计核算中得以非常普遍的推广和采用，已成为目前各家银行基本的核算组织形式。

2. 综合柜员制营业机构的岗位设置及职责

(1) 综合柜员。综合柜员是在授权范围内，直接办理客户本外币存取款、支付结算等多种临柜业务和处理内部综合账务的人员。营业机构前台必须根据业务量大小、业务种类及前后台分工情况设置若干柜员。

综合员的职责一般包括受理开销户、现金收付、转账结算、通存通兑等业务，并按规定认真审查各类凭证票据，在授权范围内及时办理；正确使用和保管本岗位的各种业务用章；按规定办理业务现金、有价单证、重要空白凭证、重要物品的领缴、出售、使用、保管和发放银行卡，保管印鉴卡片副本等；签发银行汇票、银行本票；负责内部财务账务的处理；负责受理挂失、查询、查复，办理经有权机关确认的冻结和解冻业务；确保所记载的流水账日终轧记试算平衡；保管所负责的现金尾箱，确保账款、账证相符；负责登记相关的登记簿；负责独立使用本人的操作秘密，确保不泄露；对超过规定权限的业务，报有关人员审核签批后处理。

(2) 综合员。综合员是指在授权范围内，对柜员经办的业务进行授权（复核）、实时监督的人员。实行综合柜员制的会计机构，每2~4个临柜柜员即应配备1名综合员。

综合柜员的职责一般包括：保管、使用各种印章。按照职责权限，正确使用和保管本岗位负责的各种业务公章、汇票专用章、电子汇划专用章、转讫章、票据交换章、结算专用章等；保管、使用重要机具。按照"印、押、证"三分管原则，保管、使用本岗位使用的压数机、密押器等重要机具；负责本机构现金、重要单证的集中领用和上缴，以及柜员之间现金、重要单证的分发、收回、调剂工作；进行业务授权（复核）与实时监督。按照权限的规定，对柜员经办的特殊业务和超权限业务、柜员自理的账务进行实时监督、实时授权（复核）；保管、使用印鉴卡正本，对支付凭证印鉴进行复核；负责独立使用本人的操作秘密，确保不泄露；负责客户账户对账单的发放和回收工作；营业结束核查柜员现金尾箱，监督柜员双人碰库、锁库与钱箱交接；负责登记相关的登记簿；负责本机构日终轧账以及会计凭证、资料整理、装订和保管工作；协助有权机构对单位或个人账户的查询、扣划和冻结的执行；对所经手业务的真实性、合规性负责，同时在凭证和登记簿上签章。

(3) 业务主管。业务主管是指在授权范围内，对柜员、综合员经办的业务进行授权、对重要的业务进行实时监督与稽核、对柜员、综合员进行管理的人员。业务主管具有事中监督和事后稽核职责。

业务主管的职责一般包括：负责监督网点现金、重要空白凭证的领缴、调剂工作；定期检查柜员钱箱，保证柜员钱箱现金、单证账实相符；按照权限规定，对柜员、综合员经办内的特殊业务及时进行审核、授权，并在有关凭证和登记簿上签章；负责网点人员考勤、考核与岗位管理；监督网点人员配备是否符合有关规定，当班人员配备是否符合有关规定，各岗人员是否经办与本岗不相容的业务、有无混岗操作的现象，按规定考核所有柜员的业绩；网点安全和风险防范管理；及时解决营业中的问题，负责解释和指导；对前台核算中的重大问题及其他危及资金安全的事项及时上报；对前台业务操作中出现的违规行为进行现场纠正和整改；负责营业网点的外门、边门钥匙的交接管理；负责营业网点日常业务凭证的事后稽核和上交工作；负责对本网点稽核发现的问题进行整改，登记本网点稽核情况统计表，上报稽核工作报告；负责保证本人操作密码安全、不泄露；负责组织业务学习及其他管理工作，对柜员、综合员工作进行指导、监督和检查；负责接待前台客户投诉，消除各种不良影响；保管、使用本岗位的业务公章；负责登记相关业务登记簿。

二、会计主体行核算中心

(一) 核算中心的业务范围

为适应各商业银行会计账务集中管理需要,防范经营风险,保证资金安全,实现账务集中的会计主体行,其会计业务分为前台、后台两部分,前台业务由营业机构完成,后台业务由核算中心完成。

会计核算中心主要应承担如下业务:

(1) 确认前台各营业机构上传的收付款等会计信息,并及时将确认后收付款等会计信息反馈各营业机构。

(2) 监督各营业机构上传的会计信息是否符合规定,是否违规和越权办理会计业务,对大额的会计信息和有疑问的会计信息进行跟踪检查和电话查询。

(3) 负责后台日终账务处理。

(4) 负责生成打印批量对账单、明细账、总账、会计报表和相关内部管理信息资料或者下传营业机构授权打印。

(5) 负责批量调整利率,批量结计利息,生成打印利息清单或下传营业机构打印。

(6) 负责会计后台的系统管理。

(7) 负责组织单机作业和手工核算营业机构的副本明细账和总账的核算。

(8) 负责提供已上线城市综合业务网络系统营业机构的总账传输数据。

(9) 负责编制会计报表,打印后退各营业机构或下传营业机构授权打印。

(10) 负责对各营业机构的会计账务进行年终结转。

(二) 核算中心的岗位设置

核算中心主要设置主任岗、会计主管岗、业务操作岗、综合管理岗等。

(1) 主任岗:全面负责核算中心各项管理工作,建立报告制度,对影响会计规范管理,具有风险的问题,及时通报有关部门并报告主管行长,以加强业务安全管理,防范风险;协调本部门与相关部门的关系,保证核算中心工作正常进行,负责重要业务报告的审批签字。

(2) 会计主管岗:主要负责制定有关核算管理制度,并检查落实;负责对重点科目的监控,对数据修改报告的审批签字,负责科目变更、利率调整等重要事项;负责每月一期的运行通报。

(3) 业务操作岗:负责业务授权,负责对营业机构特殊业务处理,按规定时间进行日终轧账,负责核对通兑业务、打印通兑资金表,进行账务一致性检查并对稽核数据进行下载,负责月结和年结处理等。

(4) 综合管理岗:负责采集汇总全辖主要会计账务信息,提取传输会计总账,编报会计报表,编写会计报表说明及分析,打印分发各种下传资料,妥善保管系统备份盘及处理过的数据修改报告等核算中心会计档案资料。

(三) 核算中心日常业务

1. 对营业机构的管理

(1) 新上综合网机构处理。核算中心接到营业机构上综合网申请后,经落实上综合网条件符合要求,按统一编排的机构代码增加新的机构代码并增设操作员。在系统中增加该营业机构的 IP 地址、主机名、机器号,安排上网时间。

营业机构如在城市网上,在处理账务完毕后,检查平衡并打印所有账页与登记簿,进行数据备份,将数据装入综合网,启动数据过渡,过渡成功后打印新、旧账号对照表并进行数据一致性检查。营业机构如为手工作业网点,与科技部门联系让其先上城市网然后过渡到综合网。

(2) 营业机构的撤销与合并。核算中心接到营业机构撤销申请后,审查合格同意处理并安排时间。被撤销的营业机构业务处理完毕后,检查平衡,打印账页。撤销机构将损益类科目划空,将特殊账号文件、科目服务文件删除,通知核算中心,开机留人,等待核算中心通知。并入机构在数据并入当日不发生账务,检验本机构数据平衡,开机等待核算中心通知。启动营业机构的合并中,撤并机构功能在数据机构所在地的最高核算中心,在撤销机构与并入机构准备工作完成后,核算中心启动撤并机构功能。撤并完成后,并入机构打印新旧账号对照表并检查数据平衡;核算中心在机构管理中注销被撤销机构。

2. 日终轧账

每日,在会计机构工作结束后,核算中心负责日终轧账工作:检查营业网点是否轧平账务下网,若已下网则通知科技部门进行轧账前备份;备份完毕后,进行日终轧账处理,生成并下传打印文件;卸出稽核数据;对全辖营业机构进行平衡检查,检查总账、明细账是否连续;通知科技部门进行结账后备份;登记结账登记簿,记录结账过程。

3. 批量结息

每季末了月20日,检查"重要日期登记簿"的结息日期是否正确,检查账户的结息天数及积数是否正确。轧平账务后,备份数据库。批量结息在日终轧账过程中启动完成。存款户利息自动入账,同时下传利息清单、利息统计表等打印文件。

4. 年终结转

(1) 12月31日前,核对系统"重要日期登记簿"的年结日期是否正确,检查系统运行是否正常。

(2) 在营业机构年结账务处理完毕后,轧账下网,核算中心检查全辖营业机构数据平衡。通知科技部门作备份并进行结账操作。

(3) 核算中心进行试年结操作,生成并下传科目结转对照表,营业网点打印出科目结转对照表进行勾对,核实无误后通知核算中心。

(4) 核算中心进行年终结转处理。

(5) 年结完成后,核算中心对全辖营业机构进行数据平衡检查,如有不平衡现象,查明原因,会同科技部门解决。

5. 标准数据的修改

标准数据主要包括机构编码、操作员代码、电子联行名册、科目字典、利率等。

(1) 机构编码的变动。机构变更时,变更行应出具书面报告(报告需附人民银行及上级行批复复印件),会计核算中心主任签字后交由业务操作员进行增加、删除或者修改。

(2) 操作员代码的修改。营业机构操作人员发生变动或新增时,应由其向会计核算中心提供《操作人员情况表》,并经会计核算中心主任审查签字后,交由业务操作员按规定进行设置。设置后应及时通知相应的营业机构。同时,业务操作员应在"会计核算中心工作日志"上做好详细记载。

(3) 电子联行名册的修改。收到总行有关联行变动的文件后,应在正式启用前按文件要求增加、修改或删除有关内容。联行行名应输入全称,确因格式限制不能输全的,也应尽量能表明该机构的名称为准。

（4）科目字典的修改。收到上级行有关科目变动的文件后，由会计核算中心主任审查签字后交业务操作员在规定启用的时间以前增加或者调整有关会计科目及相应的变动内容。

（5）利率的调整。收到人民银行或上级管理行有关调整利率的通知时，应由会计核算中心负责人执行利率调整工作。调整后应在"会计核算中心工作日志"上作调整记录。

三、会计主体行稽核中心

（一）岗位设置及主要职责

稽核中心是银行会计业务核算设置的后台岗位。稽核中心是在会计账务集中的基础上，对被稽核单位各项会计事项及其记录进行集中稽核的组织形式。稽核中心负责将核算中心与稽核中心账务进行平衡性与一致性检查，对被稽核单位的会计凭证进行审核；检查被稽核单位各项会计事项的合法性、真实性、准确性、完整性和会计核算的正确性。

稽核中心内部主要设置有综合、凭证审核、凭证录入等内部职能部门。

1. 稽核中心主任

稽核中心主任负责组织、安排稽核中心日常工作；组织落实稽核管理制度；及时处理、报告稽核中发现的重大问题；管理、指导稽核分中心的工作。

2. 综合部门的主要职责及岗位设置

综合部门负责系统运行的操作管理与维护，会计凭证的传递及管理，整理并核发稽核通知，督促检查稽核问题的更改，保管使用稽核中心业务公章，保管稽核档案资料，指导和监督稽核分中心和储蓄事后监督业务等。综合部门内部可设置稽核主管、综合管理员、系统管理员等岗位。

3. 凭证审核部门的主要职责及岗位设置

凭证审核部门按规定审核营业机构的会计凭证和开销户资料，对审核中发现的一般差错，录入差错登记簿，对审核中发现的重大错误，及时报告并写出书面材料；对稽核发现的差错进行稽核分析确认，准确确定错误类型。其内部可设置凭证审核主管、凭证审核员等岗位。

4. 凭证录入部门的主要职责及岗位设置

凭证录入部门负责按规定录入会计凭证，完成稽核流水账与核算流水账的勾对，打印稽核结果与有关稽核资料。其内部可设置凭证录入主管、凭证录入员等岗位。

（二）操作权限管理

为保证稽核系统的安全、稳定运行，稽核系统对稽核人员实行操作权限管理，操作权限分为操作员、管理员、稽核主管三级。

各级稽核人员凭口令进入稽核系统，系统口令每月至少更换一次。稽核人员不得在退出操作环境前离开岗位，不得自行调换稽核岗位。稽核中心工作人员在稽核岗位期间不得从事或者代理他人从事被稽核范围内各级机构的会计核算工作。

四、出纳岗位设置及职责

出纳岗位是设置在银行营业机构的会计前台或者在会计核算主体行内的会计后台，主要具体办理出纳业务的经办和管理岗位。

出纳岗位设置及相应职责如下：

（1）出纳主管：具体负责按出纳制度组织和管理本行的出纳工作；负责控制调剂库存，定期查库，保证账实相符。

（2）收款、付款员：具体办理现金收款、付款业务；负责经办现金结计，登记现金收付登记簿；保管经办现金、印章、出纳机具等。

（3）综合员：具体负责办理业务现金的调拨；负责长短款和错款的管理；进行出纳凭证的传递和对账工作；编制现金出纳业务报表等。

（4）兑换员：负责按制度规定进行现金出纳业务审核监督；负责办理人民币挑残，办理残币兑换和主辅币兑换业务。

（5）管库员：具体负责使用保管金库钥匙，保管现金、有价证券、金银、票样、库寄尾箱等；办理现金、有价证券、尾箱等的出入库手续和调缴款手续；登记现金出入库登记簿；负责库存现金清点和协助查库工作等。

第三节 内部控制与人员管理

一、内部控制制度的构建原则和基本内容

（一）银行会计内部控制制度的构建原则

会计内部控制管理是根据内部控制基本原则和会计法规的有关规定，结合银行自身的业务特点和经营规模，对会计岗位、会计人员和会计核算程序等进行制约，从而达到防范和控制操作风险，防止银行资产损失，保证会计结算业务安全稳健运行，切实维护银行信誉的一系列管理活动。

银行应按如下原则建立相应的内部控制制度：

（1）全面性原则。会计内部控制应当覆盖会计业务处理和管理过程的全面流程和业务环节。

（2）制约性原则。会计内部控制应当要求会计业务处理和管理的全过程，在事前、事中和事后实施有效的牵制和制约。

（3）有效性原则。会计内部控制应当具有权威性，发挥效力，成为所有员工必须严格遵守的业务规则和行动指南。

（4）规范性原则。会计内部控制应当要求会计业务处理和管理必须建立并执行规范化的操作程序。

（二）银行会计内部控制制度的基本内容

1. 岗位分离制度

会计结算业务处理和管理必须实行合理的岗位分工，明确岗位职责，实行前、中、后台不相容岗位分离制约制度。通过建立严密的岗位责任制，严禁不相容岗位之间混岗、串岗操作，形成不同会计岗位之间相互监督、相互制约的运作机制。

2. 授权审批制度

对会计结算业务处理和管理实行分级授权。会计人员各自在授权范围内办理相关业务,不得越权操作。对超过经办人员权限及重要的会计结算事项,如大额支付、开销户、错账冲正、调整计息基数、查询查复等必须机构授权审批制度由有权人员进行授权。

3. 核对复核制度

坚持账务每日核对和定期核对,做到账目日清日结,每日营业终了,经办机构会计主管必须核查本机构所有事项,保证会计核算真实、准确。对流程较复杂、易产生差错的会计结算业务以及对外签发的单证、报告必须经过复核。

4. 事后监督制度

所有基层会计机构和后台处理部门的会计结算业务,必须实行事后监督。凡有违法、违纪、违规经办各类会计业务,必须按规定追究直接经办人员、有关会计管理人员及其他相关人员的责任。

二、不相容岗位分离制约制度及轮换制度

(一) 前中台业务处理与管理应分离制约

(1) 同一笔业务的经办人员与授权人员不得混岗。

(2) 汇票和联行电子汇划业务中印、压(押)、证三岗人员不得混岗操作。

(3) 票据印鉴实行双人审核制度,验印人员、复核验印人员不得使用同一印鉴卡进行印鉴的审核。

(4) 记账操作员不得保管使用联行电子汇划印章和密押。

(5) 记账岗(接柜岗)、票据清算岗、票据交换岗不得混岗。

(6) 汇划录入岗位、汇划复核编押岗不得相互混岗。

(7) 同城清算人员不得与电子汇划录入、电子汇划复核岗位混岗。

(二) 前中台与后台业务处理与管理应分离制约

(1) 核算中心人员与前中台柜员相分离,后台核算中心人员不得参与前台日常会计核算工作。

(2) 电子印鉴建库人员与前中台电子印鉴使用人员相分离。

(3) 后台现金、凭证库房保管人员与前中台现金、凭证领用、使用、账务处理、业务押运人员相分离。

(4) 授信、资金交易等业务人员不得兼任会计工作。

(三) 后台业务处理与管理应分离制约

(1) 会计核算中心业务操作岗、综合管理岗不能相互混岗。

(2) 稽核中心和核算中心岗位严格分设,不得互兼。

(3) 稽核中心人员不能兼管日常会计核算工作。

(4) 软件设计和维护人员不得参与记账,记账员不得从事软件设计和维护;系统管理员与操作员不得混岗。

(四) 重要岗位轮换制度

(1) 银行会计人员轮换包括会计人员在同一会计机构不同岗位之间的轮换,也包括会

计人员在不同会计机构之间的岗位工作轮换。

（2）会计结算部门从事账务处理、资金清算、现金操作和支付结算业务的会计人员，以及基层营业机构的会计主管和一般会计人员应实施轮岗轮调。其他会计人员，如分行会计主管、部门会计主管、专职会计管理、检查监督人员等，可根据实际情况轮岗轮调；金库的管库员应保持相对稳定。

（3）记账、重要印章管理、重要单证管理、结算、出纳清算、电子汇划、同城票据交换、财会等重要会计岗位必须定期轮换，原则上工作满1年的应安排换岗，工作满2年的必须换岗，工作满3年的必须强制换岗。

（4）岗位轮换有困难的要实行强制休假制度。强制休假是指对在岗会计人员调整履行所在岗位职责一段时间，由其他会计人员代为行使其岗位职责。实施强制休假时，会计人员必须按照有关会计人员交接规定办理会计交接手续，严格执行交接程序。强制休假期间，由会计结算部门或审计部门派出专职的检查人员对强制休假会计人员所处理的业务进行检查。

三、银行会计人员分类管理

（一）会计主管

1. 会计主管的任职条件

会计主管是指各级会计管理部门、会计控制部门和后台处理部门负责人，以及基层会计机构会计业务负责人。

会计主管的任职条件：熟悉有关财经法规和银行相关规章制度；熟悉银行会计专业知识；熟悉银行会计结算风险控制环节和风险防控能力；从事银行会计3年以上具备会计从业资格及中级以上技术职称。

拥有5名会计人员以上的营业机构，会计主管不得经办具体业务。

2. 会计主管的职责

（1）依据有关财经法规和银行相关规章制度，根据条线垂直管理的要求，组织领导分支机构的会计工作，保证会计核算合法、合规。

（2）根据有关规定和实践业务需要，制定相应工作细则，具体组织会计核算工作，保证会计结算工作有序正常进行。

（3）严格按照分级授权的规定进行业务审批与业务授权，加强风险管理，解决日常业务中的重要、疑难问题，防止差错事故，维护银行及客户的资金安全。

（4）建立健全会计内部控制制度，按内部控制制度要求安排操作柜员岗位，组织开展会计检查辅导，防范操作风险。

（5）考核会计人员工作业绩，组织业务学习和技能培训，保证和促进会计核算质量和管理水平的提高。

（6）组织编报并审核本级行和下级行的各项财务会计报告，及时提供准确会计信息。

（二）一般会计人员

1. 一般会计人员任职条件

一般会计人员是指从事本外币对公对私会计结算业务和各项代理业务的一般会计管理人员和会计处理人员，包括经办、复核、授权、监督、检查辅导、制度管理、参数管理、风险管理等从事会计管理和账务处理人员。会计人员应按章操作,严禁越权操作,重要会计事项(如大额支付等)必须由会计主管或授权人审查签字后方可办理。

一般会计人员的任职条件包括:熟练掌握本岗位会计专业的各项规章制度;熟练掌握银行会计的核算手续;掌握计算机基础知识及操作技能;取得会计从业资格证书及本岗位要求的资格条件。

2. 一般会计人员的职责

(1) 按规定操作流程办理开销户、本外币对公对私会计结算、挂失冻结、查询查复和各项代理业务等。

(2) 根据自身的权限对现金、重要空白凭证、会计业务印章、有价证券及其他重要物品等进行保管、使用。

(3) 执行现金管理、反洗钱等监管部门法规,确保各项会计结算业务正常、合规进行,发挥会计柜台的监督作用。

四、会计人员交接

(一) 会计人员交接的总体要求

会计人员工作调动或者因故离职,必须办理交接手续,以明确责任,保证会计工作顺利进行。移交人员对所移交的会计凭证、会计账簿、会计报表和有关资料的合法性、真实性承担法律责任。

会计工作和会计人员的交接必须在监交人员的监督下进行。会计人员的交接由会计机构负责人监交;各分行会计机构负责人交接由分行主管行长负责监交;机构变更会计工作的交接由上级主管部门监交。

(二) 会计人员交接程序

1. 办理移交前的准备

会计人员办理移交手续前,必须及时做好以下工作:

(1) 已经受理的会计业务尚未进行处理的,应当处理完毕。

(2) 打印出移交的全部记账凭证、明细账、总账、日记账、登记簿等,并在最后一笔余额后加盖经办人员印章。

(3) 整理出应该移交的各项资料,对未了事项写出书面材料。

(4) 编制移交清单,列明应当移交的会计凭证、会计账簿、会计报表、印章、现金、有价证券、支票簿、发票、文件、密押(机)、其他会计资料和物品、本人会计系统工号等内容。

(5) 如保存有会计磁介质档案的,也应在移交清册中列明。

2. 办理移交的主要事项

移交人员在办理移交时,要按移交清单逐项移交;接替人员要逐项核对点收。

(1) 现金、有价证券要根据会计账簿有关记录进行点交。科目现金、有价证券必须与会计账簿记录保持一致。不一致时,移交人员必须限期查清。

(2) 会计凭证、会计账簿、会计报表和其他会计资料必须完整无缺。如有短缺,必须查清原因,并在移交清册中注明,由交接人负责。

(3) 银行存款账户余额要与银行对账单核对,如不一致,移交人员应当编制银行存款余额调节表调节相符,各科目的明细账余额要与总账有关科目余额核对相符。

(4) 移交人员经管的票据、印章和其他实物等,必须交接清楚。

(5) 交接完毕后,交接双方和监交人员要在移交清册上签名或盖章,并应在移交清册上注明:单位名称、交接日期、交接双方和监交人员的职务、姓名、移交清册页数和需要说明的问题、意见等。移交清册一般应当填制一式三份,交接双方各执一份,存档一份。接替的会计人员应当继续使用移交的会计账簿,不得自行另立新账,以保持会计记录的延续性。

(三) 短期离岗的交接

会计机构负责人、会计人员短期临时离岗或因病不能工作且需要接替或代理的,必须指定有关人员接替或者代理,办理交接手续,并建立"会计人员短期代理交接登记簿"登记备查。临时离职或者因病不能工作的会计人员恢复工作的,应当与接替或者代理人员办理交接手续。交接时双方除要认真核对有关事项并签章证明外,对待办事项、遗留问题均应交代清楚。移交人员因病或者其他特殊原因不能亲自办理移交的,经单位负责人批准,可由移交人员委托他人代办移交,但委托人应当承担规定的责任。

【知识链接】

《会计法》对会计机构和会计人员提出的基本要求

我国现行的《会计法》在"第四章 会计机构和会计人员"中提出的主要要求包括"各单位应当根据会计业务的需要,设置会计机构";"或者在有关机构中设置会计人员并指定会计主管人员";"会计机构内部应当建立稽核制度";"从事会计工作的人员,应当具备从事会计工作所需要的专业能力。担任单位会计机构负责人(会计主管人员)的,还应当具备会计师以上专业技术职务资格或者从事会计工作三年以上经历";"会计人员应当遵守职业道德,提高业务素质";"会计人员调动工作或者离职,必须与接管人员办清交接手续"。

第四节 会计日常重要事项管理

一、会计印章的管理

(一) 印章的种类

1. 会计印章

会计印章分为:会计专用章、业务用公章、结算专用章、票据清算专用章、受理他行票据专用章、现金收讫章、现金付讫章、转讫章、汇票专用章、电子汇划专用章、本票专用章等。

2. 外币会计印章

外币会计印章分为:外汇财务专用章、外汇会计专用章、外币现金收讫章、外币现金付讫章、外币转讫章等。

3. 储蓄使用的印章

储蓄使用的印章分为：业务公章、现金收讫章、现金付讫章等。

(二) 会计印章管理

1. 领用和启用

(1) 会计印章的领用实行逐级负责，双人押运，由使用行派专人持单位介绍信、本人身份证或者工作证到上级行办理领用手续，同时在预留印模和登记簿上签字。

(2) 经办行在启用各种会计印章前必须在《重要物品保管使用登记簿》上预留印模，填写启用日期，领用保管人要签名盖章。

2. 日常使用和保管

(1) 会计印章使用和保管坚持"谁保管、谁使用、谁负责"原则，不得随意分人保管和使用，不得在空白凭证、空白表格、空白公文用纸上加盖印章，个人之间不得私自授受会计业务专用章。

(2) 保管和使用电子汇划专用章的人员不得同时保管和使用业务密押、电子汇划专用凭证。

(3) 使用汇票专用章、电子汇划专用章、会计专用章，应用红色印泥，签章要清晰。

(4) 会计柜台应配置带锁的铁皮盒存放印章，临时离岗，铁皮盒要上锁，做到"人在岗，章在位，人离岗，印章入盒上锁"，不得任意放置。

(5) 每日营业终了，必须进行认真清点，把锁好的印章盒存入保险柜(库)保管，会计主管每日应进行检查监督；各种会计印章都不得携带出本单位、本部门使用。

(6) 印章的保管人员调离岗位或者临时请假时，要办理交接手续，由会计主管人员监交，交接人员和会计主管人员均应在登记簿上签章。

3. 停用和销毁

由于机构撤并、磨损等原因或者上级行通知停止会计印章的使用时，应在"重要物品保管使用登记簿"上注明停止使用的日期和原因，并由接收人在登记簿上签字。汇票专用章还应编制清册连同印章逐级上缴一级分行，由一级分行封存保管、销毁，并报总行备案；其他会计业务专用章在停止使用后，应编制清册连同印章上缴至二级分行，由各二级分行切角或熔化销毁，并做好记录归档保管。

二、重要空白凭证管理

(一) 重要空白凭证的种类

重要空白凭证是指无面额的经银行或者单位填写金额并签章后即具有支付效力的空白凭证。它包括支票、银行汇票、商业汇票、不定额银行本票、汇票申请书、本票申请书、单位定期存款开户证实书、单位通知存款开户证实书、信用卡保证金存款开户证实书、印鉴卡、内部往来划收(付)款凭证、内部现金提(缴)款单、电子清算划收(付)专用凭证、电子汇划划收(付)款补充报单、信用卡卡片、储蓄卡卡片、存折、存单、国库券收款单、债券收款单、人民币票样和其他重要空白凭证等。

(二) 重要空白凭证管理基本规定

1. 重要空白凭证的管理原则

重要空白凭证要专人管理,实行"证、印分管,证、机分管,证、账分管"的原则,严格各种重要空白凭证的领入、发出、保管、领用、销毁及核算工作,把重要空白凭证纳入表外科目核算,建立健全"表外单证登记簿"。

2. 重要空白凭证的印制

(1) 重要空白凭证由人民银行或者总行统一制定格式。

(2) 银行本票使用清分机清分的支票、人民银行电子联行转划清单由当地人民银行负责印制。

(3) 银行汇票、商业汇票按人民银行规定的格式联次、规格由总行负责组织印制。

(4) 储蓄存单存折和储蓄卡由总行统一指定厂家印制。

(5) 不使用清分机清分的支票、汇票申请书等其他重要空白凭证由一级分行负责统一印制。

(6) 二级分行(含二级分行)以下各行不得自行组织印刷重要空白凭证。

(7) 凡是纳入重要空白凭证管理凭证的印刷,必须统一印刷凭证顺序号码。

3. 重要空白凭证核算

重要空白凭证一律纳入表外科目核算,应按凭证种类设户,以一份1元的假定价格核算,同时建立"表外单证登记簿",凭领用单逐笔在登记簿上登记凭证种类、数量、冠字号及号码。

4. 重要空白凭证的使用

(1) 营业柜台按号码顺序使用重要空白凭证,不得跳号;重要空白凭证不得带出营业柜台签发;非柜台经办人员,不得领用重要空白凭证;属于银行签发的重要空白凭证,严禁由客户签发;严禁在空白凭证上预先盖好印章备用。

(2) 重要空白凭证应逐级领取,严禁越级领用;严禁将空白银行汇票加盖汇票专用章下发所属非联行机构代理签发;严禁地市行将空白银行承兑汇票下发所属机构。

(3) 严禁使用储蓄存单办理单位存款业务;严禁将重要空白凭证在柜台上随意放置,重要空白凭证要进保险柜保管;严禁将重要空白凭证提供给其他金融机构对外使用。

(4) 营业终了必须进行清点核对,入保险柜保管,做到日清日结,做到每日"账、证、簿"三相符,月末要做到"账、证、簿、表"四相符。

5. 重要空白凭证的出售

(1) 银行汇票、银行本票、印鉴卡、储蓄重要空白凭证和银行内部使用的重要空白凭证不允许出售。

(2) 各行只能对本行开户的单位出售重要空白凭证,新开立的账户在没有存入款项时,开户银行不得出售任何凭证。

(3) 单位购买支票,原则上一次只能够购买1本,使用量大的单位每次最多限购5本。在出售空白支票时,必须在支票上加盖开户银行名章和存款人账号戳记,同时将领用支票起讫号码及时记入该单位存款账户上。

(4) 单位购买银行汇票申请书一次最多出售一本,并在每联汇票申请书上加盖开户银行名章及存款人账号,办理现金汇票的一次只出售一份。使用计算机处理的行,必须及时登记,逐个销号。

6. 重要空白凭证的管理

(1) 重要空白凭证的查库、调拨、领用和运送均比照现金查库、出入库、运送的办法办理。各行重要空白凭证的余缺应通过上级行调剂,不得自行调剂。

(2) 设立重要空白凭证专用库(柜),坚持双人管库原则。营业网点临柜人员实行个人"既管物又管登记簿"的个人负责制管理。各经办行处领导要定期和不定期对重要单位和重要物品的管理使用情况进行检查,核查、核实重要空白凭证出入库手续是否严密、账实是否一致。

(3) 重要空白凭证保管人员变动,应按会计人员变动的有关规定办理交接手续,经监交、接交人员核对账簿、账表、账证(实)三相符后,方可办理交接手续离岗。

(4) 不准将重要空白凭证作教学实习和技术比赛,确因需要应由主办部门提出申请报一级分行主管行长批准后方可使用。发出时应先切角并在明显处加盖"作废"戳记,并做好登记,用后由主办部门收回交会计部门,由会计部门统一在规定时间内组织销毁。

三、有价单证管理

(一) 有价单证管理的种类

有价单证是指待发行的印有固定面额的特定凭证。它包括:国库券、金融债券、代理发行的各类债券、定额存单、定额本票和印有固定面值金额的其他有价单证等。

(二) 有价单证管理的基本要求

(1) 有价单证必须由专人负责保管。有价单证实行"证账分管"原则,对需要加盖会计业务印章的有价单证,要严格实行"证、印"分管。

(2) 有价单证要视同现金管理。有价单证由会计部门管账,设立"有价单证登记簿",通过表外科目核算,出纳部门管证,确保账实相符。

(3) 建立查库制度。有价单证的查库与现金的查库相同,会计、出纳、主管人员必须每旬查库一次,主管行长(主任)必须每月查库一次。

(4) 有价单证经管人员工作变动,应按规定办理交接手续,有价单证登记簿、表外科目、实物三者核对相符并办妥交接手续后方可离岗。

(5) 有价单证的样本和暗记比照人民币票样管理。

(6) 有价单证必须日清日结。当日领用、出售的要当日销账,营业终了保管人必须进行盘库清点,并与登记簿、表外账核对,由会计人员在登记簿上签章,做到表外账、登记簿、实物三相符。

四、会计信息系统管理

(一) 职责权限控制制度

(1) 操作员代码和口令管理。会计操作人员与其口令和代码应一一对应,会计操作人员应做好口令、代码的保密工作,定期更换并做好登记,两次更换口令的时间间隔期不得超过1个月。操作员离开工作岗位时必须退出操作系统。

(2) 操作权限控制。不同岗位的会计操作人员授予其经办不同业务的操作权限,由系统自动控制。

(3) 岗位分离管理。计算机软件开发、系统设计人员不得担任会计操作人员,会计前台操作人员和后台操作人员不得兼岗、混岗操作。

(4) 会计系统软件有关开发方面业务需求的制定、测试、确认等必须由会计部门参与,其开发的系统必须符合内控制度的需要;相关新的会计核算软件必须报上级行审批后方可推行。

(二) 日常维护、数据修改

(1) 设专岗专人负责计算机及机房的日常管理及维护,对计算机的运行情况应做好记录,对出现的计算机运行故障,要按照有关故障等级向上级行和科技部门报告;加强机房的管理,保证机房的安全、整洁,严格履行机房的出入登记手续。

(2) 后台数据的修改管理由核算中心统一负责。对于需修改的数据,必须由前台机构提出书面申请说明原因并由分管领导签字,经核算中心人员、科技人员共同审核核实后修改,修改完毕后,应做好有关登记手续。

(三) 数据备份管理规定

1. 数据备份

(1) 每日日间应按软件设计要求做好各种备份。

(2) 每日营业终了办理"日结"后,按软件要求做好日终备份。

(3) 每月末及四个结息日办理"日结"后,做好所有数据文件的备份。

(4) 年度终了后做好所有数据文件的双备份。

2. 磁记录等电子文件的保管

(1) 为恢复到当日某一阶段数据的各种日间备份,应保留到次日。

(2) 日终备份至少应保留 7 天。

(3) 月末、年终及四个结息日的所有数据文件备份应保管 2 年。

(4) 对日终备份、月末及四个结息日的所有数据文件备份,应做到异地存放,建立严密的交接、保管、领用登记制度,不得随意复制,确需复制或调用的,须经会计主管签字同意。

五、会计档案管理

(一) 会计档案的内容

银行会计档案是指各级银行在财务、会计业务活动中形成的,具有查考利用价值的会计凭证、会计账簿和会计报表等会计核算专业资料,是记录银行各项经济活动的重要史料和原始凭证。

(1) 各级行在各种会计业务活动中形成的会计凭证、账簿、报表等会计核算专业资料,均属归档之列。有关财务计划、财务预决算管理和会计制度、办法以及财会工作方面的请示、报告、批复等文件材料,列入文书档案管理的范围。

(2) 使用计算机打印、套印的账表凭证,其规格必须符合会计制度的要求,其管理方法及保管期限与一般纸质会计档案相同。

(3) 磁记录的会计档案是银行会计档案的组成部分。各级行对使用计算机处理会计核算数据和资料而形成的软盘、硬盘等磁性材料,应按磁性材料的技术要求提供保管环境,妥善保管。其保管期限与归档方法与纸质会计档案相同。

(二) 会计档案的保管期限

银行会计档案的保管期限分为永久保管和定期保管两种。会计档案的保管期限,一般分为10年和30年。保管期限从会计年度终了后的第一天算起。

各级行可根据本行库房条件、利用需要等实际情况,适当延长会计档案的保管期限,但不能缩短。对已兑付的公债、国库券(含国库券收款凭证)、金融债券及其他有价证券的保管年限,按有关单行办法规定办理。

(三) 会计档案的整理立卷

(1) 各级行形成会计档案的部门,应有专门人员负责会计档案的整理立卷和移交归档工作。会计年度终了后,会计经办人员应将装订好的会计凭证、账簿、报表移交给本部门立卷人员,由立卷人员负责以本(册)为单位填装会计档案盒(袋),并对会计凭证、账簿、报表分别进行排列序号。各类会计档案均采用"形式—年度"分类法,即先按会计档案的形式分成会计凭证、会计账簿、会计报表三大类,每一类中再按年度顺序进行分类。

(2) 经过整理立卷的会计档案,由立卷员分别对凭证、账簿、报表逐盒(袋)填写案卷目录一式两份。一份留本部门备查,另一份随会计档案一同移交给本行档案部门保存。

(3) 会计档案案卷外形应整齐美观。各行可根据整齐、美观、适用的原则,选用盒式或者袋式装具存放。案卷封面和脊背一般应包括立卷部门、类别、册数、时间保管期限和档号等项目,具体式样各行可自行设计;会计经办人员对破损的凭证、账簿、报表要进行修补;装订要规范、牢固整齐,装订时不得压字和掉页。

(四) 会计档案的保管

(1) 会计档案立卷完成后,先在会计档案形成部门保管2年以便于查找利用。会计档案形成部门在保管会计档案期间,必须保证会计档案的齐全、完整。

(2) 各级行的会计档案原则上由本级档案部门集中保管。各类会计档案在其形成部门保管期满之后,由本部门立卷人员于次年3月底之前向本行档案部门移交;交接双方部门负责人和经手人均应在移交表上签字或者盖章。未设立档案机构的,应当在会计机构内部指定专人保管。出纳人员不得兼管会计档案。

(3) 各级档案部门对接收的各类会计档案,应进行分类、编目,以便于保管和提供利用。即在同一种会计档案内,先把会计报表、会计账簿、会计凭证各自分开,再分别按照年度顺序进行排列,然后以卷(册)为单位,分别按照流水顺序编制各年度案卷号,并在案卷目录"卷号"一栏内填写相应的案卷号,使每一种会计档案均拥有按会计报表、会计账簿、会计凭证分类的3个顺序号及相应的3本案卷目录。

(4) 各级行应建立会计档案的审查和保密制度,定期检查会计档案的保管情况,对破损或变质的会计档案,应及时修补、复制或者作其他技术处理。

(五) 会计档案的调阅

(1) 会计档案的调阅原则。各级行保存的会计档案不得借出,如有特殊需要,经本单位负责人批准,可以提供查阅或者复制,并办理登记手续。各级行应当建立健全会计档案查阅、复制登记制度。

（2）内部借阅：银行内部借阅会计档案应由借阅人填写借阅单，并经借阅部门负责人批准方可借阅。档案借阅单位应注明借阅日期、借阅人、审批人、档案的种类、年代、期限和卷号、归还日期及档案部门经手人等基本项目，以分清责任，确保会计档案的完整与安全。

（3）外部借阅：公安部门、司法部门和有关单位处理案件或者特殊情况需要查阅会计档案时，必须持县级以上主管部门的正式介绍信，经行长或者主任批准后方可查阅、抄录、复制或者拍照，但不得将原件借出。

（六）会计档案的鉴定销毁

对超过保管期限的会计档案，应由档案部门和会计部门共同组成的鉴定小组进行鉴定。经过鉴定，对于仍有保存价值的档案，由档案部门整理加工后进行插卷、补卷处理；对于失去继续保存价值的档案，由档案部门登记造册，报本行办公室负责同志和分管档案工作的行领导批准后方可销毁。任何人不得擅自销毁档案，销毁档案时，应指定两人负责监销，以防档案遗失和泄密。审批人、制表人和监销人均应在销毁清册上签字。

【知识链接】

《会计档案管理办法》

中华人民共和国财政部、国家档案局于2015年12月11日以令第79号，发布《会计档案管理办法》，该办法自2016年1月1日起施行。该办法共31条，分别就会计档案管理的意义、管理职责、构成内容、整理归档、保管利用、保管期限、鉴定销毁等进行了全面规范。

【关键术语】

综合柜员制　核算中心　稽核中心　不相容岗位　重要空白凭证　会计档案

【思政园地】

1. 善治财者，养其所自来，而收其所有余，故用之不竭，而上下交足也。　　——司马光
2. 君子爱财，取之有道。　　——《增广贤文》

练 习 题

姓名_____
学号_____
分数_____

一、单项选择题

1. 电子汇划岗是在银行营业机构前台具体负责办理系统行和跨系统行(　　)的业务岗位。
   A. 同城往来业务处理与核算　　　B. 异地汇划业务处理与核算
   C. 汇兑结算　　　　　　　　　　D. 银行汇票结算

2. 票据交换岗是在银行营业机构前台具体负责办理系统行和跨系统行(　　)的业务岗位。
   A. 同城往来业务处理与核算　　　B. 异地汇划业务处理与核算
   C. 汇兑结算　　　　　　　　　　D. 银行汇票结算

3. 目前,各家银行营业机构会计岗位基本的组织形式是(　　)。
   A. 综合柜员制　B. 业务分柜制　C. 接柜复核制　D. 单一柜员制

4. 核算中心设在(　　)。
   A. 会计主体行　B. 基层营业机构　C. 一级分行　D. 二级分行

5. 稽核中心是银行会计业务核算设置的(　　)。
   A. 前台岗位　B. 后台岗位　C. 审计岗位　C. 记账岗位

6. 会计主管的任职条件应满足(　　)。
   A. 从事银行会计1年以上　　　B. 从事银行会计3年以上
   C. 部门经理以上　　　　　　　D. 具备会计从业资格

7. 重要会计岗位必须定期轮换,原则上工作满(　　)年的应安排换岗。
   A. 1　　B. 2　　C. 3　　D. 5

8. 会计人员强制休假期间,由(　　)派出专职的检查人员对强制休假会计人员所处理的业务进行检查。
   A. 会计结算部门　　　　　　　B. 审计部门
   C. 会计结算部门或者审计部门　D. 上级行

9. 会计交易信息的日终备份至少应保留(　　)天。
   A. 2　　B. 3　　C. 5　　D. 7

10. 会计档案立卷完成后,先在会计档案形成部门保管(　　)年,以便于查找利用。
    A. 1　　B. 2　　C. 3　　D. 5

二、多项选择题

1. 银行营业机构的会计岗位一般设有(　　)。
   A. 营业柜员岗　B. 电子汇划岗　C. 票据交换岗　D. 核算中心岗

2. 综合柜员制营业机构会计岗位按业务管理层次一般设有（　　）。
   A. 综合柜员　　B. 综合员　　C. 业务主管　　D. 出纳员
3. 核算中心的主要岗位设置有（　　）。
   A. 主任岗　　B. 会计主管岗　　C. 业务操作岗　　D. 综合管理岗
4. 核算中心的日常业务包括（　　）。
   A. 对营业机构的管理　　　　　B. 日终轧账
   C. 批量结息　　　　　　　　　D. 标准数据的修改
5. 银行出纳岗位可以设置在（　　）。
   A. 营业机构的会计前台　　　　B. 会计核算主体行的会计后台
   C. 电子汇划岗　　　　　　　　D. 票据交换岗
6. 银行建立健全会计内部控制制度应坚持的原则包括（　　）。
   A. 全面性原则　　B. 制约性原则　　C. 有效性原则　　D. 规范性原则
7. 银行会计内部控制制度的基本内容有（　　）。
   A. 岗位分离制度　　　　　　　B. 授权审批制度
   C. 核对复核制度　　　　　　　D. 事后监督制度
8. 会计主管的任职条件应满足（　　）。
   A. 从事银行会计3年以上
   B. 具备会计从业资格及中级以上技术职称
   C. 部门经理以上
   D. 具备会计从业资格
9. 会计人员的交接由（　　）负责监交。
   A. 会计机构负责人　　　　　　B. 上级主管部门
   C. 本行行长　　　　　　　　　D. 分行主管行长
10. 会计档案定期保管的一般分为（　　）年。
    A. 1　　B. 5　　C. 10　　D. 30

三、判断题

1. 综合柜员制下，柜员办理现金收付业务，实行柜员个人负责制。（　　）
2. 综合柜员制下的综合员是指在授权范围内，对柜员经办的业务进行授权（复核）、实时监督的人员。（　　）
3. 会计稽核中心负责将核算中心与稽核中心账务进行平衡性与一致性检查，对被稽核单位的会计凭证进行审核。（　　）
4. 记账操作员不得保管使用联行电子汇划印章和密押。（　　）
5. 同城清算人员可以与电子汇划录入、电子汇划复核岗位混岗。（　　）
6. 稽核中心和核算中心岗位可以分设，也可以互兼。（　　）
7. 软件设计、维护人员不得参与记账，系统管理员与操作员不得混岗。（　　）
8. 重要会计事项（如大额支付等）必须由会计主管或者授权人审查签字后方可办理。（　　）
9. 会计印章使用和保管坚持"谁保管、谁使用、谁负责"原则。（　　）

10. 汇票专用章、电子汇划专用章、会计专用章，应用红色印泥。（   ）
11. 重要空白凭证由总分行统一制定格式。（   ）
12. 营业柜台使用重要空白凭证，不得带出营业柜台签发，非柜台经办人员，不得领用重要空白凭证。（   ）
13. 有价单证是指无面额的经银行或者单位填写金额并签章后即具有支付效力的凭证。（   ）
14. 会计操作人员与其口令和代码应一一对应，定期更换并做好登记。（   ）
15. 会计档案的保管期限，从会计年度终了后的第一天算起。（   ）